素养本位的学校内涵发展路径

主　编　燕　黎　丁英姿
副主编　浦　纳

文匯出版社

本书编委会

主　编　燕　黎　丁英姿

副主编　浦　纳

编　委　杨　洁　陆敏燕

序

李文萱

欣喜读到《素养本位的学校内涵发展路径》，油然而生一种亲切感。因为，这是我曾经担任过十四年校长的学校。

曾记得，我们在徐教院附中的校园里，一起谋划、创建和奋斗的日日夜夜，付出过的心血、汗水和智慧。我们为文化立校而深思熟虑，为课程优化而竭尽全力，为教师专业发展而精心设计，为学生幸福成长而呕心沥血。

如今，这部书稿的付梓，让我想起许多。这是徐教院附中人对优质办学的建树实录，也是对立德树人的遵循践行，更是对教育使命的担当纪行。

培养什么人，怎样培养人，为谁培养人，是教育的永恒命题。办什么样的学校，拥有什么样的教师，培育什么样的学生，是办学的永恒课题。徐教院附中从更名那天起，就一直走在不懈探索的路上。"关心每一名学生的学习需要和学习质量，成为一所爱学习、会学习的学校，收获自信、成功的学校"，是徐教院附中的办学使命和追求；多元的课程、多样的课堂、多彩的活动，是我们培养具备九大关键能力的附中学子的重要路径与策略；创造的高质量校本化实施国家课程的核心经验，具有前瞻性、引领性和可复制性。这部书稿，是对核心经验的再实践、再深化的阶段总结。

这部书稿，聚焦素养、瞄准内涵、找到关键，具有现实意义和借鉴意义。素养，为教育人所关注，中国学生发展核心素养的提出和践行，教师作为学生引路人所需要具备的教书育人的素养，学校优质发展所指向的内涵，都无疑使素养成为一个富有特性和内容的大名词，也成为需要教育人实践的主动词。而素养培育，正是学校内涵发展的题中之义。从这个角度出发，阐述素养培育和内涵发展，就显得恰到好处、恰如其分。

这部书稿共分五章，详述了学校近年来在内涵发展之路上的新探索与新实践，写作结构上有总有分，既有学校整体工作的介绍，也有分学科的研究，体现了纵不断线、横不缺项的编撰思路。

学校更名二十多年来，徐教院附中教师践行"为学生发展而奠基、为教师发展而铺路、为学校发展而改革"的办学理念，紧扣五育并举、融合育人各阶段的改革主题，坚持按教育规律精致办学，行素质教育提升品位，以持续推进国家课程方案校本化实施为抓手，构建实施素质教育学校课程、教学和管理体系，以多元的课程、多彩的活动、多样的学习为学生全面而有个性地发展奠基。

近十年来，徐教院附中教师传承和发扬优秀学校文化，以敬业奉献、敢为人先、追求卓越为文化自觉，与时俱进地基于新课程标准，优化学科教学目标、评价、内容、设计四个系统，积极投身教育信息化探索，开展了基于数字画像、探索增值评价、助推"自适应"学习社区建设的创新行动研究，取得了一定的成果。

理论学习、专业引领、团队协作、自我反思，是徐教院附中创生的"课、研、修"一体化校本研修模式的关键要素。无论是学校课程建设的工作梳理，还是课堂教学改进的案例或文章，都是"课、研、修"一体化校本研修的有效形式，反思实践探索，总结经验教训，都印刻着徐教院附中人奋斗的足迹。

由衷地祝贺《素养本位的学校内涵发展路径》一书出版。这部凝聚着学校领导和广大教师辛勤耕耘的智慧之作，必将为徐教院附中的发展史增添浓郁的一墨，为徐教院附中人的风采增添靓丽的一幕。

教育，是没有终点，只有起点的事业；办学，是没有最好，只有更好的征程。不同阶段的探索，将攀上一个个新的高峰。攀登得越高，风景就越美丽。

我真切地希望，徐教院附中在办人民满意的教育和家门口的好学校的征程中，能更好地搭准时代脉搏，顺应社会发展，满足百姓需求，进一步锃亮学校品牌，展现用教育家精神办学的思路。同时，也热切地希望徐教院附中的教师，能不断探寻素质教育的真谛，不断提升自身专业能力，聚焦学生全面而有个性的发展，以持恒的进取与创新，争做"四有"教师，做好学生健康幸福成长的引路人，体现人民教师敬业立业的风范。

让我们在教书育人、品质办学上共谋发展，同创大业，再建新功！

（作者为上海市首批正高级教师、特级校长、教育部基础教育教学指导专业委员会委员、国家乡村振兴计划"组团式"帮扶专家顾问委员会委员、中国教育学会初中教育专业委员会副理事长、徐汇区教育学会会长、徐汇区教育学院原院长、徐汇区教育局原副局长、徐汇区教育学院附属实验中学首任校长）

前言

深耕内涵发展，践行立德树人。

全面落实立德树人根本任务的核心是解决好培养什么人、怎样培养人、为谁培养人这一时代命题，其重点是面向全体学生、促进学生全面发展，着力培养学生不断提升作为公民面对当前与未来社会生活世界所需的素养。

素养，是一种涵养，也是一种修身。素养，是21世纪学习者的主要品质。2016年9月13日，中国学生发展核心素养研究成果发布，提出中国学生发展核心素养包含1个核心、3个原则、6种素养、18个要点。这实际上是较为完整地概括了培养什么样的人，给出了具体答案，即培养具有正确价值观、必备品格、关键能力的新人。以素养为本位，是落实立德树人根本任务的着眼处，也是学校内涵发展的着力点。

学校是学生成长的摇篮，促进学校内涵发展、深化课程和教学改革、建立终身学习者的健全公民培养体系，对全面落实立德树人根本任务，具有重大而深远的意义。

上海市徐汇区教育学院附属实验中学（以下简称"徐教院附中"）是一所由薄弱公办完中转换而成的公办初中。李文萱校长作为该校首任校长和课程领导集体的核心人物，在其十四年的办学过程中，着力推进课程和教学改革，努力建构适应并促进每一名学生发展需求的学校课程体系，积极探索提升课堂教学效益的教学策略与方法，创生了国家课程校本化的核心经验，为学校的可持续发展奠定了坚实的基础，创新并形成了可复制、可借鉴、可推广的学校文化。之后，以燕黎校长、丁英姿校长为首的学校领导班子，与时俱进，紧紧抓住上海市教育信息化应用标杆培育校、上海市提升课程领导力项目校、徐汇区"高品质优化基于核心素养的区域改革实践体系"攻坚项目校等发展契机，在区域推进课改实践举措的引领下，带领全体教工守正创新，持续推进国家课程方案的校本化实施，在学校德育体系、课程体系、教学体系、以教育信息化为支撑的教学质量保障体系建设上取得了可喜的成果。

徐教院附中国家课程方案校本化实施抓住了教育改革的关键命题，同时，还把握了学校内涵发展的"支撑点"，即课程与教学质量，因为没有课程与教学质量，就谈不上"五育并举"，谈不上创新教学观念、教学内容、教学方法，更谈不上着力培育学生发展的核心素养，也就不会有学校的特色及优势。实践证明，只有课程与教学质量的学校才是有生命力的。

徐教院附中提出课程校本化的系统性思想和一致性原则很有价值。课程与教学改革是一项系统工程，课改的起点是课程规划，课改实施的关键是教学，改革教学的关键是教师，课改的导向是评价，因此，课程与教学改革要有统筹的思想。徐教院附中围绕课程与教学这一核心，统筹学校的机制与制度构建、规划与方案设计、课程校本化与课堂教学改革、学科与队伍建设、考核与评价推动、技术与服务保障等，始终将"为每一名学生的可持续发展而奠基"的教育理念贯穿规划、实施和评价过程的始终，增强了"理念、行动、评价"内在的一致性，使学校围绕课程与教学改革的整体工作目标明确、重点突出、效能显著。

徐教院附中提炼的"想清楚、说明白、做到位、评跟进"行为策略操作性强、适用性广，体现了学校遵循规律、追求卓越的价值追求。课程实施不是一个简单执行课改方案的过程，而是一个统一理念、理解标准、互动调适、主动创新的过程，是以校为本的研究性实践过程。对学校而言就是要想清楚"选择怎样的教育"，确立怎样的办学理念和培养目标；就是要说明白理念与目标所蕴含的价值判断与精神实质，统一全体师生的思想，激发行动的内驱力和创造力；就是要围绕课程与教学改革做到位学校的一切工作，提升教育质量和办学水平；就是要在对工作的跟进评价中建立反思与激励机制，不断推动学校的改革创新和内涵发展。

十年前，徐教院附中出版的《课程创生：一所基层学校课程校本化实施的实践与探索》和《引领学校内涵发展的课程校本化实证研究》这两本书，总结了学校以国家课程校本化实施实现学校持续性发展的办学经验。今天，学校按教育规律精致办学，行素质教育提升品位的课改实践获得了社会更加广泛认可，学校对创造性地实施核心素养培育有了更大的信心，教育内涵发展正在扎实地推进。

徐教院附中办学二十余年，无疑是课改精神有效落实的二十余年，是学校不断创生课程与教学改革实践经验的二十余年，谨以此书记录徐教院附中近十余年探索的足迹。

目录

第一章　素养导向：构建"全融合、自适应"德育体系 / 001

概述 …………………………………………………………… 002

第一节　以德育人　全程系统 ………………………………… 003
　　学校德育"十四五"行动方案 ……………………………… 003

第二节　育人为基　春风化雨 ………………………………… 012

　A. 大处着眼 ………………………………………………… 012
　　育情无形　润德无声 ……………………………………… 012
　　筑心，我们一直在努力 …………………………………… 015

　B. 因材施育 ………………………………………………… 018
　　爱如和风　春暖花开 ……………………………………… 018
　　不一样的"一跃而过" ……………………………………… 021
　　为天使"缝补"翅膀 ………………………………………… 023

　C. 班级建设 ………………………………………………… 026
　　春天里的故事 ……………………………………………… 026
　　学生自主管理从培养自主能力做起 ……………………… 029
　　用新媒体技术建班级微信群 ……………………………… 031

　D. 家校共育 ………………………………………………… 036
　　教育无痕　成长有迹 ……………………………………… 036
　　假日小队实践评价 ………………………………………… 040
　　建家委会　架起家校沟通桥梁 …………………………… 044

第二章　素养导航：完善课程框架　优化实施路径 / 049

概述 …………………………………………………………………… 050
第一节　课程框架　支撑发展 ………………………………………… 051
　　让课程支撑每一位师生的发展 ……………………………………… 051
第二节　课程实施　迭代提升 ………………………………………… 064
　　开展迭代式课程实施研究　完善教学质量保障体系 …………… 064
　　建多层次课程　行项目化学习　促综合性实践 ………………… 067
第三节　分科课程　精准实施 ………………………………………… 073
　　语文学科自评报告：项目引领教学研究 ………………………… 073
　　英语学科自评报告：教学规范校本研修 ………………………… 083
　　综合理科自评报告：信息赋能专业发展 ………………………… 090

第三章　素养导路：落实以学习者为中心的教学 / 097

概述 …………………………………………………………………… 098
第一节　学科教学总体发展 …………………………………………… 099
　　让素养立于课堂 …………………………………………………… 099
第二节　学科教学案例 ………………………………………………… 108
　A. 语文 ………………………………………………………………… 108
　　善用教学机智提升学习效益 ……………………………………… 108
　　源于问题而导　沉浸文本而思 …………………………………… 111
　B. 数学 ………………………………………………………………… 114
　　引导学生应用数学思维导图 ……………………………………… 114
　　创设情境　激活思维 ……………………………………………… 117
　C. 英语 ………………………………………………………………… 119
　　整本书阅读培养学生学习能力 …………………………………… 119
　　分层自主阅读的实践探究 ………………………………………… 128
　　新中考背景下毕业年级英语听说教学策略初探 ………………… 134
　　单元视角下体现素养的听说教学设计研究 ……………………… 138

D. 道德与法治 ……………………………………………… 141
　　　　道德与法治学科教材拓展内容设计的德育策略 ……… 141
　　E. 历史 …………………………………………………… 147
　　　　依托历史校本课程开发　培养学生家国情怀 ………… 147
　　F. 地理 …………………………………………………… 152
　　　　基于系统论思想的地理学习策略 ………………………… 152
　　G. 信息技术 ……………………………………………… 157
　　　　基于创新计算思维的Scratch课堂教学的实践研究 …… 157
　　H. 线上教学案例 ………………………………………… 165
　　　　浅谈信息手段促云端心防的实践探索 …………………… 165
　　　　整合　契合　融合——初中化学线上教学初探 ………… 168
　　　　利用网络平台深化线上跨学科单元教学 ………………… 172

第四章　素养导行：探索教师专业发展模式 / 179

　概述 ………………………………………………………… 180
　第一节　整体队伍建设：素养培育引领教师专业发展 ……… 181
　第二节　班主任队伍建设：任务驱动促成长　多方合力助提升 …… 188
　第三节　青年教师培养路径：优课程重过程　从规范到赋能 …… 192
　第四节　教研组队伍建设：教以共进　研以致远 ……………… 197

第五章　素养导范：培育信息化标杆校促内涵发展 / 203

　概述 ………………………………………………………… 204
　第一节　基于数字画像，探索增值评价，助推"自适应"学习社区建设
　　　　　………………………………………………………… 205
　第二节　教学数字化转型：以数据驱动行因材施教 …………… 215
　第三节　利用信息技术手段提升课堂效益 ……………………… 219
　第四节　虚拟学习空间的可视化编程教学实践 ………………… 224

后　记 / 230

第一章

素养导向：
构建"全融合、自适应"德育体系

概 述

育人为本，德育为先。学校全面贯彻《中小学德育工作指南》《国家中长期教育发展规划纲要》《中国学生发展核心素养》等文件精神，积极构建以基于核心素养的德育目标为导向，以培养学生良好思想品德和健全人格为根本，以促进学生形成良好行为习惯为重点，以贴近学生生活实际为原则，以道德规训与道德实践相结合为策略，以关注学生道德情绪体验和营造民主平等有爱的教育氛围为要素，以"知行"德育课程为载体，以"全融合、自适应"为特色的德育体系，通过躬行修炼、实践履行培育良好德行，实现学生在思想道德、创新精神、实践能力等多方面的良好发展。

学校持续推进"知行"德育课程体系的建设，重点优化四方面工作。

一是与校本育人途径相融合。学校坚持"六我"育人途径，实践对全员全程全面育人理念的校本化。通过对课程学习、社团活动、班级建设、校园管理、家庭生活、社区服务六方面提出具体的自主实践要求，开发相应的德育课程，从而将育人融合在学生校内外生活的方方面面。

二是与基于核心素养的教学体系优化相融合。学校通过基于学科关键能力和必备品格的学习活动设计、学习工具研发、学习评价设计、学习环境及资源开发，来促进学生的深度学习，从而实现课程育人。

三是以教育信息化应用为支撑。学校结合德育重点内容，建立基于育人目标体系，注重过程、融合结果、多元多维度的综合评价模型（包括评价指标和量化数据），运用基于物联网、人工智能、数据分析的信息化支撑环境，实现对每名学生的精准画像和评价。

四是以学校家庭社会协同机制为配套。学校不断深化"家校学习共同体"建设，完善"䲀力"家长培训课程，结合不同学段学生的特点，开展家庭教育指导。用好家长和社区资源，丰富学生雏鹰假日小队活动、社会考察、公益劳动、职业体验的途径和内容，多方参与促进综合素质评价的落实，共同推进家校社会共育。

（浦　纳）

第一节　以德育人　全程系统

德育是育人的主要方面,也是育德的重要方面,需要精神滋润,也需要行动建树。学校德育"十四五"行动方案,提供了立德树人的根本遵循和行动指南。

学校德育"十四五"行动方案

徐教院附中位于徐汇区西南长桥街道"上中路教育一条街",是一所公办初级中学。学校历来高度重视学生的思想道德建设和行为养成教育,是市文明校园、市行为规范示范校、市中小学心理健康教育示范校、市家庭教育示范校、市劳动教育示范校、市少先队工作示范校。学校与时俱进地探索提升立德树人工作成效的新方法与新经验,努力完善学校德育体系,锻造德育课程品牌。

一、指导思想

为全面落实习近平总书记关于教育的重要论述,全面贯彻党的教育方针,建设高质量教育体系,办好人民满意的教育,依据教育部《中小学德育工作指南》《上海市学校德育"十四五"规划》《上海市徐汇区教育发展"十四五"规划》及《徐汇区学校德育改革和发展"十四五"行动方案》,坚持为党育人、为国育才,学校以德育课程开发与实施为抓手,进一步完善学校德育工作长效机制,依托教育信息化提高学校德育水平和时效,全面落实学校育人目标,培养德智体美劳全面发展的社会主义建设者和接班人。

二、发展理念

学校德育以"全融合、自适应"为特色,体现了学校贯彻多主体协同育德思想、关注学生学习成长成才全过程、强调全面发展与个性成长相统一、注重学生自我调适和自主学习能力培育的教育理念。

"全"体现了学生德育的全员性、全程性、全面性和系统性;"融合"包含了德育主体、内容、途径、载体、方式的全面融合;"自"体现了学校培养具有道德自律、学习自主、健体自觉、交往自如"四特质"附中学子的目标追求,也着重强调了"自适应"能力,即"自我调适"的融洽自我、融合团队、融入环境、融通社会能力和"自主学习"的自我激趣、自主选择、自我管理、自主建构能力中的学生主体性、主动性;"适应"既包含了"善调适"和"善学习"的双重内涵,也是作为社会主义现代化国家建设者的必备品格和关键能力。

三、目标定位

（一）育人目标

学会做人、学会学习、学会创新（"三学会"），具有道德自律、学习自主、健体自觉、交往自如的特质（"四特质"），培养自信力、自适应力、动手实践能力、运用科技信息能力、多元文化和国际理解能力（"五能力"）。

（二）德育目标

自觉树立和践行社会主义核心价值观,自觉实践"三学会""四特质""五能力""六要求"。

* 学生实践"六要求",即我的学习我自主、我的社团我做主、我的班级我建设、我的校园我管理、我的父母我孝敬、我的社区我奉献。

（三）年级德育目标

* 六年级:规范养成勤实践——争做文明附中人

学习和践行社会主义核心价值观,了解附中文化和制度规范,并在体验与实践中不断强化,从他律过渡到自律的养成,建设规范班集体。

* 七年级:自主体验明事理——争做合格小公民

践行和内化社会主义核心价值观和附中核心价值取向,明大德、守公德、严私德、知荣辱、修身心,建设自主班集体。

* 八年级:健全人格知感恩——迈好青春第一步

了解自我,珍爱生命,学会沟通,懂得感恩,建立和谐的生生关系、师生关系和家庭关系,建设和谐班集体。

* 九年级:启航明志求奋进——做一名有责任的毕业生

建立正确的世界观、人生观和价值观,以附中为起点,爱国荣校,立志成才,全面而个性发展,建设**奋进**班集体。

(四)附中学生卡通形象

知者行之始,行者知之成;以知行合一为内涵,设计附中学生卡通形象"知多多""行多多",旨在教育引导学生自觉实践知行合一的理念,多多自主学习,多多自觉实践。

卡通形象原设计者:2019届(4)班学生 黄悦之

(五)德育"十四五"行动目标

完成"十四五"期间构建"全融合、自适应"的学校德育体系的阶段目标。即完成全融合、自适应的学校德育系列课程的初步开发;建立以学生综合素质评价为基础,以学校德育学分平台的日常行为规范表现、德育和团队课程学习与活动参与表现、积极心理表现等数据为补充的德育评价系统;打造一支具有争做"四有"好教师目标追求,具有"学科德育""课程思政"教育教学理念和能力的德育骨干队伍。

四、"知行"德育课程建设

以基于学生核心素养培育的学校课程优化、初中生综合素质评价实施、教育数字化转型等为契机,推进"知行"德育系列课程的开发,为学生提供优质丰富的道德养成学习体验,创设多元的道德实践途径与平台,促进学校德育目标的落实,为学生打好人生底色。

(一)课程目标

通过系统的课程学习,培养爱国之情,树立报国之志,具备自适应能力,具有知行合一的自觉。

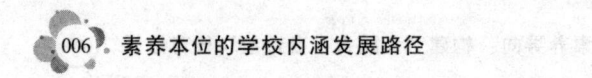

（二）课程架构

德育目标	课程类别	课程内容	
自觉树立和践行**社会主义核心价值观**自觉实践	学科德育课程：	语文、数学、英语、道法、历史、地理、物理、化学、科学、生命科学、信息科技、劳动技术、体育与健身、音乐、美术、艺术……	必修和限定选修课程
三学　四特　五能　六要	思政教育课程：	行规教育课程、党团队课程、仪式教育课程、核心价值观教育课程、传统文化教育课程、劳模精神教育课程……	
德育课程目标培养爱国之情，树立报国之志，具备自适应能力，具有知行合一自觉。	综合实践课程：	校园文化活动课程、社会实践活动课程、志愿者服务课程、家务劳动课程……	
	心理教育课程：	心理课程、团队心理辅导、个别心理辅导、心理季活动……	
	法治教育课程：	未成年人保护教育课程、网络法治教育课程、中小学生教育惩戒规则解读……	
	专题教育课程：	生态教育课程、生涯教育课程、卫生教育课程、青春期教育课程……	
	自主选修课程：	兴趣类校本课程、学生社团课程……	

（三）重点项目

1.优化"六要求"系列课程

学习自主：思维导图晒一晒

完善"思维导图晒一晒"课程模块，促进"学习自主"育人目标的落实。一是学会利用"思维导图"，对学科知识进行系统思考和知识建构，掌握阶段复习的有效方法；二是学会将思维导图运用在探究性学习、项目化学习之中，对问题、概念、知识、路径、措施等进行深度思考，提升追问意识，掌握结构化思考、逻辑思考、辩证思考等思维方式，培育自主学习能力和创新意识。

社团开发：明星社团比一比

学生社团是学生自主开发的兴趣类校本课程，学生在社团指导老师的帮助下，开展课程计划、实施、管理、展示等自主性、综合性学习活动。学校结合六一庆祝活动，组织"社团节"，开展明星社团评比活动，以展板、PPT、视频、现场展示等方式，组织所有学生社团对学年社团学习成果、社团文化进行集中展示,这一活动课程须不断优化。

中队建设:快乐中队评一评

通过能够体现中队精神的中队标志设计、中队制度建设等,引领队员树立远大理想,培育正确的价值观。以"快乐中队"评比为抓手,推进自主、能动的中队文化建设,建设和谐、美丽的成长环境,探索有利于培养学生自我认识、自主管理的路径和方法,强化"四特质"培养。

校园管理:志愿服务做一做

充分挖掘校园的每一块场地、每一次活动,为学生搭建参与学校、年级等的管理平台,发挥时时处处的育人功能。推动校风巡查、卫生包干、校史故事宣讲、礼仪接待、开放区管理、文化活动组织等志愿者服务的开展,为学生争做学校主人翁创造条件、营造氛围。

父母孝敬:劳动成果赛一赛

整合父亲节、母亲节、清明节、重阳节、春节等节日,以"今天由我来当家"为行动口号,引导学生通过家务劳动、制作礼物、表达关心等方式,学会承担家庭责任、感恩家庭成员,并组织家长和学生,通过班级微信群、校园网班级栏目、班级板报等媒体,交流展示学生的实践成果。

社区奉献:小手大手牵一牵

以雏鹰假日小队为单位,积极开展"假日小队传递爱"活动。组织队员走进敬老院、福利院、老龄家庭等为孤寡患病老人、残疾人和军烈属提供服务,慰问"最可爱的人"梅陇(或关港)消防中队和交警大队等。以"小手牵大手"的方式,将可持续发展的理念和行动传导到师生家庭,激励学生和家长积极参与社区的植绿护绿、垃圾分类、爱粮节粮等公益宣传和文化活动。

2. 开发"多多"实践系列课程

以附中学生卡通形象"知多多""行多多"为主体,以知行合一为践行理念,通过系列课程开发,为学生搭建自我认知、社会观察、职业体验、自主探究等综合实践平台。

"多多探世界"春秋季社会实践活动:根据各年级学生实际,每学年用两天时间,精心选择活动场所、确立活动主题、设计活动手册,注重跨学科的综合性学习和探究,形成学校春秋游社会实践活动系列项目。

"多多寻足迹"红色基地寻访活动:开展"爱国主义教育基地"寻访活动,感受先辈先贤的珍贵品质和城市发展日新月异的面貌,激发其深厚的爱国情怀,坚定其政治信仰及为家乡发展贡献青春力量的决心。（推荐地点：龙华烈士陵园、宋庆龄故居、上海图书馆、上海电影博物馆、土山湾博物馆、上海交大钱学森图书馆、上海交通大学校史博物馆、光启公园、邹容墓、巴金故居等。）

"多多看上海"项目化学习活动：在历史和地理学科中落实上海乡土历史和地理的教学内容，结合广富林社会实践活动、学习宣传贯彻党的二十大精神，开展"寻根上海""上海这十年""徐汇这十年"等探究活动，培养学生爱祖国爱家乡的情怀。

3. 心理健康教育课程优化

依据《中小学心理健康教育指导纲要（2012年）》对初中心理健康教育的要求，即在自我认识、青春期、学习品质、人际沟通、情绪管理、生涯规划等方面开展相应的辅导。结合本校学生的学情，衔接小学心理教育基础和高中阶段学习应具备的心理素养，呼应中考改革对学生综合素养的考核，在积极心理学与后现代叙事心理的相关理念指导下，学校重点加强生涯规划的内容开发与建设，梳理不同年段的目标要求与内容体系，设计相应的体验活动，让学生在更多的实际体验中感悟、思考，丰富自我的认知，规划未来的选择。

4. 开发特殊教育课程

建立专兼职特教教师队伍，充分利用本区医教结合的资源优势，指导对随班就读学生的身心与学力诊断，为科学的个别化培育奠定基础。在全纳教育理念指导下，根据每名学生的学情，为随班就读学生制定一人一表的个性化课程菜单。在班级授课中采用差异教学对策，在个别课程教学注重品德教育、兴趣培养和生活技能教学。

5. 学校少年宫课程建设

学校少年宫是加强未成年人思想道德建设的重要载体，深化未成年人活动阵地建设对优化学校育人环境具有重要意义。学校少年宫课程要整合全融合、自适应的学校德育建设，重点完善活动场地与实施，加强辅导员队伍建设，利用双休日和寒暑假向本校及周边社区开展学校少年宫活动，输出教师到社区开展有益未成年人身心健康的教育活动，做强学校少年宫特色课程。

五、"飔力"家长学校课程开发

基础课程。开展普及型的家庭教育指导培训，线上线下相结合，定期组织家长学校活动，开设专家讲座，如家长培训课程"关注孩子心灵，优化家庭教育"，宣传家庭教育理念；举办经验交流会，通过优秀家长的现身说法、案例教育发挥优秀家长的示范带动作用；定期组织读书交流活动，指导家长理论结合实际，探索培育孩子的科学之道；利用网络媒体、校园公众号等发布指导文章、家庭教育微课等。

专题课程。提供具有年段特征的专题内容的指导，各年级组结合实际，组织面向全年级家长或部分家长的专题培训，形式有家长谈经验、班主任讲方法、家校学习共同体交流等。如面向六年级新生家长，开设介绍学校文化、家庭教育基本理念的课程；面向九年级毕业班家长，开设如何指导孩子生涯实践、调适考前压力等的课程。

个性化课程。开发面向家长的心理辅导课程，指导家长用欣赏的目光看待并尊重孩子，与孩子平等沟通，帮助孩子树立面对挫折的积极心态、学会助人及与他人和睦相处、找到适合自己的学习方法等，引导家长营造家庭的和融氛围。

六、德育队伍建设

以培养"智适应"教师为方向，进一步提升全员育德意识和育德能力，尤其是加强思政课教师、班主任、德育骨干教师等队伍建设。以育心、育志意识和能力为目标，发挥好道法老师的德育骨干作用，开发高质量的思政微课；同时，完善班主任研修课程的框架与内容，做到问题导向、讲求实效，打造德泽文润、至精至美的班主任队伍。

（一）思政课教师队伍的提质

依托区"思政课教师队伍提质升级项目"，制订和落实学生思政教育校本年度推进计划，进一步提升全体思政课教师专业素养，增强思政课教师队伍面对新时代育人要求的责任感和使命感，发挥好思政老师的德育骨干作用。

（二）全员导师制实施方案的落细落实

借鉴区域和学校全员导师制典型经验，开展导师分层分类培训，提升全体导师对学生心理健康危机等校园安全危机的预警意识与应对能力。以全员导师制助力心理健康教育的高质量发展，为构建家校心理危机干预机制提供新视角，为学生心理健康编织全方位的守护网。

（三）班主任的分层培养

依托区域德育骨干梯队打造项目，进一步发挥现有德育学科带头人、班主任带头人、班主任骨干的示范带头作用，进一步促进更多教师向带头人和骨干教师发展；用好学校德育管理岗位的干事、助理等锻炼平台，让更多青年教师在岗位锻炼中快速成长；用"育人奖"评比、优秀班主任评选、星级班主任评定等研修和激励机制，加强对新任、合格、骨干三类班主任的分层培训，形成优秀的校班主任梯队。

七、德育保障机制

（一）进一步加强德育与育人主渠道的融合性

课堂教学是育人的主渠道，也是德育的主渠道。学科核心素养即学科价值观念、必备品格、关键能力，是学科育人价值的集中体现。学校将加强相应的机制建设，进一步强化学科德育，将德育与育人主渠道相融合，用好学科教学内容所蕴含的德育资源，发挥最大的育人价值。

（二）进一步推进"六要求"系列课程的优化

"六要求"既是教师育人途径和学生道德实践途径，也是具体要求。课程学习、社团活动、班级建设、校园管理、家庭生活、社区服务涉及学生校内外生活的方方面面，开发好相应的德育课程，进一步提升课程与"六要求"的适切性，是构建全融合自适应学校德育体系的重要内容。学校将在人财物和机制上着力保障"六要求"系列课程的优化工作。

（三）进一步加快数字化德育学分平台建设

德育评价要关注学生成长经历，系统采集学生成长信息是做好评价的前提。在教育数字化转型背景下，根据"客观记录，重在过程；科学评价，有效激励"的综合素质评价原则，结合学校德育重点内容，运用基于人工智能、数据分析的信息化支撑环境，构建以德育学分平台为支撑，学生数字画像为呈现方式的德育评价系统。

（四）进一步完善家校社协同育人机制

组建学校家庭社区共同参与的学校课程领导小组，完善学校家庭社会协同机制。进一步打造上海市家庭教育示范校的特色项目"家校学习共同体"建设，完善家长培训课程"关注孩子心灵，优化家庭教育"，根据学生不同学段特点，分主题进行家庭教育指导。用好家长和社区资源，丰富学生雏鹰假日小队活动、社会考察、公益劳动、职业体验的途径和内容，多方参与，促进综合素质评价的落实，共同推进家校社共育。

（五）全力保障"汇育杯"家庭教育示范校评比承办工作

作为"汇育杯"家庭教育示范校评比的承办校，学校将在区教育局、区教育学院的指导下，全力做好评比活动的承办工作，并以此为契机，借鉴兄弟学校的先进经验，进一步提升学校家庭教育指导的工作水平，为学生全面发展和健康成长营造良好的育人氛围。

第二节　育人为基　春风化雨

育人，是教育的灵魂，也是教学的本质。以育人为基，就是为学生打好人生的底色。育人，又是一门科学与艺术，叩开心灵，需要引路人的真心与匠艺。

A. 大处着眼

育情无形　润德无声

多年来，我们徐教院附中的每一名学生都能在学校生活中感受到快乐与幸福，成功与成长，这与学校提出"育德、育心、育志、育情、育自"的五育德育工作密不可分，与每一位教师始终把"关心每一个学生的学习需要和学习质量，使学生成为爱学习并能感受成功的人"作为办学使命紧紧相连。我们坚持以学生为主体，以教师为主导，力求提供多彩的校园活动和校内外各类实践平台，满足每一名学生的多方面发展需求，促进学生的可持续发展。

我们引导学生追求"学会做人、学会学习、学会创新"，我们引导学生追求道德自律、学习自主、健体自觉、交往自如。在学校开发的适应并促进学生发展的德育课程体系的熏陶下，在"学习—参与—体验—感悟"交互推进的德育模式中，在校内外的生活中，我们的学生积极动手实践、培养自信、开展自主管理，他们健美积极的心灵不断成长，主人翁的意识不断强化。

我们的做法是：

一、育德融情境　润德细无声

重视学科融合育人。学校无论是在基础课程，还是在校本课程，能充分挖掘教材中的德育因素教育内容，利用课堂教学优势，针对学生实际，推行分层教学，进行"知"的教育，引导学生养成良好的学习习惯，掌握科学的学习方法，激发学习兴趣。在校内外各项活动中渗透行为规范教育，通过开讲座、看录像、参加社会实践等活动，对学生进行有效的教育。开设"寻根""防灾自救""生活中环境污染""心理健康教育""礼仪教育"等校本课程；在学科教学中渗透基础道德行为教育。这不仅提高了学生的道德认识，明辨"是、非，善、恶，美、丑"，而且通过了解法律法规和文明礼仪，形成正确的处事态度，掌握基本的交往技能。

重视氛围文化育人。为了让学校每一个角落都发挥育人功能，我们设计并建设了校园环境教育新景点，营造高雅的校园文化氛围。学生、教师都积极为每个景点、道路命名，全校投票评议出入选名称。教室、走廊的墙壁都有符合年级特点的宣传画、墙报和学生作品。文化墙、开放型书架、钢琴区、手形雕塑，既有文化内涵又为育人创设了良好的环境。教室环境整洁美观，门外的班级文化展示窗内展示了各班的班级名称、班训、集体照等内容，既彰显了各班的班级特色，也是班级文化育人的良好载体。

二、育德须育心　育心先动情

学习心理学知识。学生的心灵是不会向一个漠不关心他们成长的人敞开的。因此，教师要想在教育上获得成功，必须懂得学生的心灵。教师必须学习心理学知识，不断运用到实际工作之中。只有具备了健康的人格，了解自我，学会管理自己的情感与行为，学生的教育工作才可能有效。多年的学生工作使我们明白，教育学生一定要走进学生的心灵，完全站在他们的立场去思考，这样才可能提升教育的有效性，这就是心理咨询里所说的"共情"。

学习沟通技巧。心与心没有距离，只要有爱，有理解，就能贴得很紧。我们在培训中，除了要学习不同年龄学生不同的心理特点外，也要学习掌握一些沟通技巧和团体辅导的做法。例如，在新六年级入学教育中，我们班主任就借助团体辅导中的一些游戏来促进班集体的建设，帮助学生增加了解，设定目标，建设积极向上的"集体文化"。在日常教育教学中，老师最重要的就是要与学生"共情",要引导学生了解自己,学会用积极的心理去对待事物,并慢慢学会管理自己的情绪及行为。课间,我们的教师会替这名同学系好红领巾,为那名同学翻好领子。摸摸他们的头、拉拉学生的手、轻柔地与学生交流都可以让学生感受到教师的关爱。正如一首诗中写道:"岸与岸没有距离,只要有船,或者飞机,或者翅膀……山与山也没有多远,只要有车,或者索道,或者脚步……"我们相信,只要有心灵之火,每一个孩子都能露出灿烂的笑容。

三、育德先育志 育自方远行

我们知道:教是为了不教,管是为了不管。道德教育靠的是"知情意行"的相互结合。道德规范不能仅仅靠老师制定、要求,学生执行,唤醒学生的自我意识极为重要。我校通过提供多样的活动为学生创设平台,促使学生在多样体验中获得积极的情感体验,树立远大的志向,在实践中品尝成功的喜悦。

在我们学校里贯彻着三句话:"我的校园我管理""我的班级我建设""我的社团我做主"。

(一)我的校园我管理

学校所有的公共场所都由学生志愿者来自主管理,自我服务。开放的图书区自己管理,每一个景点、每棵树都由学生来认领,我们提倡"我参与、我奉献、我快乐"。无论是艺术节还是体育嘉年华都有学生评委、志愿者的身影,无论是少代会、师生面对面还是班级听证会都有学生意气风发的英姿。

(二)我的班级我建设

班级名称我来起、班级标志我设计、班级公约我制定、班级活动我策划,在这个过程中不断激发学生的自主意识,并在实践服务中得到积极的体验,收获成功与自信。也正因为班级财产大家护、班级环境大家创、班级氛围大家建、班级事务大家管,学生慢慢地从他律变成自律,实现道德自律。

(三)我的社团我做主

我校积极倡导学生参与社团、创立社团。从社团的申报、招募,聘请指导教师,制定章程、社团公约到制订计划、进行总结、组织管理、展示等都由学生自己做主,在这一过程中学生尝试自我规划,与人合作,也实现道德规范的自觉内化。我校目前已经组建了Sunny心理社团、民乐社团、舞蹈社团、绿色风环保社团、珂声文学社团、书画社团、梦想与团队社团、静模社团、动画社团、春雨读书社团、crazy English社团、古域社团等几十个学生社团。这些社团不仅培养学生良好的兴趣爱好，促进学生各方面能力的提升，更是学生自主开发课程、自主管理、自我发展的良好载体。

多元的课程、多样的学习、多彩的活动关注并浸润着每一个孩子的内心世界和精神成长，在获取知识与能力、强健身体与心理的同时，养成好习惯、掌握好方法、孕育好品德。

于是，我们就真的有了这样一群可爱的孩子，他们自信、阳光、勇于担当，有着宽厚的肩膀；他们睿智机敏、乐于实践，有着智慧的韬略；他们热情友好、乐于助人，有着仁爱的情怀；他们自主、自律、能合作，有着自信的担当。他们正以自己的实际行动践行着"今天我以附中为荣，他日附中以我为豪"的誓言。

（学生发展中心）

筑心，我们一直在努力

在推行素质教育的过程中，学校尤其重视学生心理健康的培养，将心理健康教育贯彻于全校教育教学各项工作中，形成了"尊重接纳、沟通引导、自主发展"的工作特色。

主要做法是：

一、加强组织管理

学校对心理健康教育工作高度重视、定位准确、规范推进。学校心理辅导工作由专门的校级领导分管、指导，协同学生发展中心、课程教学中心共同开展工作，制定分年级的心理健康内容，并形成体系。同时，学校以心理辅导室为核心，在市、区课题引领下，构建家校共同体，联合家庭的力量，校内聚集班主任、任课教师、学生心理社团成员、学生心理联络员等资源全员共育。

在管理制度方面，学校将心理健康教育工作贯穿教育教学全过程，有明确的制度保障，如心理辅导室管理制度、心理辅导室工作人员职责、心理辅导室工作流程、心理辅导室转介制度、沙盘游戏室使用制度、团体沙盘游戏活动规则、心理宣泄室使用制度等。在危机干预方面，学校有相对完善的预警、防范、处置、干预制度，在危机干预领导小组的管理下，较好地完成危机干预工作。

在学生心理档案建设方面，学校对新生入校用文本形式收集各方面的成长信息，如家庭结构、自我需求、自我期望、自我评价等，在学生档案及班级老师了解的基础上，筛选出特别需要关注及心理辅导的学生，如离异、单亲，以及学生在个人档案中提出自己需求的学生。每个班级整理一份学生需求清单，将学生需求清单与班主任共同分析作为线索，心理老师根据学生的需要开展个别心理辅导，这有利于班主任开展班级学生工作。

二、夯实队伍建设

学校有专职心理教师一名，毕业于华东师范大学心理学系，教育硕士学位，具备国家二级心理咨询师资格、上海市学校心理咨询中级资格证书。专职老师是徐汇区教育局心理学科带头人。目前有兼职心理教师6名，均获得国家二级心理咨询师资格，其中一位老师获得上海市学校心理咨询中级资格证书，两位老师获得高级家庭教育指导师资格。

心理辅导教师是区吴增强老师工作室成员、区高研班成员，跟随沈之菲老师学习表达性艺术治疗。积极参加市、区级培训，如市级叙事治疗系列培训等。

同时，学校非常重视教师的心理健康，学校借助"十三五"培训，每学期都会邀请相关专家开展教师心理保健讲座，如邀请市心理中心沈之菲老师、卢湾高中梅洁老师、七宝中学杨敏毅老师等来校为教师做全体培训及开展沙龙活动，让教师在繁忙的工作之余，关注自我心理健康，学习心理调整的相关知识，更好地开展育人工作。

三、落实条件保障

学校自2000年挂牌以来先后开设心理辅导室和心理活动室。心理辅导室参照《上海市中小学和中等职业学校心理辅导室装备指导意见（试行）》的标准，配备相关的硬件设备，如心理宣泄器材、心理沙盘、心理仪器、心理测试软件等。专业的设备为学生开展个别心理咨询、团体沙盘、心理宣泄提供了更为专业的服务。

心理健康教育有年度财政经费预算，包括设备添置、培训和活动经费等，满足日常运作和各类活动需要。学校非常支持学校心理健康教育队伍的建设，积极鼓励教师参加市、区级培训、交流，有对专职心理辅导教师、班主任和任课教师开展心理健康教育培训（活动）的经费支出。专职心理辅导教师享受班主任的相应待遇。

四、完善服务工作

（一）心理辅导：丰富与学生的沟通途径

近三年的硬件配备，学校增加了抱抱娃、暖心机、电子沙盘、呐喊宣泄仪、放松椅等，为学生提供更加丰富的心理调节途径。如暖心机，作为老师鼓励学生各类进步表现的方式。心理测评系统，用于建立学生电子档案，在收集学生基本信息和心理需求的基础上，了解学生的心理状态，根据预警的不同，予以相应的辅导和关注。丰富心理网站功能，如网络咨询、预约、认知训练等，让学生在校外时间也可以获得学校心理老师的支持。开展同伴辅导活动，高年级同学帮助低年级同学答疑解惑。

（二）实践活动：给学生一个舞台，给我们一个精彩世界

精彩心理月，焕发学生向上力。近几年，在大中心的带领下，我们开展了如下主题的心理月活动：2017年，"危·机时，我们可以做什么？"；2018年，"预见未来"；2019年，"'享'心情故事，'聚'成长能量"，活动内容丰富，形式多样，学生在活动中收获自信与成长。如解忧杂货店活动，请学生填写"我的困惑"，倾吐心中烦恼，然后每个班级邀请一位正能量使者组成智囊团，帮助同学们答疑解惑，受到大家好评。

（三）完善危机干预制度，保障学生健康成长

作为上海市唯一一所初中试点学校，参与上海市公共卫生体系建设三年行动计划（2015—2017年）"心理卫生服务体系建设示范工程"项目，依托市精卫中心，逐步完善三级预防制度，包括编制适合中学的危机干预科普宣传资料、在校内进行危机识别和干预的科普活动、编制《危机干预在线教程》内容、组织班主任等一线工作人员学习在线教程等。

（四）联合兄弟学校，开展组团式德育项目"积极心理学取向的心理主题班会实践"

作为种子学校，联合华育中学、紫阳中学、田林三中、汾阳中学、师三实验五所学校，开展积极心理学取向的心理主题班会的实践探索，帮助班主任老师更新德育理念，创新主题班会形式，发挥主题班会的德育作用，让"尊重、

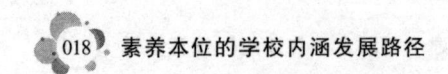

接纳"的育人理念更好地内化到更多班主任老师的日常工作中。

（五）完善家校共同体，开展初中生生涯规划教育的实践研究活动并辐射全区

在以"沟通"为主题的家校学习共同体活动的基础上，我们开展"生涯规划教育"主题的家校学习共同体活动，帮助更多的老师和家长了解初中生生涯规划教育的相关知识、理念及操作方法等，指导其更科学、更有效地陪伴孩子指向未来的成长。目前已经开展的活动，如：共同体成员招募、专家讲座与困惑解答、生涯体验活动、《正面管教》系列读书活动、"着眼未来，立足当下——做智慧型家长"大型专家讲座与个别辅导活动等，活动对象不但有本校的师生家长，学校也与区中心合作，邀请全区对孩子生涯发展有兴趣的家长共同参与，获得家长的好评，收到较好的成效。

（六）区校合作开展"心理助力·从容应考"活动，帮助考生与家长从容应对

学校连续多年与区中心合作，面向全区九年级家长、学生，定期开展"心理助力·从容应考——徐汇区未成年人心理健康辅导中心举办大型考前公益心理辅导活动"。活动包括名师讲座、现场心理咨询、考前团体心理辅导等多项内容，为有需求的家长和考生缓解焦虑、释放压力，吸引了众多学生和家长参与，获得一致好评。

学校在2013年通过上海市心理健康达标校验收，于2015年获得上海市心理健康教育示范校荣誉称号。此外，在学校五年规划（2021—2025年）中明确指出，"将心理作为学校特色教育课程予以重点开发完善，积极创建全国心理健康教育特色校"。

今后，我们将以市级课题"基于中小衔接的初中生涯教育课程开发与实施研究"为依托，开发系列生涯教育课程，为学生的终身发展奠基铺路。

（郭永芬）

B. 因材施育

爱如和风　春暖花开

"没有爱就没有教育"，一个老师必须热爱学生，才能教好他们。教育者要

先受教育，塑造灵魂者要先做到心灵美，真、善、美是一个教师履行好自己职责的先决条件。就是凭着这份真挚的爱，我关注着每一名学生，静等着一朵朵花慢慢绽放。

源于爱的信任

前些年，我中途接手了八年级的一个班，姑且不说成绩，这个班最令人头痛的问题是：总是有人丢东西。日常的作业本，发着发着就不见了；学生放在包里的交通卡也时有失踪；而最让人烦恼的是竟然有几名同学还丢了钱……

接班后，我利用每天的"日日清"和每周的班会时间，以班级里的人和事为契机与孩子们聊诚信、聊成长、聊以前的学生的成长、聊身边的人的专注与奋斗。孩子们的眼睛里似乎越来越亮、学习的劲头也越来越足。正当我欣慰地看到了班级面貌一新时，一连串的失物丢钱事件还是在某一天发生了。

那天，有一名学生的练习册丢了，怎么找都没找到，询问后，同学们说传本子传到前面的时候明明有的，可传到小谢那儿后就没有了。同时也有同学看到小谢的台板里赫然有另一名同学的笔袋，当同学指出时，小谢以拿来看看为由就立即还给了失主。可失主拿到笔袋时，又发现里面多了原本并没有的钱，在他的惊呼声中，一名同学检查发现自己少了同样数目的钱。于是同学们找到了我，告知了情况。

我没有立即找小谢说这件事，而是找小谢聊起了家常。我谈小谢的优点，谈小谢的学习，谈小谢的待人接物细节。渐渐地小谢谈起了家里的事，谈到了家长的不理解，谈到了家长的暴力倾向，谈到了自己的不自信，几度落泪之后，小谢主动承认自己拿了同学的东西和钱，也说了以前的事。小谢坦言，自己不缺钱，不缺物品，可就是忍不住要去做这些事。还说这些东西和钱都在自己的一个小匣子里，表示明天就带来——还给同学。可又担心同学们会不会从此以后再也不信她不理她了。面对小谢的坦诚相告，我说我来代她解决这件事，一定会做好同学们的工作。

我妥善地处理了这件事后，依旧不断地关心小谢，也私下里和小谢的父母沟通，指导小谢父母调整家庭教育方式。在我的鼓励下，小谢渐渐地有了自信，也开始自觉为班级服务了。那一天，我当着全班的面宣布这周收饭费由小谢负责。小谢惊呆了，她抬头迷茫地看着我，不敢相信自己的耳朵。就这样，小谢负责班级的饭费收缴一直持续到毕业，从来没有出过差错，班级里也再没

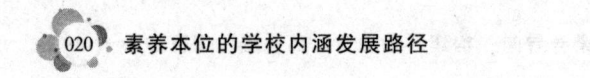

有丢过东西。

毕业后小谢回校，深情地递给我一封信。信中写道："老师，我真的很感谢您在这两年里对我人格和性格上的影响，是您的信任让我懂得了如何诚实做人，如何多角度看待事情，如何用自己的为人找到尊严；您的悉心教导也如甘露一般滋润着我这棵幼苗茁壮成长；或许我在成绩上的提升不是很快，但是我相信人格上的提升比成绩上的提升给我今后成长带来的帮助更大；最后，再次感谢您对我的教诲！"

源于爱的信任，教会了小谢为人要诚实、做人要正直；爱的信任也教会了同学们信任与接纳可以创造奇迹。

源于爱的助力

小张是一个患有自闭症的孩子，他总是沉浸在自己的世界里读书，不关注也不关心外面的一切，不论是上课还是班级活动他都不闻不问。如果你打扰了他，他会毫不控制自己的情绪发泄出来，甚至对同学暴力相向。在家里也经常和妈妈发生激烈的冲突，对妈妈拔刀相向，而单亲的妈妈拿他实在没办法，只能以泪洗面。

接班后，我时不时地主动找小张聊天，聊小张最喜欢的书，聊小张最喜欢的历史人物，小张虽然不说话，时不时就走开了，但我还是会继续找机会和小张聊。我也多次和同学们谈心，希望大家多多包容，用爱帮助小张融入集体。

十月的一天，正是小张的生日，我带上与小张同龄的我的儿子一起去小张家，带了礼物为他庆祝生日。打开门的小张，愣了半天，虽然小张还是不太说话，但是，小张忽然表示要做个比萨。小张忙里忙外地做着比萨，我和儿子一起帮忙，小张虽然还是不说话，但我明白转机已经出现了。临走的时候，小张妈妈拉着我的手连声说"谢谢"，她说，这是十年来第一次有这么多人给他过生日。说完，小张妈妈的眼泪就忍不住地落了下来，一旁的小张也是眼眶湿润。

接下来的时间，我不断地鼓励同学们和小张玩，也经常带着儿子找小张玩。不断地和小张聊，并告诉小张同学们爱他，也鼓励小张爱同学。班级里轮值日班长时也不再像以前那样把小张跳过。小张做值日班长的那天，兴奋地早早就到了学校。

渐渐地，小张终于开始与我主动交流了，而且还会聊很多自己的心事。在我的多方鼓励下，小张慢慢地有了自信。小张已经有了很大改变：他做值日班长时认真负责，运动会上会为同学加油，辩论赛后为同学亲手制作比萨表示祝贺……

2023年，小张也骄傲地走进了中考的考场，这对于一个患有自闭症的孩子是多么不容易呀。他有勇气战胜心魔，战胜社恐，我由衷地替他感到高兴。

米兰的花语是"有爱，生命就会开花"。
老师窗前有一盆米兰，
小小的黄花藏在绿叶间，
它不是为了争春才开花，
默默地把芳香洒满人心田……

（杨艳冰）

不一样的"一跃而过"
——一次跳高教学的"德育"

缘起

七年级学生学习跨越式跳高时，有一个身材较胖、耐力水平很薄弱的女生，在尝试体验跨越式跳高，过杆前被同学们看不起，反而她的动作是最标准的。大多数学生会觉得耐力水平薄弱的"小胖妞"跳高水平肯定一般般，有些学生就会带着一丝傲慢的语气说道："哎呀，她都能跳过去啦，我们当然没问题咯。"然而尝试完完整的过杆动作后，他们几乎是勉强跳过的，动作不连贯，还很吃力，当看到"小胖妞"漂亮的过杆动作时，他们为此前的小傲慢感到羞愧，并且红了脸、低下了头。

点拨

于是我趁热打铁，连续发问："同学们思考一下为什么有的同学过杆特别吃力。""不知道同学们有没有注意到有一名同学的过杆动作非常漂亮，老师发现刚才某同学一跃而过，动作轻巧，起跳有力，摆动腿下压有力，起跳腿跟进很快，落地平稳，动作很到位。"学生纷纷用猜测的目光互相看来看去，当我说到下面有请某某同学来给大家做示范时，学生感到非常惊讶，紧接着我给学生提出要求，让他们仔细观察示范的同学过杆动作的特点与他们有何不同，"小胖妞"漂亮地一跃而过，随后响起一片响亮的掌声，得到同学们的尊重和老师的赞扬后，她的脸上也洋溢着自信的笑容。我突然话锋一转语重心长地说道："同学们，虽然我们'小胖妞'的耐力跑很不理想，但她的爆发力非常好，所以不能用耐力跑水平来衡量一个人整体的运动能力，更不能戴着有色眼镜看其他同学，这也是尊重别人的一种方式。每个人身上都有闪光点，要用辩证思维来看待问题，一分为二地看事情，不能全盘否定一个人，还要有谦虚好学的态度，既能看到别人的优点，又能看到她的不足之处，学习同伴的优点，帮助同伴改进不足之处，共同进步。"

"小胖妞"漂亮地一跃而过赢得了同伴们的尊重和认可，而前面取笑她的学生羞愧地低下了头，意识到自己的做法很不礼貌，向"小胖妞"表达了歉意，她也欣喜地接受了。在后续进行分组练习时，有的学生还请"小胖妞"过去做示范，虚心请教她是如何做到如此干脆利落，她也热心地帮助其他同学，看到孩子们之间相互探讨、学练积极、你拼我追、力争上游，争取都要一跃而过，营造出浓厚的学习氛围，我的内心甚是欣慰。

感悟

著名教育学家第斯多惠曾提到过："教学的艺术不在于传授本领，而在于激励、唤醒、鼓舞。"也就是说，正确的评价、适当的表扬和鼓励，能激发学生的上进心、自尊心和集体主义荣誉感，也是提高教学效果的方法之一。

首先，我们老师在教学过程中要及时发现问题并且抓住关键育人的契机，如果当时立刻停止练习对学生进行一番说教，最后的学习效益也不会那么高；其次，要根据事情的具体情况迅速做出解决的对策，寻找最佳的切入点，本次我是通过反问的方式提问孩子们自身过杆的情况，逐渐地过渡到让"小胖妞"做示范动作，让她用实际的表现获得同伴们真正的认同与尊重，而取笑"小胖妞"的孩子们也才会深刻地意识到自己的做法非常不礼貌；最后，遇到事情不能冲动地解决问题，耐心地跟孩子们讲道理，不然会错失最佳育人契机。用眼睛去发现孩子们的闪光点，用心去聆听孩子们的心声，用智慧去启迪孩子们的心灵，及时引导孩子们用辩证的思维看待事情，从而让每个孩子绽放光芒。

反思

德国哲学家雅思贝尔斯在他的《什么是教育》中写道，教育的本质意味着：一棵树摇动一棵树，一朵云推动一朵云，一个灵魂唤醒一个灵魂。作为老师，要善于感知学生的心理变化，要走进他们的内心世界，抓住关键育人的时机，积极去鼓励和唤醒学生的自信，让学生健康快乐地成长。作为青年教师，在教学过程中要善于抓住关键育人时机，本堂课中能及时引导孩子们用辩证的思维方式看待问题，还能帮助后端的学生增强信心，获得认同感和成就感，想必这堂课给所有的学生都留下了深刻的印象。如果当时立刻停止练习进行一番说教，可能不会有很明显的效果，学习效益也不会如此高。最后我要立志做一名眼中有学生，心里有爱的老师，将爱的种子继续播撒。

（吴晓燕）

为天使"缝补"翅膀

师范院校出来的我，一直将成为一名合格的老师作为自己奋斗的目标。然而，或许是因为没有经验，或许是对每一个孩子的期望值过高，或许是更希望看到自己的付出得到回报，或许是学生的变化让我惊讶，或许是学生的不理解让我感到委屈，工作中，面对班级学生出现的各种小问题，我常常疲于应付，也时常苦恼：为什么学生会发生各种令人意想不到的错误？为什么不能理解良苦用心？为什么不能端正学习态度？我也会问自己，我是个老师吗？我合格吗？究竟什么是老师的最好定义呢？这些问题，直到有一次我读到一篇于丹老师的文章，才豁然开朗。

于丹老师在文章中说：老师是给天使缝补翅膀的人，这是她的学生教给她的。文章中讲述了这样一个故事：有一次，她收到学生送来的一个十字绣礼物，上面绣着一个高个子、穿长裙，很优雅的女人，弯着腰，拉着一个小脏孩儿的胳膊，手上拿着一根针。十字绣旁边还放着一张小小的纸条，上面写着：丹丹，你知道吗，小孩子都是天上掉下来的天使，因为他们的翅膀断了。但是小孩在刚刚掉在地上的时候，还记得天空，还怀念飞翔；只要我们遇上的成年人，不笑话我们青涩，不批评我们鲁莽，包容我们、鼓励我们，我们还能做回天使。

当时我班级上正好发生了一件事情，读到这个故事时，我内心很有感悟。我想，这既是于丹老师教给我的，也是我们班级小邵同学教给我的。

"小邵，这件事情我们不是一起沟通过了吗？怎么又出现问题了呢？""没有什么，只是回去和我爸爸复述了一遍，我承认我的错误，但是我爸爸觉得……"这样的对话可以说是经常出现在我俩之间，或者是说出现在我和他父母之间。

小邵同学其实是一个很有个性的孩子，非常乐于助人，不怕生，能主动与陌生老师聊天。班级里有什么需要，这个孩子都会非常热情地帮助。有时候多媒体发生问题，这个孩子会很积极地帮老师调整；班级里有什么地方出现问题了，也很积极地找老师反馈；老师有时候忘记一些事情，他会进行提醒。开学选举班委时，因为打扫卫生需要劳动委员留到最后，那么劳动委员是需要负责到最后一个走的。我们班当时很多孩子不愿意晚走，几乎没有人愿意当劳动委员，这娃挺身而出说"我愿意当"。我当时在想这孩子真棒，乐于助人。

作为班主任，需要日常处理班级的突发事件，毕竟四十多个小孩子总归有意见不一致又争强好胜的时候。这个孩子，算是我处理突发事件次数最多的一个娃了，吵架、打架、互骂等。经过几次突发事件的沟通，我发现这个孩子性格特别冲动，吃软不吃硬，容易逞强，觉得自己什么都懂，天不怕地不怕，与别人交流时一些言语方面不是很成熟，在班级里会与其他同学发生冲突，有时候甚至在言语上与老师发生冲突。还很"双标"，就比如"取外号"，别的同学给他取外号就是嘲笑他，他给别人取外号就是同学间的玩笑。渐渐地，学生也不爱和他一起玩，那段时间小邵在班级的人际关系很差。针对这个情况，我一直在班级里协调，经常夸奖小邵做得好的地方。我也和小邵的父母当面聊过，不过效果很不理想。家长很宠溺孩子，不太愿意承认学生的问题，觉得对学生的教育作为父母是很成功的。而谈到小朋友的人际关系，家长就说是不是班级学生抱团孤立他，等等。甚至有几次，本来小朋友在学校里沟通得好好的，结果第二天回校态度就又不对了，我再次沟通，学生就说"我爸爸说……"，几次下来我也就明白可能家长并不能和老师站在同一战线，找学生是更好的沟通渠道。

八年级的学生其实相对来说比较成熟了，长时间使用手机，十三四岁的孩子，对任何事情都有一定的好奇心，对一些事物想去探索也很正常。这不，我们班小邵同学就是。暑假期间因青春期问题好奇身体方面在微信上打扰其他学生，与家长进行了沟通，家长很模糊，重点在于是谁带坏他家孩子的。倒是学生很诚实地和我说明了情况，并保证下次不会再出现这种情况。我当时也就放下心来，觉得小朋友能及时改正就好。结果过了一个月后，有一个孩子来找我，说："老师，我给您发一些图片，您看一下，他好像和学校外的学生发生冲突了，人家说要过来打他。"我当时一惊，坏了，别出什么事。我立马去了解情况。小邵直接就说："王老师，我觉得这不是什么大事，也没觉得有什么问题。这个阶段有这种好奇很正常。"好在观察了两周下来也没有出现什么安全问题。我当时很生气，为什么已经保证的事情还要再次发生？为什么意识不到自己的问题？那段时间我也不知道怎么处理这种事情了，直接进行了"冷处理"。

  安稳地度过了几天，没想到的是几天后他来找我了："老师，你为什么没问我后续如何？"我当时在批作业，就没看他，也没有笑容，就说："我不想知道了。"他有点愣住了，没说话。大概过了两分钟，我盯着他，说："因为，我很失望，很伤心，很难受。"其实我当时感觉他眼睛有点湿润，但他没说什么，又等了一会儿就回去上课了。我当时为他来找我而感到惊讶，意识到或许他这几天也在观察我的举动。他这个举动让我意识到，或许还有转机。随后几天我就默默地观察，发现他的确收敛了不少，下课也不会故意没话找话，学习上也认真了一些。当时我很开心，我想，可以找这个孩子交流了。

  那天，我找了他，我也没说什么话，就问："你有没有想和我说的？"这孩子可能也没想好措辞，就说了一句："其实，我知道这是不对的，只是不想承认，也不想让老师觉得我不对。"第一次就是口头教育，让小邵觉得"看，我犯了这么大错误，老师只是说一说，父母也没说什么，我很厉害，我都不怕"。第一次看着是解决问题，学生却没有任何改变。第二次小邵看到我的态度，才觉得我是真生气了，真难受了，也害怕我"不理"他。第二次解决问题了，学生也有了变化。交流以后这个孩子有了很大变化，虽然还是经常会有做得不好的地方，但是对自己却有了一定的底线和标准，也对自己有了一些要求。

  那一次交流，让我有些释怀，也有些成长和感悟，我想起于丹老师说的"只要我们遇上的成年人，不笑话我们青涩，不批评我们鲁莽，包容我们、鼓励我们，我们还能做回天使"。就像我，希望得到每个孩子的喜爱一样，学生也希望得到老师的关注和喜爱。我会因此变得懈怠，变得沮丧，其实也是因为过度放大他们不好的地方，却忽略了他们见到我时一声声"老师好"，忽略了他们和我一起分享自己开心事的时刻，忽略了他们的一句句"老师多喝水、老师多休息，不要熬夜"的关心。

这次的事情，也让我明白，在学生的成长道路上，发生任何错误都是正常的，老师不能以自己的标准和道德去要求他们。他们是"天上掉下来的天使"，对一切都是好奇的，并不知道自己做得对不对，或者说并不知道自己的语言和做法会带来什么样的后果，他们需要父母和老师作为引导者，哪怕过程再困难，只要坚持，就有效果。作为老师，学生有不会的知识我们可以教，有不懂的题目我们可以指导。在其他方面也是一样，学生做错了事情不能一味地指责，将自己的想法套在学生身上。老师要有"人本善"的观念，了解事情经过，了解学生想法。对于一件事情的解决，不仅是口头教育，而是要通过长时间的观察，针对学生的情况采取相应的措施，关注这名学生是不是为了应付老师，表面承认错误；是不是后续依然会发生这种问题；在学习和行为上有没有进步的倾向等等，经过一段时间的观察，学生有了改观、有了变化，变得进步，翅膀缝补好了，这样才是真正解决问题了。

经过这件事情，我想在今后的班主任工作中，我会一直记得于丹老师说的，对老师最好的定义就是老师是给天使缝补翅膀的人。

（王诗惠）

C. 班级建设

春天里的故事
——云端活动亦缤纷

春天如约而至，成长不期而遇。在这春意盎然的时刻，新冠疫情卷土重来，同学们告别了生机勃勃的校园，居家云端学习。樱花烂漫又落英缤纷，最美人间四月天也落下了帷幕，六年级（8）班鲲鹏中队的同学们借助云端平台，展开了一场场精彩纷呈的云端活动，采撷了一路芬芳，在春天里留下了最美好的成长痕迹。

这里采撷几个画面：

春之序曲——云上悦联欢

一开始云端学习同学们还有点新奇，上课呼应此起彼伏。过了一段时间，疫情也不见好转的迹象，心情也久雨不晴。我觉得和同学们上课有点像荒野漫步，找不着方向。怎样调动同学们在线上学习的热情呢？因为我所任教的是六年级，孩子们活泼好动，愿意展示自己，不妨开展一次线上联欢吧。于是我们定了网上联欢活动，主题叫：云上相聚，"热"候春天。

虽是第一次举行这种以云端形式开展的联欢，但十分精彩，同学们的兴致也很高。有许多人毛遂自荐，报名参加负责统筹工作，也有许多人自愿报名参加表演，使这个活动更加完美。最值得称道的是"脱口秀"成员，他们自己开腾讯会议室，从写稿到排练，反复磨合，结合当下同学们线上学习的情况，奉献了最欢乐的节目。

我们选出了四位主持人，男女同学两两组合，一段主持稿的撰写数易其稿，务必精益求精。在表演阶段，有现场表演，也有视频形式。表演阶段可是让大家大呼过瘾：旋律动听的音乐让大家心旷神怡，幽默风趣的脱口秀让大家开怀大笑，婀娜多姿的舞蹈让大家流连忘返。令人难忘的表演结束后，主持人以一段充满回味的结束语为这次活动画下了一个完美的句号。

这次联欢是同学们网上学习中最有意义的活动之一，它为大家较为枯燥无味的网上学习添上了浓墨重彩的一笔。既让同学们在闲暇之中放松身心、陶冶情操，又让我们认识到：虽然云端学习阻隔了大家在校园相聚，但欢乐依旧，热情依旧，那个熟悉的集体似乎又回来了。

春之律动——云上奏感恩

柔和的春风吹拂醉人的花香，春天的生机谱写出一段美丽的乐章。时间转眼来到了4月下旬。同学们大都收获了数不尽的感动，在不经意间有了心灵的成长，白衣天使潇洒坚定的背影、90后志愿者前进的铿锵脚步，还有每一个平凡的人种下的生命之花。

抗疫一线的"大白们"及志愿者都在为居民的安全时刻奋战着，我们在聊天中同学们也表达了对他们的感谢。怎么让大家都能参与其中呢？于是我向本班啦啦操社团的同学提出建议，组织（8）班同学拍摄有关疫情的舞蹈类视频，表达对抗疫工作者的感谢之情。

七名同学接到命令后立刻展开工作。学习的过程注定不简单。同学们接到任务就开始认真学习，但是有许多同学初次接触舞蹈组合，学习起来难免会遇到困难。于是认真负责的小组长们召开会议，验收成果并指导同学们学练。同学们学习进度更快，动作更精细。一周过去，陆陆续续有同学开始递交视频。

接下来便是剪辑部分了。精通信息技术的同学担起重任，开始紧锣密鼓的剪辑工作。用一周时间，制作精良的成品新鲜出炉。

视频开始便是同学抒情优雅的钢琴演奏，引人入胜，带我们回顾防疫期间"千里援沪，同心抗疫"的点点滴滴。同学们的手势舞视频伴随舒缓的音乐一一播放，大家的动作有力整齐，洋溢着青春的活力。画面一转，众多医护人员赴沪抗疫的照片浮现在画面上。他们的笑容是如此灿烂，如同一束阳光，照亮了我们的心灵。先前的钢琴声转变为雄浑有力的小号，鼓舞内心，令人感到心潮澎湃。结尾处全班同学的一声声加油为医护人员献上礼赞，为上海送上美好的祝愿。

5月是阳光和煦的。在这个5月，我们用音乐与舞蹈表达对医护人员的感激，用团结与责任见证同学们的成长，用坚持与毅力延续春天的道路。我们以点滴日常为音符，以青春为乐谱，共同奏响了感恩的乐章。疫情当下，医护人员仍在辛苦劳作，默默付出。我们学会心怀感激，懂得回报，尽自己的一份努力共同抗击疫情。这个春天注定不平凡。

春之华章——云端秀缤纷

5月小满，夏熟作物的籽粒已经开始饱满，就像我们中队的少年们，乘着5月的暖风，抓住春天的尾巴，不断充实自己，奋斗前行，用自己的青春活力给这个万紫千红的世界增光添彩。

窗外疫情还在肆虐，我们不怕；天气日渐火热，我们沉下心来修炼自己。"少年负壮气，奋烈自有时"。少年们为自己制定了不同的目标，在5月中笃行不怠，朝着自己的目标奋勇向前。有完善一篇作文的，有完成一幅画作的，有娴熟弹奏一首曲子的……每天作业完成后，他们总会弹琴、品书、练舞……不断提升自己，向自己的目标更近一步。

我们准备把这个成果出成电子书刊，一听到这个设想，大家的热情如星星之火燎原起来。于是要制作封面的，要写前言的……纷纷献计献策。还有同学考虑到要交的作品是音视频作品，这时大家想到了信息课所学知识，将链接、二维码等环节都运用到作品中，真正做到了学科间知识的融合。

"追风赶月莫停留，平芜尽处是春山"，经过一个月的踔厉奋发，少年们手捧自己的收获，向我们走来。一首首悠扬的乐曲流转于少年手中，可谓"余音绕梁，三日不绝"；一幅幅精致的画作、一件件精美的纸雕，令人惊叹不止；一份份玉盘珍馐，让人唇齿留香；一段段轻盈的舞姿，犹如花间飞舞的蝴蝶，使人心驰神往……我们的作品多姿多彩，形式多样，体现了"我的班级我建设"的建班理念，这样给学生搭建的展示平台，让每名同学觉得身处这样的集体，我就是班级的主人翁，我为我的班级而自豪。

手捧成功，体会成功的香甜。少年在匆匆的春光中，在这万物向阳的季节中，留下属于自己奋斗的足迹。

在这个特殊的春天里，云端活动助力了学生的成长，提升了学生的综合素养。

2022年春天已经远去，然而少年们前进的脚步并不会就此停歇。我们永远相信：疫情终将散去，待到春暖花开时，我们一定能很快在校园重聚，一起重新恢复热闹与美好！

（任云凤）

学生自主管理从培养自主能力做起
——以学习者为中心班级自主管理案例分析

幸福与不幸福的交织

在读到《真实的幸福》中使你更幸福的特质时，让我感到做任何事情都会产生幸福感，教师在带班和教授学生知识中会产生幸福感，当一个人用能力和优势去应对一项挑战并圆满完成时，我们会有幸福感。了解这种幸福感，我们就必须了解每个人的优势和美德。当我们发现每个孩子的这种优势和美德时，我们的工作就会更加幸福，我们的工作充满着充实感和满足感。

调动每名学生自主参与班级管理，发现每个孩子身上的优势和美德对班主任工作的顺利开展有着积极的作用。因此，在中途接手的班级管理中，任何一个班主任，都不可轻视每名学生的作用的发挥。这个班级看上去"强人"很多，但是真正做起工作来，孩子毕竟是孩子，有时会责任心不够，在同学中的榜样作用不够，很多学生只对他人有要求，却管不住自己，导致班级活动没人愿意参与，不主动，对自己的目标不明确，也有班级活动管理方式不得当，学习成绩下滑，与同学间不能友善相处，个人主义泛滥产生高人一等的想法，甚至不懂得同学间的合作。这些问题如果班主任老师不能及时发现，及时引导和处理，班级学生能力再强也会让自己成为班级的救火队员，事情不断，而且会感觉非常无助，所以及时调整才能增强班级管理的凝聚力，才能提升教师工作的幸福指数。

让每个孩子都幸福起来

要让每个孩子发挥特长，增强他们参与学习活动的主动性。

升入七年级后，学习任务的增加和丰富多彩的校园活动的开展，让一批有能力的学生凸显出来，他们学习中有冲劲，活动中有热情，志愿者服务更是少不了他们的身影，所以我借助学校的各项活动的开展，及时在班级中调动孩子们的积极性，根据每个孩子的特点，进行主动性的及时调动。

为此，在与班级学生谈心后，在了解了他们的想法后，借助新学期的科技节、英语节、读书节等校园活动，让更多的学生成为志愿者。在进行班级管理及志愿者活动中，发现同学更多的才能，让管理班级成为主动的活动。通过志愿者在班中的活动，充分肯定每一位参与竞选的同学的积极性和主动性，同学们从内心里还是很希望班级积极向上，得到了同学们的一致认可。考虑到学生的能力与潜力的挖掘，在短暂的初中四年里有更多的锻炼机会，自愿挑战承担学校的各项活动，让学生的能力充分体现。

比如韦同学较为内向，从自身来讲非常希望得到老师的关注和同学的认可。我发现他很擅长拍摄，所以鼓励他积极参加学生社团，学校有拍摄任务或比赛我都推荐他去，孩子自身很努力，也发现了自己的长处，作品多次被刊登在校报上，也得到了上海市级比赛的奖项，通过活动自我能力也得到了提升，在班级中人气上升，自信心明显增强。这样的孩子还有小陈、小何、小谷、小赵、小秦、小杜、小盛、小金、小李等，每个孩子背后都有一段幸福的故事。这些孩子通过学校的志愿活动和各类比赛的参与体验后也更关心班级的活动和日常事务了，每个孩子都活跃了起来，都幸福度过每一天的学校生活，并期待着更精彩的明天。

通过调动每个孩子的积极性，让原本有限的班委工作有更多的同学一同参与，一同体会和感悟，大家都想在工作中让能力得到更多的锻炼，有更多的同学主动参与到班级管理中，同时也在班级中成立了劳动小组、宣传小组、生活小组，对于工作，大家有分工有合作；对于学习，大家互相探讨取长补短。这样的话，让孩子们主动参与为班级服务，一来提高了工作效率，二来给予更多同学锻炼的机会，比如劳动小组的组建，劳动委员和组员对晨扫、大扫除、日常值日生工作进行了明确的分工和责任的落实，并及时地检查。在之后的晨扫中我很惭愧，我早晨6:50到校时大部分同学已经完成了晨扫任务。这也使我认识到，班级管理工作中孩子的能力和他们工作的积极性是成正比的。

使你更幸福的特质

我始终相信学生的潜力和可塑性，相信每个孩子内心都是渴望进步的，老师的引导是学生在班级中自我意识唤醒、自我能力培养的关键。学生在老师的指导下，做事情和参与活动都更加顺利，积极性和主动性也能更好地发挥，在班级中也建立起了得力的家委会，班级工作分工合作，事事有人做，人人有事做，负责好班级中的通知、问卷、网上任务等琐事，也会就家长反馈的问题及时与学校沟通，这样的工作方式让班主任感觉不是孤军奋战，而是大家通力合作，各负其责，各尽其能。

交给学生自己，又不乏对其给予及时的指导，放手让学生去干，老师教会学生工作思路，而不是单纯的工作方法，才能更好地激发学生蕴藏的无穷智慧与潜能。这不仅对学生本身的发展有极大的作用，而且对班集体的建设和发展及班主任和科任教师工作的开展有积极的作用，也会使我们的教育产生更好的效果，让教育工作者更加有成就感。

（邱　锐）

用新媒体技术建班级微信群
——"班级微信群建设"案例

一、概述

随着微信等新媒体技术的广泛使用，人与人的距离正在迅速缩小，而新媒体平台也越来越走入普通人的生活并成为不可或缺的一部分。于是，我们的不少班主任也开始使用这些技术来进行家校沟通、班级建设。

在前期，这种实施运用往往是基于教师感性的操作而非理性思考下的有效运用。所以，在2014年我校在区教院的指导下通过"基于微信群等新媒体技术班主任开展家校沟通的有效策略研究"这一项目的实施研究，通过研究教师在运用微信等这些新媒体技术中发生的真实问题，积累典型或成功的案例，以提高微信群等新媒体技术在班主任班级建设、家校沟通中的效益。

本案例的特色在于从新媒体技术广泛使用的实际出发，基于第一线工作中的问题，是一次有专家引领、重同伴互助的实践探索。

二、目标与内容

通过实践中的现象思考，对家长微信群建立及运用时的问题和现象进行反思，明确家长微信群建立及运用的具体流程及要求，掌握基本方法。根据班级实际情况，在家长微信群中选择适切的内容来促进建班育人的教育目标。在实践中，探索合理恰当运用家长微信群促进建班育人的有效经验。

本案例主要涉及初期实践中获得的家长微信群建立的经验及在使用中运用多种方法促进班集体建设的有效做法。

三、过程与方法

开学初，我们的很多班级都建立了家长微信群，利用微信及时、便捷、共享的优势建立家校沟通平台。一是能够让学生家长及时了解孩子在校的学习生活情况，二是能让教师从学生家长那里掌握学生在家的表现情况。

（一）达成共识，建立制度

在家长微信群建立之初出现了不少问题，例如：在微信群里有的家长发一些无关孩子或教育的言论，有的闲聊吃喝玩乐，有的讨论优惠促销，更有甚者发布广告及销售信息。有的家长会随时通过微信给老师提出各种要求：有的要求教师发下课程表，有的让教师把作业再说一下，有的要求教师看看孩子带伞了没，有的让教师督促下孩子吃水果。早上六点到晚上十一二点都有可能发，让教师疲于应付。

基于这样的情况，我们进行了集体研讨，大家摆事实问题。有的老师已经有了应对方法的，就分享给同伴听；还没有办法的，大家一起来想对策。研讨后的应对之法，就形成了我们的集体经验，保存下来，让所有的老师共享。

有的班级一开始没有遇到问题，提前了解到有可能会发生这样的问题，就能加以预防，少走弯路。例如第一个家长在微信群里聊天购物及不分时间地提出各种诉求的问题，不少班级就在建立之初先与家长达成共识，明确家长微信群的创建目的是更好地建班育人，并制定一定的制度，由家长代表进行监管。这样，既消除了可能会发生的家长微信群内信息繁杂的隐忧，又极大地发挥了家长的作用，也免去了教师分心管理微信群的负担。

（二）资讯共享，家校合育

现代化技术的实时性、扩散性使得家校资讯得以在第一时间共享，从而使家校紧密地联系在一起。通过资讯的共享，家校合育的目标也就更容易完成了。校园的精彩瞬间可以实时传送到家长群，老师们会不定时地发送班级活动照片让家长在第一时间看到孩子在校的丰富学习生活，例如班级入学教育中认真地听讲、整齐地出操、专注地自修的身姿，实验课、烹饪课、二胡课、型秀表演时的风采都可以瞬间直达家长眼前。孩子们的精彩瞬间引发了家长们的热烈讨论和赞叹，家校之间的距离近了，共同语言及互动也多了。微信平台总是不定时地传播着孩子们在学校的快乐尝试与体验。运动会上，老师和参与的家长志愿者不断地上传孩子们的比赛瞬间，群里的家长纷纷为孩子们竖起大拇指，让不能来现场参与的家长也仿佛置身于运动会现场，家长们对这样的实时转播大加赞赏。正因为如此，家长与孩子之间的话题也更多了。

微信平台不仅可以及时分享校园内的精彩，还能使得家校联系更紧密，合育效果更加突显。开学后不久，六年级学生迎来了第一堂烹饪课，上课时老师不断拍下孩子们准备、揉面、下锅的全过程分享到家长群。家长们热烈追捧，为孩子们能有机会学习这些生活技能而感叹。下课后，老师引导孩子们把汤圆带回家和家长分享，于是，放学后家长们纷纷在微信群里晒出自己孩子带回来的汤圆，交流各自的欣慰和喜悦，互相之间点个赞，感谢学校、感谢老师，满满的都是对孩子们会感恩、懂事的肯定。

此后，家校的联手互动成了一种常态，根据不同时段学校的不同要求，家长们会晒晒孩子的小书桌和书架、晒晒在家做家务的场景、晒晒认真专注的学习状态。在家长们的互相鼓励与夸赞下，孩子们也对此很感兴趣，有时会主动要求家长发发自己的成果。无论是教师带领的社区小队活动还是家长带领的课外活动，大家都通过微信群晒晒孩子们的热忱、负责、奉献与成长。

就这样，老师们一有学校、班级活动、优秀的学生作业作品乃至笔记错题整理都会捕捉精彩瞬间发给家长们看，家长们虽在家也能分享到孩子们的成长喜悦。而家长分享的孩子在家的情况也向老师展示了孩子们的另一面。班级的评选活动也会向家长全程公开，选出的同学名单及事迹也会在群里公布，孩子们受到很多家长的夸赞，受到了很大鼓舞。同时，家长们也越来越明白学校的核心价值取向，并慢慢地趋于一致，化为对自己孩子的教育指引，家校合育不再是一句空话。

此外，家长对于家庭教育的方法指导还是很有需求的。教师就可以通过微信群发布有针对性的家庭教育内容，通过这样的方式慢慢引导家长改进教育理念，改变沟通方式与方法，提升家庭教育的效果。

（三）个别沟通，促进交流

微信的个别交流也是家校合育的重要途径之一。例如：对于个别学习或行为规范出现问题的孩子，教师也会通过微信进行及时的个别沟通，能够快速有效地让家长了解孩子在校的表现。比如说，这名同学的作业有问题，教师将孩子凌乱的作业本直接拍照发给家长，把问题直观地呈现在家长面前，这样家长回家教育督促孩子也有了明确的方向。在一周课业结束之后，各科教师在微信群告知家长本周的教学重点，指导家长周末复习须关注的地方，这样家长周末督促孩子就有了明确的方向和内容。

有的孩子与家长之间关系比较僵，家长总觉得孩子做得不好，孩子则觉得家长不理解自己，于是双方越来越疏远，在家都不交谈。老师了解了这一情况后，把孩子在学校好的表现，比如主动帮助其他同学、主动为班级服务（排桌椅、捡垃圾等）瞬间拍成照片发在群里，让家长看到孩子好的一面，接受其他家长的赞扬的同时心里也暖暖的。同时，也把家长在微信群里的一些关心孩子的言语读给孩子听，让孩子理解自己的家长的付出与对自己的牵挂。通过这样的方式，亲子间的僵局慢慢打破，老师的细心疏导和微信中的温馨话语架起了亲子间沟通的桥梁。

（四）多重渠道，互补共赢

随着微信群的大量使用，大家也渐渐发现了它的一些短处。例如：文件没有办法在微信里分享，有些重要内容会被大家的讨论迅速淹没导致有些家长没有看到。面对这些问题，教师们纷纷开动脑筋，想出了弥补的好办法。有的班级开通班级QQ群，用QQ群作为微信群的补充，有些重要的文件、通知就挂在QQ群里，这样就不怕被大量的评论淹掉了；有的班级开了班级小博客，通过博客展示最重要的精华内容；也有的开通了公共邮箱，把重要文件放在邮箱里，方便大家下载使用；还有的利用晓黑板，组织进行论坛和评选活动。

办法总比问题多，大家集众人的智慧，总能想到一款适合自己的经典搭配。通过这些新媒体技术各自的优势来进行互补，通过多种渠道实现互补共赢。

四、成效与展望

在这一项目的推进中，我们发现新媒体技术很大程度上帮助教师快速便捷地向家长传递了校内的学习、活动中孩子们的不同精彩及自己的教育理念，很大程度上起到了凝聚人心达成共识的作用，对建立优良班集体起到了积极且重要的作用。一个班级不仅由一个班主任和若干学生组成，所有的任课教师和家长都是这个集体的一分子。形成观念上的共识是统领这个集体的最重要一环，而新媒体技术正好能发挥这个功能，让本来在校外的家长零距离地走入校园生活，近距离地感知学校的教育和孩子的成长，并逐渐融入学校所倡导的价值取向及文化圈，使得家校协同形成一股同向的力量，形成一个强有力的场效应，促进班集体向学校培养目标的方向发展。

作为教师，也许付出了更多，需要时时留心拍照、及时上传照片；需要时时与家长们互动，了解解决家长们的需求。但每一位教师都乐此不疲，因为教师也尝到了甜头，这样的多媒体新技术确实在建设优良班集体中起到了至关重要的积极作用。在群里，家长们的理解、支持与肯定也给予教师很大的支持与鼓励。由此，我们也发现，良好的沟通互动是所有事情的基础与前提。做任何事，都需要在思想上达成共识，充分沟通，不断地积极引导助推才能使事情做起来事半功倍。而同伴互助的问题解决和经验分享模式也让我们尝到了甜头。有时，我们身边的同伴就是我们的最强助力，他人的问题与经验都是我们的强大资源。新媒体技术为我们的教育工作、家校合育开启了崭新的一页，基于实际问题的同伴互助式研讨实践成了班主任工作培训的新模式。

（姚　卿）

D. 家校共育

教育无痕　成长有迹
——"1+1"家班共育模式的探索和实践

一次家访触发一个共育灵感

近些年来，随着各种网络平台的不断普及，家校矛盾越来越多地被曝光在大众面前。孩子的问题成为导火索，似乎家长和老师就是"敌我"的对立面。大多数情况下，普遍的家校关系是：家长对老师非常尊敬，同时保持适当距离；老师对家长更多是一种居高临下的"教育专家"的姿态。

作为在第一线奋战多年的班主任，我希望能和家长平等对话，共同为孩子们的发展助力。但大多情况下，我们"相敬如宾"；还有更多时候，我觉得自己是"一个人在战斗"。

2018年夏天，我接手了新六年级。在暑假的几天家访中，我发觉当下80后的家长们值得点赞。他们不仅自身受过良好的教育，而且在继承了中华民族"望子成龙""望女成凤"传统的基础上，对参与孩子的教育成长也格外上心。

一次家访中，家长叶妈妈和我聊起了她的工作，并热情地告诉我，她有一些教育资源，可以扩展学生的知识面。她希望能做些什么。

这真是个令我措手不及的"好主意"。

我突然有了灵感：学生是越参与越积极，我们的家长应该也是一样。我是不是可以尝试下和家长的"合作"呢？况且，我们学生家长的资源非常多，这些资源是我们老师无法通过个人的力量找到的。如果把这些资源集聚起来，并转化成孩子们的教育资源，这将是多有意义的一件事情！

一个平台凝聚一个家班团队

一个行动胜过一打纲领。经过与几位热心家长的谋划，"1+1"家班共育计划迅速出炉。

"1+1"家班共育计划，就是以班级微信公众号为家班沟通纽带，以线下的假日小队活动为"家班共育"载体，利用社会和家长的教育资源，学生、家长、老师共同参与策划和组织，开展以小队为单位的学生社会实践活动。活动既集合了班级的每名学生，又集合了每名学生背后的家长。这样，一个小队活动资源变成了一个班级资源，一个班级公众号变成了班级家长资源共享的平台。

众人拾柴火焰高。建群初期，我和家长志愿者起草了"家班微信群公约"。随后，我们班级创建了有史以来最强大的16人家委会。这让我欣喜万分！

9月初，家委会召开了第一次碰头会，形成共识：携手利用各种资源，创造各种条件，为学生搭建发展的平台。家委会内分工明确，有总负责委员长，有财务、总务，还有负责文字工作的秘书，以及班级微信群、QQ群的维护员。

不久，我们的"徐教院附中2022届的阳光中队"公众号就和大家见面了！

一次活动成为一门教育微课

我们的假日小队活动必须全员参与、集体协作，共同完成。学生按照我提出的要求和"空闲时间相同"原则，很快组建8个"雏鹰假日小队"。

根据计划，家长们在活动中要为学生提供各类活动资源，并对活动中出现的问题给予学生一定的指导。

学生也在"队长"的组织下，进行了分工。擅长使用电脑的负责做PPT，喜欢拍照的负责摄影摄像，喜欢语文的负责文字编辑，还有负责小队活动总结演讲的，暂时没有特长的同学也自告奋勇做资料收集工作。每名同学都有事要做，成员既履行组员责任又享受团队活动的权利。

"彩虹小队——参观中兴通讯公司""芯蕊小队——玉不琢不成器，手工玉雕艺人探访""天涯小队——徐汇滨江晨跑调研""rainbow小队——进博志愿者""阳光小队——未来2050体验馆参观活动""致远小队——气象馆参观"……一个个活动有条不紊地开展了起来。

"老师，这个小队活动太好了！我家孩子原本比较内向，这次小队活动让我看到了她活泼的一面。和小朋友们一起参与策划、组织、学习和评价，孩子是真喜欢这样的活动……谢谢老师和家长们给我们创造的机会！"一位家长在微信中抑制不住内心的喜悦。

一个问题带动三方共策共进

然而，很快问题就来了。有家长联系我说她儿子要投诉本组组长，在给组员打分时有不公平现象。

在安抚了家长和孩子的情绪后，我在微信群里发了一个通知：

各位阳光中队家长，晚上好！

下周我们将通过班会展开主题讨论，探讨小队活动中出现的问题，并思考、讨论如何进行团队活动。

1. 小队活动中爸爸妈妈的帮助和我们自己的工作边界是什么？
2. 小队成员如何分工才公平？
3. 小队成员如何考评？

通过本次活动，爸爸妈妈们可以和孩子们探讨的是：

1. 分数的意义。
2. 想让我们的团队更出色，需要我做什么？
3. 这次活动我哪里做得好，哪里需要改进。

让我们带着良好的心态，看待孩子们成长过程中出现的问题。让解决问题的过程成为孩子们成长的契机！

发现问题，解决问题，才能引导学生的思考，才能提升学生的能力，促进他们的成长。只有学校和家长共同负起责任，才能达到共育的目标。我庆幸这些80后的家长不是"微一代""宅一代"，而是有责任心的一代。随着小队活动的丰富和公众号的健全，家长对"家班共育"的认同和自觉也逐步提升。

我也越来越感觉到，我和我的家长们正在"并肩作战"！

公众号也是形成集体认同感的载体，更是学生成长的舞台，它记录的是我们班级的特色。同时，同学们在制作、浏览、亲子讨论、活动评论的过程中，也增强了集体荣誉感。

1+1>2让聚势效应不断显现

一个公众号平台，一项项假日小队活动，这里没有生硬的教育痕迹，却留下了学生、家长、教师共同成长的足迹……

各小组的家长在班级共享资源清单的基础上，通过微信群等渠道，结合孩子的周末时间分配情况，反复商讨，确定活动内容，并主动联系相关的场馆、公司，助推小队活动的顺利开展。还有家长用自己的专业知识充当了第二课堂的"辅导员"，通过自身的热情参与，感染和激发孩子的参与意识。孩子撰写的通讯稿质量不高，负责审稿的妈妈总是不厌其烦地指导孩子修改报道；负责公众号发布的家长每一次都及时地发布文章，让所有人看到自己的付出和成果。家长们还设计了"家长课堂"板块，把老师和家长一些有质量的推文放了进去。公众号还有"学习园地"板块，里面是老师用美篇app制作的学生的各种优秀作业和学习方法展示。我们的公众号越来越丰富了。

有家长说："参与到孩子们的小队活动中，就像是召开了一次微型的'课外家长会'。在孩子们参与活动的同时，家长们往往可以利用这个时间集中起来，分享各自的家教经验，相互了解各自的专业发展趋势，互通有无，开阔了视野，拓宽了思路。"

1+1，就这样串起了一个个家庭和我们一个班级。在经营活动和平台的过程中，大家逐渐认识到，家庭教育、学校教育都是教育的重要组成部分，对学生的道德品质、行为习惯、身心发展、学习成效等各方面都至关重要，学校教育与家庭教育若能互相融合，资源互补，我们就会产生教育成效的最大化。

一个家庭，一个班级，家班携手，共谋发展

对家班共育而言，班级微信公众号是一条纽带，它可以联结学生、家长与老师，也可以联结家庭、学校与社会；它可以联结假日小队活动，也可以联结学生校园生活或学生家庭生活的方方面面。

最美的教育最简单。打造一个小小的公众号平台，串起一个个假日小队活动，学习在这里真正地发生了，也让学生在每天的快乐成长中留下美丽的印记。教育无痕，成长却可以有痕。

微信公众平台给我的班主任工作带来了新的思路与空间，拉近了家与班、师与生、生与生的距离。在平台的建设中，我和家长们成了同一战壕里的"战友"。我相信，一路和家长们、孩子们携手与时俱进地走下去，那也将是我最灿烂美好的记忆。

教育无痕，成长有迹。我们的"家班共育"工作会不断与时俱进，我们的教育事业也会不断创新和发展。

（李燕萍）

假日小队实践评价

教育部印发的《完善中华优秀传统文化教育指导纲要》中指出：坚持课堂教育与实践教育相结合，既要充分发挥课堂教学的主渠道作用，又要注重发挥课外活动和社会实践的重要作用。

近年来，上海的各级各类学校里有着很多支社区雏鹰假日小队，我校各年级自2004年开始成立了各雏鹰假日小队，每学期组织4次活动，平均每月举行1次小队活动。各小队利用课余时间，到不同的地点进行活动，有的是去社区进行劳动，捡拾垃圾，分发报纸，铲除小广告；有的是去各类博物馆或是文化中心参观；有的是去敬老院，为老人读报，与老人聊天，为他们打扫房间；还有的是去一些具有文化代表的地方进行学习。各小队每一次的活动围绕着一个自选主题开展小组调研、理论研讨、社会实践、志愿服务等丰富多彩的活动，既丰富了学生的课外校外生活，拓展了其知识结构，同时也有助于培养其责任意识和社会能力。

根据社区雏鹰假日小队的活动特点，笔者经过多年的实践和探索，发现传统的终结性评价方式不能完全发挥评价促进学习的功能，无法对小队成员的活动过程、学习态度、活动质量及活动反思等多方面进行有效评价。为此，笔者曾在全校范围内的问卷调查中得出，有的能很出色地组织活动，每个队员都能得到很大的收获，得到很多的锻炼；有的小队组织一般，队员没有积极性，只是完成任务而已；有的小队甚至是名存实亡，几乎无法组织活动，因此关注小队活动的过程远比关注结果更为迫切和重要。"过程性评价不是对微观意义上的学习过程的评价，也不是只注重过程而不注重结果的评价，而是对课程实施意义上的学习动机、过程和效果的三位一体的评价。"鉴于此，笔者开展了在社区雏鹰假日小队活动中实施过程性评价的实践研究。

一、社区雏鹰假日小队活动实施过程性评价的意义

"过程性评价能够全面、深入、及时地对学生的学习行为、学习态度、学习效果进行评价，让学生对自己的学习进度与质量及时了解认识，对学生自

主学习将起到促进、评价、补充的作用。"在社区雏鹰假日小队活动中实施过程性评价，旨在用有效的手段来监测和评价小队活动过程、活动态度和活动反思等方面，尤其是在社区雏鹰假日小队活动过程中，对小队成员的现场表现、参与程度、活动意识等，更需要采用过程性评价来进行测量与考察，其意义主要体现为进一步完善活动的价值、帮助学生自我教育及发展学生的社会性等。

（一）完善活动的价值

目前，各支小队的活动情况良莠不齐，有的能很出色地组织活动，每个队员都能得到很大的收获，得到很多的锻炼；有的小队组织一般，队员没有积极性，只是完成任务而已；有的小队甚至是名存实亡，几乎无法组织活动。对于后两种小队，他们需要更多的关注和帮助，使得他们的小队得到更好的发展。因此关注小队的活动过程远比关注结果来得迫切和重要，开展过程性评价的实践研究有助于进一步完善小队活动的价值。

（二）帮助学生自我教育

"社区雏鹰假日小队"是少先队最基层的组织。它灵活、自由，充满了民主，突显了和谐。在各项活动中，小队员们摆脱了成人过度的保护，可以独立地去想问题、干事情，用自己的眼睛去看世界。他们和小伙伴一起学习过民主生活，练习接触社会的本领，得到了很多在课堂上不能获得的经历和人生体验。从这个意义上说，"假日小队"活动是孩子们模仿成年人进行社会活动的演练。过程性评价的实施可以进一步突显"假日小队"自我管理、自我教育的特点，为培养学生独立意识、创造意识、适应社会，提供了合适的条件和氛围，客观上也纠正了独生子女依赖、任性，以我为中心的缺陷，给队员们个性发展、特长发挥提供了展示的天地。

（三）发展学生的社会性

在"社区雏鹰假日小队"里，学生根据自身的情况，自编小队，自取队名，自选队长，自定活动计划，人人有一份责任，这种形式为学生创造了一个良好的、健康的、积极向上的发展环境。"社区雏鹰假日小队"在校外、周末、假日开展活动，需要学生自主自觉，自己出主意想办法，克服活动中可能出现的种种困难，学生在小队里品尝着成功的甘甜、受挫的辛酸。过程性评价的实施可以进一步帮助学生发展其社会性，从小学习适应竞争的环境，优胜劣汰的形势，锻炼面对不同环境的心理素质，整个活动过程对队员们能力培养和素质

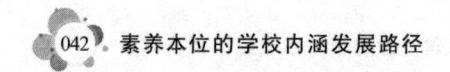

提高有着不可低估的作用。

二、雏鹰假日小队活动实施过程性评价的特征

"对学生的评价方式是否恰当，将直接影响到学生的学习动机、学习兴趣及学习的主动性，因此，要对学生进行过程性评价。"笔者认为，在活动中实施过程性评价要注重以下三方面：

（一）关注活动的学习过程

小队成员在活动过程中会采取不同的活动方式，不同的活动方式又会产生不同的活动过程。过程性评价恰恰关注学生学习过程中的活动参与和活动态度，通过过程性评价中的队员之间的自评和互评，可以使学生逐步树立正确的活动动机，掌握科学的活动策略，从而真正提高小队活动的质量与效果。

（二）重视活动的非预期结果

各小队的活动主题不一样，活动过程也因此丰富多样，不同的活动态度会有不同的活动经历，从而产生不同的活动成效。过程性评价则将评价的视野投向学生的整个活动过程，认为凡是有价值的活动结果都应当得到认可，而不管这些活动结果是否在预定的目标范围内，不过于追求活动目标的标准性和规范性，因为活动过程中的不确定因素较多。重视活动的非预期结果会大大提升每一名队员的活动积极性，大大增强每一名队员的活动兴趣，这也正是现代教育教学所倡导的学习活动价值的多元化。

（三）注重活动的评价方式

过程性评价摒弃了传统评价方式的单一性，注重学生自评、互评和教师点评等多种方式的融合，强调在一个阶段的活动结束时，学生对于自己和同伴在小队活动过程中的学习方法、学习态度进行的自我反思与相互评价。教师点评则是对学生自评、互评过程中突出的事例进行的引导性评价。一般来说，过程性评价需要编制一份过程性评价量表，既涵盖学生的活动过程、活动方法与活动态度等，又要体现评价主体为教师、学生与同伴等。

三、社区雏鹰假日小队活动中过程性评价的实践

过程性评价的目的是激励每一名学生，让他们通过活动感受到自己的进步与发展，让他们利用活动中所发生的问题进行自我教育，从而产生自我成长，

为培养学生的社会性提供健康的平台。笔者在过程性评价的实践中非常注重活动前的人员任务安排、活动中的量表记录和活动后的反思总结。

（一）活动前的人员任务安排

社区雏鹰假日小队活动的目的是让每一名学生参与到活动中，能够根据自己的能力来尽力参与活动或组织活动，通过一次次的活动，不断使个人的能力得到提高，不断地提升个体与集体的融洽度。一次完整的小队活动需要的是每个队员的参与，不仅是参与一次活动，更是参与到活动的组织过程中。因此，合理分配活动任务将是过程性评价的开始。不同的任务可以自由选择，也可以轮流担任。任务如下：活动的设计与联系、照片拍摄、记录表的填写、小报制作、PPT的制作与讲解。通过任务的分配，可以让每一名学生感受组织活动的不易，因此更要好好参与活动，养成积极参与活动，相互合作，互相支持的良好习惯。

（二）活动中的量表记录

在活动过程中如实记录是非常重要的，也为下一次的活动提供了改进的方向。通过量表的简单记录，不仅记录了小队活动前前后后的各种准备与经历，这样的量表一定要一次次地积累起来，一是能够留下每一次活动的回忆；二是能够为下一次的活动提供更多前进的方向，比如可以很好地记录活动中表现优异的学生的事例，通过这些事例的记载，可以有序完整地看到队员的发展与进步；三是量表记录的过程就是小队反思的过程。

（三）活动后的反思总结

每一次的活动之后，需要及时地总结和交流，一是为了让各个小队之间互相了解，大家都做了些什么；二是让小队之间互相学习，取长补短，如何用别人的长处来弥补自己的短处。反思总结分为班级和校级两种，其中班级交流能更突显过程性评价的作用。

在班级交流活动中主要包含如下内容：1.活动的具体介绍（时间、地点、出席人员等）；2.小队活动记录表的照片和活动过程的照片或视频；3.队员的活动感受；4.本次活动中表现优异的同学及具体事例；5.对自己小队活动的评价，包含了优缺点，以及与上次活动相比所获得的进步。在每个小队交流之后，请其他小队评议该小队的总结是否完整，他们的活动准备是否充分，交流的内容和在PPT上呈现的内容是否一致等，最后综合以上各方面，给一个综合的评定：优、良、中或须努力。

四、社区雏鹰假日小队活动实施过程性评价的思考

"社区雏鹰假日小队"活动将学校教育、家庭教育、社区教育和队员的自我教育融为一体,丰富了队员的知识结构,拓宽了队员的学习视野,也为学校的第三课堂开辟了新途径。

通过每一次有计划有组织的社区雏鹰假日小队活动,队员们都会学到更多超出课本和课堂上的知识:如何让自己充满自信,如何与他人真诚地合作,如何更好地利用时间,如何培养社会责任感等。"实施过程性评价,是新课程实践的基本要求,有序、高效的组织工作,是实施过程性评价的根本保证"。在准备活动期间,需要很多时间去准备各种东西,这需要队员们合理利用时间并珍惜时间;在活动的时候,如何让别人感受到自己的认真,如何让自己有勇气指出他人的不足或是获得他人的协作,如何用自己的双眼去发现他人的进步与魅力,所有的这些必须走出课堂,走向社会才能获得。与此同时,笔者认为,在以下方面还需要继续探索和努力:

一是进一步完善过程性评价的记录量表,促使小队每一名成员更加注重活动的过程,在活动中多观察、多调查、多思考并记录下来;

二是进一步开拓社区活动内容,丰富社区活动内容和形式,请社区志愿者和家长志愿者一起设计、规划社区雏鹰假日小队活动,有利于过程性评价的质量提升;

三是进一步确保雏鹰假日小队活动的系统性和连贯性。通过实施过程性评价发现,目前活动较为凌乱,缺乏系统性,建议在每学期初各小队应该制定本学期的4次活动主题,尽可能设计主题相近或相似的各项活动,并在每次过程性评价之后能够注重反思总结,以此完善下一次的活动。

(王冬英)

建家委会　架起家校沟通桥梁
——班级家委会的创建与管理

一、由帕列托法则想到的

管理学上有个著名的二八定律,又名帕列托法则(定律),也叫最省力的

法则，被广泛应用于社会学及企业管理学等。该定律告诉我们：20%的投入就有80%的产出，并在取得最佳业绩的同时减少资源损耗。此定律同样也可以用来研究我们的班级家委会建设：把20%的家长调动起来，也能够带动其余80%的家长一起动起来。

二、背景

从教的第一年我就当上了班主任，而在带班一年快结束时，收到了学校关于家委会的一项通知：每班上报三名家委会成员，分别是校家委会、年级家委会及班级家委会成员。作为一名刚工作的教师，这是我第一次接触到家委会这个团体。当时我就想到，其实在这一学年中，班级有很多活动需要家长的参与。倘若有了家委会的参与，那这些活动就会更加丰富多彩，学生也有了和家长互动的好机会，而且班级家长委员是家长和学校交流的桥梁和平台，对促进家校沟通合作，推动家长正确理解和认识教育工作，促进家庭教育和学校教育同向同步合力，创设良好的教育发展环境，具有重要意义。

今年我又带了一届新的六年级，于是我在学期初就着手组建家委会，希望能激活家长在孩子学校生活中的作用，也能促进家校共育。

三、具体做法

班级家委会的建设是班主任工作的一个重要组成部分，按照二八定律，由20%的家长组成的家委会，对助推班集体健康发展会起到积极的作用，可以说，班级家委会建设的好坏直接影响整个班级的发展。那我们怎么来选择调动这20%的家长呢，选出后，又该具体做些什么呢？

（一）摸底调查，精准分析

在接手2022届（6）班之后，我就学生的兴趣爱好、家庭背景、家长是否愿意为班级服务等方面进行了调查。此外，也发现家长从事的职业范围较广，特长和爱好也多样化，并且都愿意积极参与班级建设。如何合理地利用好这些资源，迅速提高班级的竞争实力，是接下来我们要放在第一位的工作。

（二）组建班子，明确职责

通过开家长会、发放告家长书的形式，简明扼要地告知家长要成立班级家委会一事，第一批提供的岗位主要有：家委会主任1名、副主任2名、委员若干。而后，公开、广泛地征求家长的意见，采用家长自愿报名的形式进行。经过综合考虑，我们很快确定了各岗位的人员，并再次召开家长会，郑重地为家委会各成员颁发了聘书。家委会主任也带领各成员确定了工作的宗旨：团结全班学生家长，密切学校与家长、家庭之间的联系，充分发挥家长资源，使学校教育与家庭教育有机结合，切实提高学生素质。同时，也确定了本班家委会的主要职责：定期召开家委会会议，传达学校和班级有关教育教学情况，研究家委会的阶段性工作任务；倡议全体家长关心班级活动，充分发挥和利用各方面资源和优势，为班级开展社会实践活动提供方便；畅通家长和学校的联系沟通渠道，及时反映全体家长的建议和要求，让学校充分了解家长的心声；关心学校、班级教育教学工作，增进家长对班级工作的理解与支持，促进家校共建共育的和谐机制；协助班主任做好班级各项工作，为班级社会实践活动提供各种支持和协助，培养学生的责任感和集体荣誉感；筹措必要的班级活动经费，对经费的使用进行管理和监督，实行财务公开；学校家委会和班级指派的临时性工作。

（三）分步推进，逐渐成熟

班级家委会的建设和成长不是一蹴而就的，这不仅需要班主任的整体发展意识和新理念的指导，更需要时间的历练。

1. 分工中明责

班主任要协助家委会主任根据本班的实际情况落实好机构的设置及各部门职责。（1）家委会机构设置：家委会设主任1名，副主任2名，下设组织策划组、宣传组、财务组、联络组4个小组。（2）各部门职责：①组织策划组负责起草和制订家委会活动的初步方案，报家委会审核，积极联络开拓家长和社会资源，为活动开展提供便利，做好家委会各项活动的组织执行及社会联络各项工作；②宣传组做好信息宣传工作，及时反映和宣传家委会的工作动态，为家委会各项活动做好摄影摄像和资料收集整理工作，积极在班级博客、班级公众号、美篇和其他社会媒体上反映班级和学生风采，做好班级博客、QQ群的管理维护工作；③财务组及时购买班级所需各种物品，做好家委会活动经费的筹措收集工作，定期公布班级采购物品情况明细，接受家委会监督；④联络组及时向各位家长发送相关信息，保持与学校家委会和各班级、年级家委会的联络，完善家委会和家长的通信名录，同时各组还应积极参与和配合其他组开展各项工作。

2. 培训中提高

很多家长也没有相关的家委会工作经验，如果有个别有经验的开展起来会比较顺畅。我们可以跟高年级的班主任沟通，让那些做得比较好的家委会到自己班级传经送宝，说一些成功的经验。

不定期地召开家委会会议及家长交流会，充分发挥桥梁纽带作用。每两个月召开一次家委会例会，各成员聚在一起既能对当前家委会运作中出现的问题进行剖析、反思，进而找到解决问题的方法，也能把脉将来班级的发展方向。如遇特殊情况也可临时召开。每次家委会召开会议，班主任适时提出指导性的意见和建议。

3. 实践中锻炼

加深学生、教师、家长相互间的关系，开展丰富多彩的活动，丰富学生的眼界，培养学生的动手、动脑与合作能力，进而增进彼此间的情感交流。活动的组织和开展也是锻炼家委会成员的绝好时机。积极参与协助策划大型的学校活动，如运动会、艺术节、诗歌朗诵比赛等各项重大活动，关注孩子各方面的发展，努力培养孩子既会学习又能生活的能力。

充分利用家长资源，提高班级多重文化建设。很多家长都有自己的特长，家委会邀请有特长的家长给孩子们上课，让家长走进课堂，为孩子们讲授课本以外的知识，让同学们了解了不同的行业，见识了不同的领域，拓宽了孩子的视野，同时融洽了老师、学生和家长之间的关系。

组织大家开展亲子活动。比如：亲子共读一本书，分享读书的快乐。通过活动，营造老师、学生、家长间的和谐关系。同时，我们还鼓励家长委员们积极策划、开展有意义的活动，丰富学生的生活，开阔学生的视野，不定期地组织学生外出小队活动。如走进福利院活动、爱国主义教育、参观博物馆等，丰富孩子业余生活，让孩子体验生活，教育孩子懂得感恩。

交流经验提高家庭教育水平。比如，邀请优秀学生家长介绍育儿经验，组织家长交流，因为他的子女就在这个班上，讲的都是身边的人和事，每个人都了解，学生喜欢听，乐于接受，效果会非常好。

四、成效显著

（一）家长给力护好航

在班级家委会成员的辛勤耕耘下，每期黑板报的建设、外墙展板的布置，都留下了家委会成员、家长和学生参与其中的身影，班级中越来越多的家长愿意加入家委会的队伍中来，学生的行为习惯、思想道德悄然发生着变化，团结协作、无私奉献等美好品德将会一直延续。

（二）学生学习后劲足

家校共育的最大受益者显然是班级里的学生。在班级和谐共生氛围营造下，班级学生的道德观、人生观、价值观也潜移默化地被熏陶着。学生的兴趣、爱好呈多元化发展，在校内外组织的各级各类比赛中屡屡获奖，班级的班风纯正，呈现勃勃生机。

（三）班级和谐树榜样

家委会的家长积极参与学校活动，成功地给孩子们树立了榜样。班级的学生也能积极参与学校各项活动，形成良好的班级凝聚力和集体荣誉感。

五、工作启示

作为班主任，在班级家委会建设的过程中，我们也要注意好以下两点：

（一）因班制宜，切忌照搬

受学校所处的位置、家长年龄、受教育程度等因素的影响，每个班家长和学生的情况会有差别，这就要求班主任必须进行前期的摸底分析，根据各班的实际情况组建适合自己班情的家委会，家委会下设的各部门也要在运行过程中根据前期运行的情况，进行适当的增减或整合。

（二）定位角色，把脉发展

作为班主任，在家委会建设的过程中，一定要做好自己的角色定位，好的角色定位才会有班级良好的发展，否则会得不偿失。

1. 信任为首，学会放权

人与人之间最宝贵的是信任。我们成立家长委员会一定是建立在信任的基础上。班级的各种大小事务，我们可以提前跟家委会的预备成员进行协商，在保持自己的立场基础上充分尊重他们的意见，给予足够的信任。

2. 化为纽带，心手相牵

家委会在参与班级管理的过程中，不可能一帆风顺，有时也会遇到困难。在平常的工作中，当少部分家长对家委会的做法不理解、不配合怎么办？这时，班主任一定要协助家委会做好家长的思想工作。当一个个误会消除时，当一句句话语温暖时，正是我们学生成长时。

（赵嘉悦）

第二章

素养导航:
完善课程框架　优化实施路径

概 述

近年来，为贯彻落实党和国家的教育方针，全面落实国务院《关于深化教育教学改革全面提高义务教育质量的意见》和教育部《义务教育课程方案》《义务教育课程标准》等文件精神，学校对照"中国学生发展核心素养三个维度六大素养"，结合"五育并举"融合实施和"自适应"学习社区建设目标，进一步诠释完善"九大关键能力"培养要求，梳理基于"自我调适、自主学习"为核心目标的学校八大学习领域课程，建立线上线下交互学习课程，进一步优化并完善能满足学生德智体美劳全面发展和个性特长培养的学校课程体系；建设信息化和国际化背景下学生核心素养培育的特色课程群。

学校坚持构建基于学生关键能力培养的学校课程，生成了培养学生心理健康、人格健全、善于思考、勇于创新、追求真善美，具有"九大关键能力"的课程目标。立足"双新"和"双减"课改要求，持续推进国家课程校本化实施，深入开展指向素养、基于课程标准的四个系统（教学目标、教学评价、教学内容和教学设计）的完善和优化研究，通过激励教师开发课程、多渠道挖掘社会资源等方式完善校本课程群，常态化实施项目化学习，实践多元多样的评价方式。我们不断优化课程实施路径，持续提升学校课程品质，"让课程支撑每一位师生的发展"的课程理念落地开花。

（陆敏燕）

第一节　课程框架　支撑发展

课程是学生接受教育的主要载体。一定的课程架构，反映了学校的办学目标，也反映了育人的培养目标。

让课程支撑每一位师生的发展

一、立足课程与教学改革的起点

（一）学校办学概况

徐教院附中地处长桥地区，占地面积35亩，校舍建筑面积15000多平方米，绿化覆盖率50%。学校现有24个教学班，学生近1000人。

学校在编在岗教职工80人，教师占教职工的90%，教师平均年龄40岁。其中，高级教师所占比例23.8%，中级教师所占比例48.8%，初级教师所占比例15%，硕士研究生（含学历或学位）所占比例10.9%，局级及以上骨干教师所占比例23.7%。教师队伍以"责任、敬业、合作、诚信、感恩"为核心价值观，具有认真踏实、淡泊名利、支持信赖、合作分享的特点，赢得了学生的喜爱与家长的信任。

近几年，徐教院附中秉持原校长李文萱提出的"关心每一位学生的成长需要，激发每一位学生的成长动力，促进每一位学生全面而有个性地发展"的理念，始终坚持学校的所有课程设计、教学安排都是为了激发每一名学生的成长动力，塑造阳光、自信、独特的个体。学校构建了六大办学实践体系，从文化、课程、治理结构到师生关系、教育教学方式等方面进行了系统的再构，学校课程与教学、组织架构、评价系统乃至整个学校文化都发生了积极而深刻的变化。

近五年，学生中有2人获得市"十佳少先队员"称号，有1人获得"光启区长"奖，有8人获得区"美德少年"称号。已有11名学生分别获得了中国少年科学院"小院士"和"预备小院士"的荣誉称号，上海市青少年科技创新大赛中一等奖的名单中年年有附中学子的名字。学生全面发展，阳光、自信并各有特长的特质明显。

学校获得市级以上荣誉30多项，其中《基于学生个性发展的课程构建与课堂变革》获得首届市基础教育教学成果奖一等奖。教师队伍也荣获上海市"巾帼建功"标兵集体、上海市教卫系统三八红旗集体等荣誉称号。附中换牌十八年就是深入持续推进课程教学改革的十八年。

（二）课程与教学发展历程

学校课程与教学工作以市、区相关部门的文件精神为指导，以五轮办学规划、三度修订的课程方案为指导，以课改各阶段学校主要课题研究为抓手，在日常教育教学的推进中得以落实。主要经历了以下五个阶段：

第一阶段（2000年1月—2003年8月）：构建"三大板块"课程框架，以历史、地理、生物、信息等学科为试点的选修课及科技、艺术、体育类的活动课，开设独立形态的探究型课程。以教学常规制度的创新与落实为主要内容的日常教学行为改进，实现以规范教学行为确保质量底线的目标。

第二阶段（2003年9月—2006年8月）：编制学校《校本课程开发方案》，全面开发学科拓展型课程并形成系列，构建德育课程框架；启动了基于标准的教学改进研究工作。

第三阶段（2006年9月—2009年8月）：以科技、艺术、体育"基础、拓展、特长"校本"多层次课程"建设为抓手，实施学校课程方案，探索学校课程整体优化路径；以校园"五大节日"为重点探索教育活动课程化的策略与方法；启动了《基于课程标准的校本教学操作指南》（以下简称"指南"）研制工作，开始建立基于课程标准的校本"教学目标、教学内容、教学设计、教学评价"四个系统；在课堂教学行为的改进上，继续探索课型范式，注重以激发学科兴趣、培养学科能力、提升课堂效率为重点内容的教学策略方法探索研究。

第四阶段（2009年9月—2013年8月）：基于契合办学理念、匹配培养目标、落实学生核心素养培养的学校课程优化调整；实施特色学科建设工程，将课程优化、教学改进、评价完善、教师专业发展"四位一体"，支撑起"学生品质提升"这一目标；开发"课程地图"，构建基于学生自主学习的网络课程；启动以提高课程标准与课堂教学一致性程度和提高作业有效性为重点的"指南"完善工程；在课堂教学行为改进上，开展以满足每一层次学生学习需求的课堂问题分层设计、练习反馈分层设计、学优生自主学习指导与学困生课外辅导分层等项目实证研究，实现教学过程的公平。

第五阶段（2013年9月至今）：开展"以学习者为中心的国家课程校本化实施"的研究。把学生作为学习的主体，教师是学生学习的支持者、促进者。课程实施要以尊重学生差异、满足学习需求为导向，把"以学习者为中心"作为发现问题、改进问题的价值取向。学生关键能力与学科核心素养的培养，成为这一阶段深化课程改革的核心问题和内在需求。

（三）问题和挑战

当前，学校的重点是围绕"以学习者为中心"优化课程与教学体系。18年来，学校构建了课程、教学、评价、教师专业发展"四位一体"系统，多元的课程、多样的课堂、多彩的活动培养了全面而有个性发展的学生和教师。但是，对标学生的发展、家长的期盼、社会的需要，学校课程的多样性、选择性，在满足不同需求的过程中，存在着不平衡、不充分的现象；基于学生关键能力培养的学校课程体系还需要进一步完善与优化；在教学目标的精准定位、教学评价与目标的一致性、教学问题的灵活导学和教学设计的有效等方面，还要进一步与"以学习者为中心"的研究现实进行对接；基于"绿色指标"的教学质量保障体系还需要进一步完善与优化。

二、坚持课程与教学改革的理念

我们始终坚持"以人为本，为学生发展而奠基，为教师发展而铺路，为学校发展而改革"的办学理念，即教育的目的是促进人的发展——促进教师的发展、促进学生的发展。通过对学校办学实践的总结、对社会发展需求的分析，在广泛调研的基础上，我们确立了学校的育人目标："学会做人、学会学习、学会创新，具有道德自律、学习自主、健体自觉、交往自如的特质，培养自信力、动手实践能力、运用科技信息能力、多元文化和国际理解能力"，明确了办学目标："新时期初中学校公平而卓越发展的标杆，指向学生学习核心素养的课改实践引领校，成就教师专业发展的示范校"。为了实现这一目标，学校积极推进课程教学改革。

（一）明确课程与教学改革的发展目标

我校从"为学生的发展而奠基"的办学理念中衍生了"以优质多元的课程为学生的发展奠基"的育人策略和"以学生发展为本，坚持全体学生的全面发展和充分发展，促进学生个性健康、和谐与可持续发展，构建基于学生关键能力培养的学校课程，让课程支撑每一位师生的发展"的课程理念，生成了"为使学生适应未来，培养学生'道德自律、学习自主、健体自觉、交往自如'；为使学生拥有幸福的人生，培养学生'心理健康、人格健全、善于思考、勇于创新、追求真善美'，具有'九大关键能力'"的课程目标。

（二）坚持课程与教学的基本理念

1. 课程价值观：立德树人　发展关键能力
2. 课程系统观：弘扬传统　贯彻科学人文
3. 课程实施观：基于标准　落实基本要求
4. 课程评价观：多元开放　关注人的发展

三、展开课程与教学改革的实践

（一）明晰办学使命，育人价值广泛认同

学校以"关心学生的学习质量，成为一所爱学习、会学习，感受成功的学校"为办学使命，形成了"人文、合作、敬业、创新"的学校精神，秉持"从自我做起，从现在做起"的校训，以"学会做人、学会学习、学会创新，具有学习自主、道德自律、健体自觉、交往自如的特质，成为心理健康、人格健全、善于思考、勇于创新、追求真善美的社会公民"为培养目标，致力于打造一个兼具基础型、拓展型和探究型的课程体系，强调自主性和选择性，让课程支撑每一名学生的发展。这一育人目标既传承了学校文化，又符合当今国家提出的关于"立德树人""加强传统文化的培育"、加强"实践能力、创新能力、责任感"等新要求，也是走向世界必须具备的能力。

学校的教育哲学得到了广大师生和家长的认同，在学校课程与教学改革中，既起到了引导作用，又得到课程教学改革的支撑。

（二）整体设计，不断优化学校课程体系

学校课程开发与课堂创新的实践从最初的校本课程开发，到国家课程校本化实证研究、构建学校课程体系，到结合附中学生九大关键能力、优化学校课程体系，不断深化"轻负高质"的课堂模式探索。

1. 整体规划课程
（1）提炼徐教院附中学生关键能力

2011年开始，徐教院附中站在前十年发展的基础上，强化"为了每一个学生的终身发展，为了每一个学生的健康快乐成长"的价值追求，围绕课程教学的改革，提升"优质"内涵，进行了学校课程的再设计。2012年用了一年的时间：查找资料，梳理关键词—进行问卷，分析数据—提炼能力，优化课程。

图1 徐教院附中学生九大关键能力

（2）寻找学科学习与关键能力的融合点

各学科根据"徐教院附中学生的关键能力"，开展学科核心素养与特质分析，形成各个学科中应该重点培养的关键能力目标，结合学校课程开发的总体要求，开发了目标递进、内容衔接的系列课程。

（3）完善学校课程体系的顶层设计

多年的探索，以国家课程为基础，结合学生关键能力，构建了以"多元、整体、体验"为特点的学校课程体系。

2. 彰显学校课程建设特色
- 优化课程的目标：构建适应并促进每一个学生发展的学校课程体系。

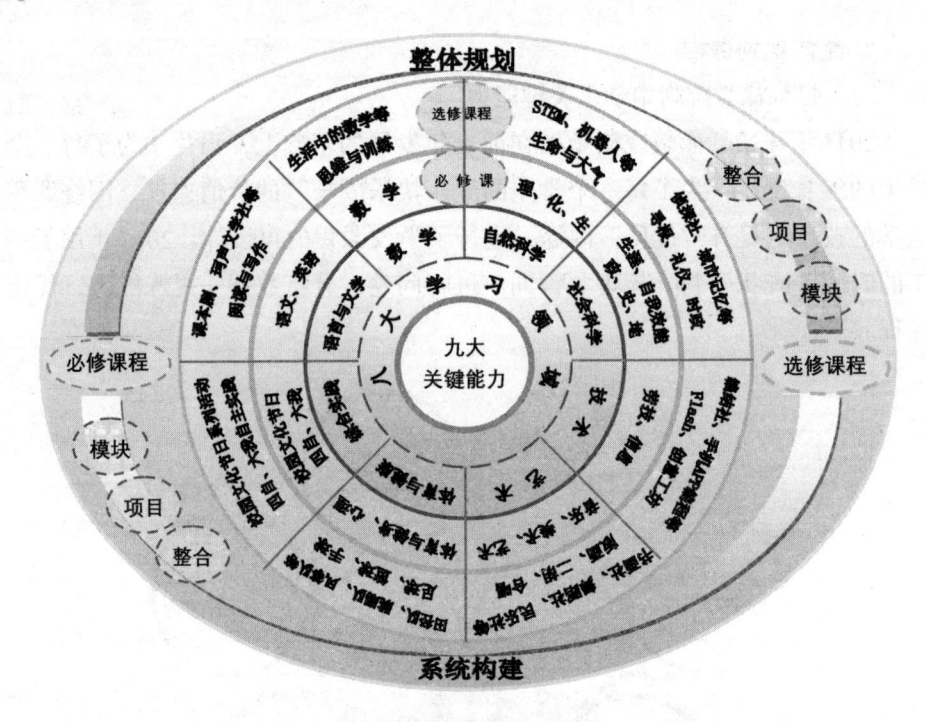

图2 学校课程图谱

- 优化课程的依据：基于附中学生九大关键能力的培养。
- 优化课程的实施：

措施1：优化基于课标的《学科教学手册》

开展《基于课程标准的教学操作手册》研制，建立基于课程标准的教学"四个体系"，进一步提升"课标—教学—评价"之间的一致性。

措施2：开发课程模块

在对基础课程的完善中，学校着眼于科学技术类和艺体类课程，根据九大关键能力和学校"四自""六我"的培养目标，将课程进行模块化设计实施。如：在劳技课程中设计了烹饪、创意制作模块，在信息课中设计了动画制作模块，在音乐课中设计了二胡模块，在美术课中设计了版画模块，在体育课中设计了足球、篮球和跳踢模块等。这些模块课程的设计，贴近学生现实生活，适应学生发展需要，培养学生关键能力。并且，为增强学生体质健康，在确保三课质量、有计划组织两活动的前提下，每天下午安排20分钟的有氧锻炼。

措施3：形成多层次课程

结合学生的关键能力，学校建立了"基础课程、兴趣课程、特长课程"多层次课程体系，更好地发现、培养学生的兴趣爱好，促进学生的个性特长，提升学生的关键能力。

多层次课程体系举例：

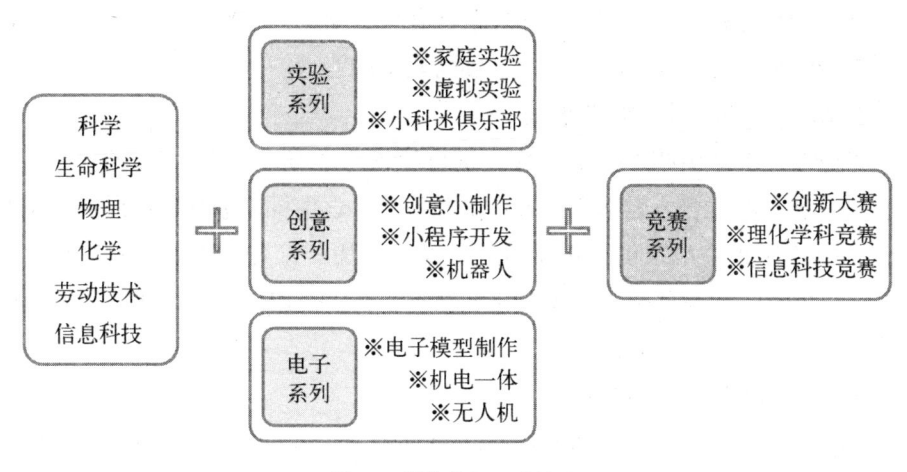

图3 科技类多层次课程

科学、生命科学、物理、化学、劳动技术、信息科技
+
实验系列：※家庭实验 ※虚拟实验 ※小科迷俱乐部
创意系列：※创意小制作 ※小程序开发 ※机器人
电子系列：※电子模型制作 ※机电一体 ※无人机
+
竞赛系列：※创新大赛 ※理化学科竞赛 ※信息科技竞赛

音乐基础课程 + 校本特色模块（舞蹈模块、器乐模块、声乐模块、欣赏模块）+ 音乐类拓展课程 + 音乐类特长课程

→ 音乐类多层次课程

体育与健康基础课程 + 校本特色模块（手球模块、足球模块、篮球模块、跳踢模块……）+ 体育与健康类拓展课程 + 体育与健康类特长课程

→ 体育与健康多层次课程

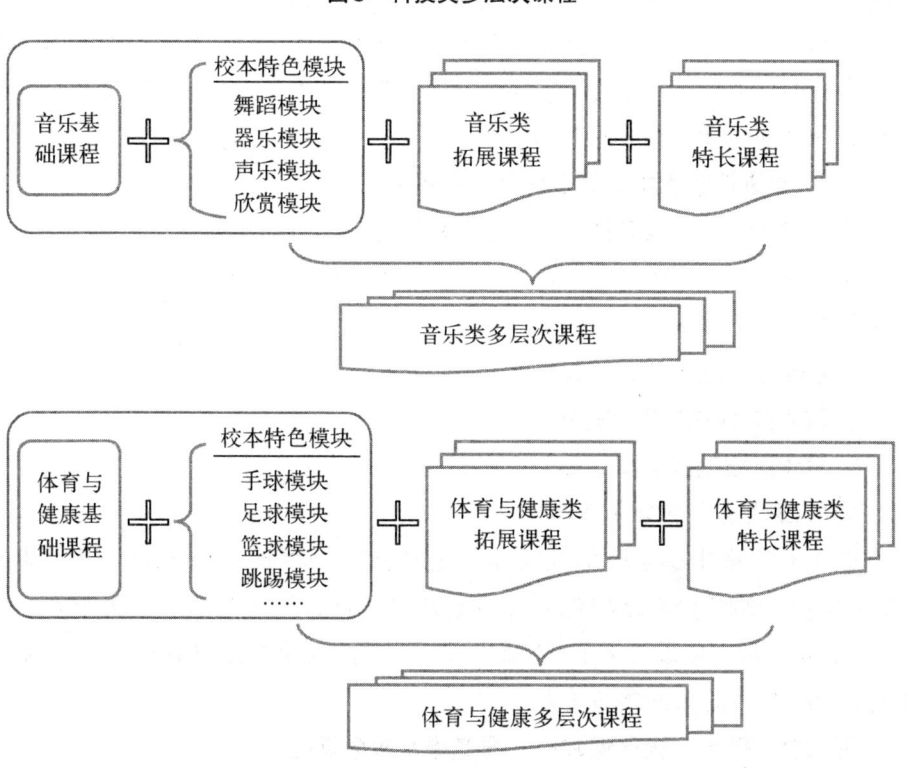

图4 艺体类多层次课程

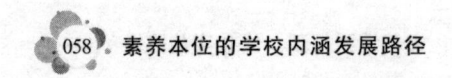

措施4：推进跨学科课程建设

进行课程整合，开设跨学科校本课程：大美术课程（美术、劳动技术与信息技术）、生命探秘课程（生命科学、美术与信息技术）、创意读画课程（语文、美术与信息技术）等课程。在这些课程中，学生以主题学习为主，通过学习，培养学生运用知识、解决问题、创新实践的能力。

措施5：实施项目化学习课程

鼓励学生积极开展小课题研究，进行项目化学习，培养学生的创新素养。各学科依据学习内容，老师提供若干研究项目，学生可以选取老师提供的研究项目，也可以自主申报项目进行研究，学生经历"选题、查阅资料、形成假设、设计实验、进行实验、数据收集、数据分析、得出结论"等科学研究的全过程。

措施6：促进社团课程建设

学校大力鼓励学生自主开设社团课程，践行"我的学习我做主"的目标。社团活动也由最初的30分钟纳入课程计划的60分钟，从不固定的中午活动固定为每周二下午。每学年，学校会组织社团节，集中进行社团的汇报展示，评选优秀社团。现在，我校的学生社团，涵盖科技、人文、艺术、体育健身等各方面，每学期的社团数量达30多个。

（三）改进课堂教学，实践行动深入扎实

第一个关键点：聚焦课堂——优化教学设计

各学科在已有的研究基础上，结合核心能力培养和学生实际学情，不断优化和完善。

1. 教学目标进一步分解和细化
2. 教学内容的调整和重组
3. 教学过程的优化和完善
4. "三题系统"的研制和减控

以《上海市中小学生学业质量绿色指标综合评价》为导向，以"基于'绿色指标'的学校教学保障系统构建研究"项目研究为抓手，从作业"时间""难度"和"效果"三个"控制"入手进行作业研究，不断优化校本评价系统，切实减控学生的学习压力。

第二个关键点：优化课堂——再造课堂教学流程

优化课堂的研究就是转变教师的教学方式，提升课堂的教学效益。各教

研组在《学科教学手册》四个体系研制的基础上,将"校本操作手册"转化为"课堂教学"实践,开展课堂教学范式研究。通过骨干教师示范、每学年的两奖有主题的教学比赛等载体,引导全体教师开展课型研究,提升教学效益。

第三个关键点:优化学习——转变学生学习方式

学校在2015年结合上海市第二轮提升课程领导力项目研究,开展了"以学习者为中心的国家课程校本化实施的实践研究"。在课堂学习内容、课堂学习方式和课堂评价方式三方面对应"以学习者为中心"。

第一步,让教师"动"起来,转变教师的"教"。把握学习者的特点,把学生真正放到"眼里"。

第二步,让学生"动"起来。通过:① 个人制作学科知识网络图;② 进行自我学情分析、诊断,寻找解决措施;③ 开展同伴学习小组、学习共同体的合作学习等形式,转变学生"学"的方式。

(四)关注浸润体验,突显学生自主践行

1. 教育教学不分家,育德润物细无声

"育德为先"是附中人一直奉行的教育理念,学校的各项活动,都是引导学生进行探索、实践,通过直观的浸润体验获得真知识、真感悟和真成长。

2. 推行"四自""六我",倡导自主管理

学校积极推进学生的自主管理和志愿者服务,多方搭建平台,促进学生自主,让学生充分展现所长,在体验中感悟成长,在实践中收获自信。

(五)运用信息技术,服务教育教学

1. 不断完善信息环境。

2. 丰富课程资源,扩展学习时空。

3. 组织建设和制度保障。

(六)保障课程与教学改革的机制

1. 以抓实课程质量监控保障课程方案校本化实施质量

(1)以学分管理体现对学生综合素养评价

为了配合学生综合素质评价和校本课程实施的开展,发挥各类课程在培养学生综合素养、发展学生个性特长中的作用,我校完善了《上海市徐汇区教育学院附属实验中学学生综合素质评价方案》。基本学分是学生达到课程合格标准的学习活动总量的反映。以学年为计算单位,每34课时为2学分。奖励学分是基本学分的补充,奖励在学科、艺术、体育、科技等方面参加全国、市、区

教育行政部门主办的比赛，获得个人等级（荣誉）的学生，在校本课程学习中取得优异成绩，其设计方案、研究报告、论文或其他作品在全国、市、区发表或获得奖励的学生。学生综合素质评价的依据，基本学分和奖励学分两者之和为学生综合素质分，作为学生综合素质评价和评优推优的依据之一。

（2）以定期常规检查与学期年级督查视导加强对教学质量的全面监控

每学期开学初、期中、期末教学处定期进行教学常规检查，学期中不定期进行教学常规抽查。通过对年级组的教育教学综合视导，加强对教学质量的过程监控。

（3）通过定期对课堂学习、作业批改和自主学习的问卷调查加强对课堂教学质量的监控

定期对课堂学习、作业时间、作业批改和自主学习的情况，进行全体学生的问卷调查，加强对课堂教学质量、学生学习情况的监控。

（4）以学生、家长评教体现对教学质量的全面考量

学校定期听取学生对学校管理及课程教学的意见和建议，并以学生、家长问卷的形式对任课教师、班主任的工作进行评教，体现对教学质量的全面、综合考量。

2. 针对教学难点问题开展与教研紧密结合的项目研究

学校每年以申报市、区级课题和校级项目研究作为学习和交流的契机与平台，提高教师参与教科研工作的能力和信心，对实际的教育教学工作起到有效的引领作用。

（1）课题研究年年突破

学校非常重视课题研究，运用课题研究引领课程与教学工作。学校的"基于学生个性发展的课程构建与课堂变革"项目，获得上海市教学成果奖一等奖。2015年，学校加入市教委"提升课程领导力"项目和"基于'绿色指标'的学校教育质量保障系统构建"的项目，三年来积极推进项目研究。"基于'绿色指标'的学校教育质量保障系统构建"已顺利结题，案例获得项目案例评比一等奖。

围绕课程与教学的变革，教师积极投入课题研究，据不完全统计，近五年来申报成功市、区级课题20余项。

（2）项目研究年年推新

2015学年共提交并结题15项；

2016学年共提交并结题22项；

2017学年共提交47项；

2018学年共提交48项。

3. 重视"师德为本、能力为重、模块修炼、主动发展"的师资队伍建设

学校师资队伍建设有三大要点：以师德培养为根本、以师能提高为基点、以教师研修为载体，保障师资队伍长期、稳定地发展，从而实现学校的可持续发展。

（1）以课程优化为载体，推进人力资源深度开发

以优化国家课程校本化实施和完善校本课程建设为载体，以教研组、备课组、年级组、项目共同体等为组织形式，不断实践课研修一体化研修模式，在假设—实践—提炼反思—再实践的螺旋式研修过程中，提升教师课程理解力和课程实施力，促进教师个体专业发展不断上台阶，促进团队合力和行动力不断提升。

（2）以平台搭建为手段，提升教师的师能

完善学校"三奖"和青年教师基本功比赛等教育教学评比活动方案，提升活动的针对性、研究性、导向性，鼓励教研组、年级组、项目组开展专题研究，为教师的脱颖而出创造条件；以学校课题的实践研究，推进教师的专业化发展；加强教研组建设，提升学科在全区的示范引领作用，为学科骨干教师搭建更大的发展平台；积极输送学科骨干教师参加"上海市名师基地""徐汇区名师工作室"等的学习和培训，以教育的优质资源促进青年教师更快、更好地成长。

（3）以制度建设为保障，加强队伍建设

完善教师专业发展制度体系、加强分层分类培训，促进每一名教师的专业成长。

4. "课—研—修"一体化的主题研修是课程实施的质量保障

经过多年实践，我校确立了"以人为本、德能共抓、任务驱动"的校本培训理念，构建了"课—研—修"一体化的校本培训模式，以解决教育、教学、课程建设、学校管理等实际问题为目的，开展校本研修，促进教师专业发展，保障课程与教学的质量。

（1）完善相关制度，加强常规管理。

（2）确定研修主题，提高研修实效。教研组活动有计划、有步骤地开展专

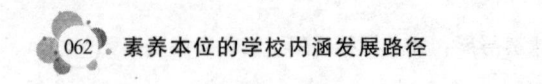

题教研。

（3）养成反思习惯，培养反思能力。

（4）保持团结协作，研修智慧充分共享。

四、课程教学改革的成效与展望

（一）课程教学改革的成效

1. 学生发展——自信阳光，个性鲜明

学校学生整体学业效能持续稳定。学校连续在中考取得优异成绩：总平均分、升入市实验性示范性高中比例、升入普通高中比例和合格率均名列公办初中前茅。

历年的"绿色指标"综合评价中，学校绿色指标评价在学业成绩标准完成指数、高层次能力指数、学业成绩个体间均衡指数、自信心指数、内部学习动机指数、对学校的认同指数、师生关系指数、教师教学方式指数均呈现了逐年提高的趋势，明显高于区平均水平。作业指数、学习压力指数明显高于区平均水平，并且逐年在破解问题的实践中，也有明显成效。

近三年，学生荣获全国、市级及区级奖1769项，其中，国家级团体13项、个人35项；市级团体94项、个人680项；区级团体139项。

2. 教师发展——骨干队伍不断壮大，特色教师崭露头角

在徐汇区每三年一轮的评选中，学校骨干教师队伍不断壮大，现有12名区骨干教师、5名区学科带头人、1名区学科工作室主持人，11人在市、区各级学科基地、名师工作室学习，越来越多的老师在不同的领域发挥出示范引领作用。

从绿色指标数据看，学生对教师各方面的评价也都好于区平均水平，特别是"老师公平对待我""老师对我很关注""老师和我是好朋友"等师生关系指数达到了最高的9级，领先于区平均水平。

教师中有20多人次获得区级以上荣誉称号；80%以上的教师辅导学生参加区级以上教育行政部门组织的比赛得过奖；教师在报刊上发表的有关课程建设方面论文达40余篇，案例达110多篇。

3. 学校发展——优质均衡，成效显著

经过不懈的努力探索和实践，学校成为上海市首批教师专业发展示范校暨见习教师规范化培训基地校、首批上海市新优质学校项目校、中国少年科学

院科普教学示范基地、上海市文明单位、上海市教育科研先进集体、上海市行为规范示范校、上海市科技教育特色示范校、上海市中小学心理健康教育示范校、上海市体育传统项目学校、全国（第三批）青少年校园足球特色学校、全国（第一批）青少年校园篮球特色学校。2015年成为市教委提升课程领导力（第二轮）项目校、基于绿色指标学校教学质量保障体系建设项目校。

（二）发展空间

1. 深度构建学校课程，进一步聚焦学生"九大关键能力"的培养

课程建设上目标更加连贯，课程内容更加丰富、课程结构更加均衡、课程选择更加自由、课程实施更加高效、课程评价更加科学。

2. 德育工作机制建设和骨干队伍培养须进一步加强

德育常规工作、专项工作需要进一步梳理与整合，突显学校育人目标，完成课程化建设；德育梯队建设机制须进一步加强；德育评价、考核制度的针对性、个性化须进一步加强。

3. 学校课程建设所需资源进一步开发

社区、家长、场馆等校外资源的开发，学生资源在自主管理、自主学习等方面作用的进一步发挥，创新实验室等硬件的建设都须进一步加强。

4. 学校的课程建设和教学管理制度的不断优化

课程与教学管理制度的落实与精准性实施，须不断优化、完善。

（三）课程教学改革的展望

1. 进一步完善"六我"实践平台，开发"六我"课程。

2. 开发自我效能课程群，提升学生自我管理能力。

3. 优化以学习者为中心的课堂教学范式研究，提升课堂教学效益。

第二节　课程实施　迭代提升

课程的作用和效应在于课程的科学、有效实施。课程实施，是课程建设的重要环节，也是保证课程质量的关键一着。

开展迭代式课程实施研究　完善教学质量保障体系

一、背景

徐教院附中多年来始终把"关心每一个学生的学习需要和学习质量，成为一所爱学习的学校、感受成功的学校"作为办学使命，一直把课程建设作为学校发展的重要抓手。2017年以前构建起了基于九大核心能力培养的学校课程体系，并且一手抓好国家课程校本化实施的两足——《基于课程标准的校本教学操作指南》和"自主高效"课堂教学流程再造，一手抓好校本课程开发。

但在实践过程中，学校一直苦于缺乏科学有效的依据对学校的课程与教学改革进行评价与反馈，从而继续指导学校不断优化课程建设、提升教学水平。我们意识到，课程评价不仅是学校课程不断被优化的关键，也是此时学校课程继续推进的短板；具体而言，需要课程评价的指标不断优化和课堂教学的进一步改进，以共同支撑起学校教育质量保障系统。

因此在核心素养培育的教育大背景下，学校"基于'绿色指标'的学校教育质量保障系统的建立与运作"课题研究应运而生，研究起点就是如何在科学的整体评价的基础上建立起学校教育质量保障系统。研究成果表现为：学校课程实施的评估是基于《学业质量绿色指标》十大方面的评价结果，学校课程优化的过程是"改—评—做"不断循证，学校课程优化的保障是"三机制—四系统—五评价",学校课程优化的思路是基于新课改和实证要求的更新迭代。

二、迭代研究

(一)学校研究内容的迭代

1. 课程评价指标的迭代

学校课程评价1.0版:依托基于课程标准的国家课程校本化实施四个系统的研制,针对单门学科的学生学习质量进行评价(包括课堂练习、课后作业和形成性测试等),并尝试单门学科的分层评价;依托于校本课程开发,设计了学习成果展示的评价指标。两种评估指标更指向学生个体,都侧重评价学习结果。

学校课程评价2.0版:依托基于以学习者为中心的国家课程校本化实施的研究,针对学生选择学习内容、学习方式、学习同伴和学习评价的自主权,推进更加有针对性的评价组合,即过程性评价、合作性评价、多元性评价。此阶段的评价不再仅限于学生个体,还包括了学生学习共同体;不仅让评价贯穿了学习的全过程,更把学生也变成了评价的主体。

学校课程评价3.0版:依托上海市学业质量绿色指标,基于评估数据对学校课程的整体实施状况进行整体评价,找准其中薄弱项目,采取措施完成改进。通过"改""评""做"整合起来完整地践行绿色指标,不断优化教什么、怎么教,学什么、怎么学,评什么、怎么评的问题,有效推进学校课程的完善,保障学校教育质量的提高。

附中的课程评价研究围绕评价指标的主线和评价内容的主线不断发展,评价指标的变化促进教与学的变化,从原本对学生的知识技能的评价转变为对学生的全面素养的评价。

2. 课堂教学研究的迭代

在多年探索中,附中课程实施过程有两个关键抓手:一是《校本学科教学操作手册》,二是课堂形态研究,都在不断迭代发展中。

课程实施文本开发经历了三个阶段:第一阶段《基于课程标准的校本教学操作指南》,第二阶段《基于课程标准的校本教学操作手册》和校本练习,第三阶段《基于学科核心素养培育的学科单元教学设计手册》。

教学课型研究经历了三个阶段:第一阶段的基础课型研究,第二阶段的自主高效的课堂再造研究，第三阶段的基于核心素养培育的课堂教学改进。

两个关键抓手研究在评估基础上解决教什么和怎么教，进一步思考学什么和怎么学的问题。

（二）学校研究过程的迭代

为了完成课程教学层面和评价层面的迭代完善，需要相适应的科学研究提供有力支撑，所以，我们还在研究方法和研究组织形式上进行探索。

1. 研究组织形式的迭代

附中解决课程优化的瓶颈难点的方式，既有学校层面的课题研究，也有教师层面的项目研究。在课题项目推进中，也形成了研究组织形式的迭代。

教师对于教育研究的心态更多是不敢尝试，学校提倡教师或根据自己的教学困惑难点，或依据自己的教学兴趣点，积极开展接地气的草根研究，并且邀请专家进行全过程的一对一的指导和反馈，助力教师个人项目研究的有效开展。教师研究项目从每年十几项到2017学年结题37项，到2019学年结题45项，教师开展研究的兴趣与热情被激发出来，自觉加强日常工作研究性，用科学的实践保障教育教学工作遵循教育教学规律开展。

但新的问题产生了，教师研究的问题有一部分与学校重点工作的推进并不完全吻合，教师的研究结果缺乏必要的时效性和辐射性，针对这个情况，学校及时在新学年之初，推出学校科研项目指南，把学校发展的重难点同教师遇到的零散问题结合起来，定方向，帮助教师开展更有挑战性的研究。

我们发现，教师个人项目会出现不能及时提交项目总结的情况，原因是单兵作战，力量有限、精力有限、时间有限。针对这种情况，学校提出新策，要求新一轮项目研究，以教研组、备课组，也可以是某一主题的研究共同体为单位提出申请，鼓励团队合理分工并聚力研究，鼓励团队有不同类别教师共同参与。

附中课程的迭代研究，正经历着课题研究逐渐下沉、子项目科学分解、研究团队建设的迭代发展。这种发展，不仅反映了学校科研管理由粗放型逐渐转向精细化，也反映了学校科研方向由直面大问题向解决小问题破解大问题瓶颈的转变，更反映了学校科研力量由单一型逐渐转向智慧合作型。

2. 研究方法的迭代

学校课题项目的研究起点一定是源于对问题的梳理，对问题的诊断。教师的研究过程更多是借助以往的教学经验，往往缺乏科学的理论支撑和规范的研究方法，因而研究效果不明显，无法提炼出比较有效的方法或规律。

学校科研经历了从经验走向实证的优化。

基于绿色指标中学业负担、作业时间、睡眠时间、学习兴趣、师生关系等评价数据，学校坚持以定期学生问卷数据对课程实施调控。基于绿色指标中学科薄弱点的评价数据，学校坚持以四级质量分析对课程实施调整。

基于课程实施问卷反馈数据进行课程实施的优化。学校设计了三套课程问卷，分别针对学生、家长和教师，发出问卷，汇总分析，完成了《基于学情的学校课程计划实施现状调研报告》，进一步对接学校课程的优化。

实证研究强调了学校国家课程校本化实施过程中的科学性，多角度的数据也提供了课程优化的科学依据。

以上四方面的迭代发展，正是学校质量保障体系的三足：课程实施（课程文本与课堂教学模式）、课程评价体系和教师研修管理。

三、展望

附中的课程发展会继续按照迭代的思路，依据新课改的要求和基于证据的要求，传承已有经验，继续寻找迭代点。立足于当下核心素养培育的大背景，附中会紧紧抓住信息化助力教育的契机，继续挖掘学校课程的生长点，让我们的学生在丰富的课程、多样的学习中更好地成长。

（杨　洁）

建多层次课程　行项目化学习　促综合性实践

徐教院附中提出了"以人为本、为学生发展而奠基、为教师发展而铺路、为学校发展而改革"的办学理念，将科技教育和环境教育作为发展特色和创建品牌的突破口。

一、目标——关心每一个学生的学习需要和学习质量

徐教院附中是全国首批绿色学校，2015年获得国际生态校（Eco-school）绿旗荣誉，2016年被评为全国生态文明教育示范校。自2000年挂牌以来，秉承"关心每一个学生的学习需要和学习质量，成为一所爱学习、会学习的学校，收获自信、成功的学校"的办学目标，顺应初中学生的生理心智发育规

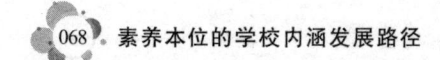

律,唤醒学生作为未来公民敬自然、爱自然的情感和态度,培养学生的科学精神、学会学习、健康生活、责任担当、实践创新等核心素养,开展了一系列校园生态工程项目,包括努力营造和谐、优雅、自然、生趣的都市校园生态环境;构建以核心能力为目标的国家课程、校本课程、社团活动、小科迷俱乐部、博物馆等多层次课程;开展丰富、实用、循序渐进的生态环境类项目学习。以研究精神引领学生的探究实践活动,唤醒未来公民敬自然、爱自然的情感和态度,培养社会人会生活、享生活的知识与技能。

二、常规——健全制度、发掘资源、营造氛围,保障环境教育校本化实施

(一)生态委员会建管理网络

自2014年成立生态委员会,由校领导领衔,部门负责人、班主任、学科教师组成教师代表;生态社团、各班班长、环保委员组成学生团队;家长委员会直接参与。并形成了常规工作部门负责,当年项目按照"七步法"的顺序由生态委员会牵头推进,形成生态规章后,由年级组和班级环保委员组织实施,相关部门协助并监督反馈。在决策上,综合三方面的意见,做到全面、客观;在执行上,减少疏通环节,做到及时、高效。保障生态教育、环境教育在学科渗透、课程建设、实践活动方面的顺利进行。

(二)以整体布局明创建思路

环境教育是学校工作和学生成长中的重要组成部分,具有连续性、长效性、综合性。立足学校、教师、学生的长远发展,以构建多层次课程为抓手,通过设计实施基于真实问题的项目,促进学生生态文明素养的养成和问题解决能力的提升。充分发挥教师的主动性和特长,引入优质教育资源和社会资源,不断丰富学习、活动的类型和层次。

(三)以制度规范导自觉行动

自2000年以来,学校长期坚持的环境制度分别是《校园绿色行为准则》《食堂防止污染制度与措施》《实验室防止污染措施》和《校园垃圾分类回收措施和检查制度》(绿浪行动倡议)及《包干区晨扫安排及检查制度》《总务部门环保制度与措施》《徐教院附中开源节能措施》等,以增强教职工和学生的环保意识,将节能减排、低碳环保的观念体现在日常管理的方方面面,逐步内化为自觉行动。

三、推进——构多层次课程,行项目化学习,促综合性实践

2016年至今,我校项目化学习组团队教师,围绕校本"九大核心能力",率先在课程、活动中探索综合性项目化学习,即围绕一个具体的(实际的)问题创设情境,引导学生在解决问题过程中习得知识。经过三年时间,几轮实践探索,开发了"自然生态与现代农业"课程,该课程基于上海的城市特点,期望弥补青少年"自然缺失"的遗憾。

结合我校"生命科学"和"科学"学科中"植物与生态"主题板块,在学科素养的大目标下,结合学校提出的"九大核心能力",梳理形成基于核心素养的培养目标(见下表)。

"植物与生态"主题板块

层次主题	项目名称(学习手册)	核心素养培养目标
1. 现代农业种植技术	土培技术	劳动技术
	水培技术	劳动技术、探究能力
2. 显微观察物质鉴定	微观观世界	探究能力、艺术体验
	甜蜜的果实	探究能力、阅读写作
	酒酿酿酒酒文化	探究能力、团队合作
	空气中的微生物家族	探究能力、团队合作
3. 自主探究	校园植物挂牌行动	自我管理与自主学习
	立体绿化的设计与实施	工程设计思维
	盆栽的设计和养护	艺术体验、设计
	校园环境监测	探究能力、团队合作
	跟着垃圾去旅行	团队合作、探究能力

围绕关于现代农业技术实践与应用的"植物探秘"和涉及生态环境监测与改善的"微生物与大气"两个板块，开发了十七个项目的学习手册，其中的"微观观世界""梧桐一叶而天下秋""酒文化之红酒的酿制""手指上的微生物""立体绿化的设计与实施""跟着垃圾去旅行"等十一个项目经过两轮修订，"虫虫世界""多多探世界"系列的四个项目经过了一轮实践。以项目化学习为载体，构建出针对不同年段的学生的认知特点和实践能力的多层次课程，并梳理出"领—带—陪—跟—赛"的实施措施：

（一）与基础课程融合，领着学生体验，进行规定主题的项目学习

六年级学生在"种子的萌发"这个主题中，在校园里了解至少一种植物，并到生态农业探究园中体验芽苗种植，观察种子的萌发和植物的生长，"自然缺失"的孩子们在这里有机会亲自体会种菜、养草、认植物；八年级学生在"植物的类群"主题学习中，到校园中寻找藻类、苔藓、蕨类和裸子植物，种植一种农作物，用照片记录，习得植物的生活史；在"生物的多样性"中，以"给南瓜宝宝取名字"为规定项目，学习生物多样性的对比和分析，农业种植技术，形成"性状、遗传"等生物学概念。

（二）于校本课程凸显，带着学生实践，尝试拓展主题的项目学习

低年段学生借助自然笔记，通过"植物观察""植物大观园"两个板块，认识校园中的植物，把在"种子与土培""无土栽培"板块中种植的特殊蔬菜带回教室与师友分享；高年段学生在"酒文化之红酒的酿制"和"自制酒酿"经历观察、培养、分析、品尝的探究活动，一边发现问题，一边尝试解决。比如自制酒酿中，有的同学培养出杂菌，针对这一现象，大家讨论思考工艺流程中可能出现的问题，提出无菌操作条件的重要性。

（三）在社团课程创新，陪着学生探究，经历自选主题的项目学习

在基础和校本课程之后，借助多个创新实验室的技术支持，学生组成志趣相投的社团开展自选项目解决真实问题。种植社通过植物检索的方法和自然笔记的形式，编排出《校园植物名录》并开展校园植物挂牌行动；利用物质成分鉴定的方法开展了"不同品种南瓜的含糖量比较"；在"设计教室立体绿化墙"中制作了"绿植百叶窗"和"微生态自循环绿植百叶窗"，连续获得上海市青少年科技创新大赛一等奖、壳牌美境项目方案和行动评选一等奖；生态社开展了"校园环境监测"和"跟着垃圾去旅行"两个项目，形成《校园垃圾分类探索》实践活动报告，团队课题"车载雾霾回收箱""可远程监控的新型

垃圾箱"均获得上海市青少年科技创新大赛二等奖;《徐教院附中零废弃环保特别行动》和《中性笔——被人忽视的环保危害》两个环境类社团开展的环保行动方案获得2019年壳牌美境的项目方案二等奖,并形成行动报告参与成果评选。通过真问题,进行真合作,实现真探索,模拟科学家思考问题,模拟工程师解决问题。

借助中科院的优质资源,成立小科迷俱乐部,通过每周4个课时,12课时完成一个创新项目的学习,对科创有浓厚兴趣的学生每学期积累3个项目的学习经历。"植物的化感作用""百里香的驱虫作用""御风飞行""色素""不同的土壤采样方法对含水量测定的影响"等项目范围广泛,学生经历了专业的综合性科学研究。

(四)寻微课题实施,跟随科学家,实践真实研究的项目学习

前三个阶段的学习经历促使小科迷产生了自主探究的冲动,小团队不满足于相对生活化的项目学习,渴望像科学家那样对生活、生态进行研究。两年间,多个院所的科学家走进学校,为孩子们开启科学研究的启蒙。我们也带着孩子们走进中科院,走进高校,去感受科学家的工作。80余名学生分两批次参与华东理工大学的人工智能体验项目,并达成课题辅导意向;40余名学生分3批次参加昆虫馆组织的徐家汇自然科考活动;14名学生参加南京研学活动;120余名学生分两批次进入昆虫馆的实验室、饲虫室学习昆虫习性;在暑假中39名学生跟着研究员们进行了13个真实科研项目,并形成11篇课题成果报告,有两项课题获得上海市中学生"进馆有益"微课题一等奖;10余名学生借助校园气象站向专家学习气象知识,形成小论文5篇;30余名学生参加上海植物园课题辅导活动;20余名学生分组参加巴斯德研究所课题辅导。借助优质社会资源,两年来,250余人次进入科研院所参与科学家的真实研究,50余人形成了较完整的研究项目,30余人带着他们的研究项目参加环球自然日、微课题、创新大赛、生物环境小论文、壳牌美境、美丽上海等活动,进行交流展示。

四、思考——构多层次课程　行项目化学习　促综合性实践

环境保护不是少数人做的伟大的事,而是多数人做的身边的事,作为多数人中的我们,不仅要关注身边一滴水、一张纸、一度电的节省,更要把做好身边的事与地区、民族和人类的未来联系起来,尊重自然、敬畏自然。

在多年的生态环境教育实践中,我们深深体会到:生态环境教育是长期的、隐性的,但其作用是巨大的。有着良好环境生态教育的绿色学校的学生,其心灵是健康的,其行为是规范的,其情感是多元的,其志向是积极的。构建多层次、多样化课程是能够惠及最大学生群体的措施,是学校发展环境教育和育人功能的主要方向。

实践是初中学生最喜爱的学习方式,自然生态是人类生存发展的必需环境,在"玩"中习得环境生态学知识,在"做"中实践技能,在团队合作中创造性地解决身边环境中的真实问题。对低年段的学生突出过程性评价,对高年段的学生,以项目学习的方式,解决实际问题,形成小课题报告,并进行展示交流,过程性评价和结果评价并重。构建国家、校本、社团的多层次课程,在课堂、校园、场馆、自然界等不同空间进行项目化学习,在课题实施的综合性实践过程中,提高解决真实问题的能力。

未来,我们还会进一步扎实优化三级课程,将环保生态教育融入日常教学,树立未成年人生态道德、生态文明的意识。遵循"七步法"每年解决一个校园中的环境问题,让每个人感受到环保的力量。

(金　喆)

第三节 分科课程 精准实施

按目前的分类,课程是由各学科组成的。各学科的课程实施,其实是课程最终落实到位的基础,可见其的重要地位和价值。

语文学科自评报告:项目引领教学研究

语文教研组是学校重点建设学科,多年来,在教研员和校领导的关心下,教研组全体老师以建设"学习型"教研组为目标,以"关注每一个学生的成长"为己任,注重个人阅读素养以提高自身专业发展水平,关注课堂教学的有效性,深入开展各项研讨活动,进而促进教学的研究与改革,不断成长、壮大,铸就了一支团结协作、积极进取、踏实肯干的教研氛围浓厚的教研团队。

一、师资情况

语文教研组整体实力强大,是一支充满朝气与活力的教师队伍,蕴含无限潜力的教研组。现有教师17人,其中:研究生学历5人,本科学历12人;高级教师6人,中级职称6人,初级职称5人;副校长1人,学生处主任1人,年级组长1人,曾经担任教研组长3人;学科带头人2位,区骨干4人;教龄15年以上有10人,5年以上10年以下有2人,5年以下的5人。平均年龄41岁,处于中坚力量的偏多,是一支博于学问、明于睿思、笃于务实的优秀团队。教研组有很好的传、帮、带传统,平时大家通过听课、教研活动,探讨新的教法、新的理念,取长补短,共同进步。全组教师在统一思想的基础上,还力求创新,将自己的特色融入日常教学中,形成了组内"理念统一,各具特色"的特点,发展为一个教师有特长、教学有特色、凝聚力强的教研组。

（一）我们的优势

1. 教学经验丰富

组内老师大多处于教龄15～20年，教育教学中，严谨治学，尽心尽职，并具有独立处理教材、娴熟驾驭课堂教学的能力和较好的语文教学素质。多人次参加学校、区乃至市的教育教学评比活动，荣获佳绩。大家都积极参与教育教学改革与实践，认真学习现代教育理论，努力学习、掌握现代教育技术。

2. 科研精神前沿

语文组不断实践，努力探索有效、和谐的教学策略。在教研活动中，深入学习新课程标准，抓住当前教学改革的热点和难点，围绕研究专题，通过各种形式、不同层面的课堂教学观摩研讨活动，研究学生的学习心理、学习方式。近年来，我们开展了"单元作业设计研究""问题链设计改进阅读教学""文本解读"等研究活动，在课堂教学实践中积极探索适合学生发展需求的真正有效的教学操作策略，努力构建生活化、人文化、无痕化的和谐课堂，突出和谐化教学，讲求教育科学性，提高学生学习效率，努力培养学生的创新精神和实践能力。同时也促使广大教师在实践、反思、研讨的过程中，不断改进教学行为，寻求促进学生素质全面发展的教学策略。

3. 团队合作紧密

教研组成员互敬互助、互帮互学，工作热情高。我们组采用"自我研习+同伴互助"的校本培训模式。自我研习多用于个人的学习和探索，同伴互助用在教师结对、问题会诊等，是教师群体同伴互助的日常行为。同时还有公开课探讨、理论专题学习、同构异课等方式。备课上也强调团队合作：在备课标、备教材、备学生的基础上，重视个人备课和集体备课相结合的备课形式。

（二）我们的发展

1. 教学理论要加强。语文老师读书层次普遍不够多、不够深，对语文课程理论、文学史学经典著作和专业杂志的阅读交流活动不多。

2. 教学研究要深入。教师教研总结能力缺乏，语文教师的教学论文、教学经验总结写作比较欠缺，教师自我提升的内驱力较缺乏；经验型教师偏多，研究型须增加。

3. 教学资源要共享。组内资源还没建立共享体系，语文教师的优势资源还没有充分利用。

二、主要工作

语文教研组以项目引领、课题研究、课程开发为抓手，通过导师带教、校本研修的形式开展组室专题研修活动，自觉规范教学行为，深入分析教学现象，积极开展有效课堂的研究，形成了"聚焦文本精细课堂 超越自我共同发展"的共同进步。

（一）"课、研、修"一体化校本研修模式的落实

践行"课、研、修"一体化研修模式，围绕课程实施和课堂教学实践，通过教研、反思，从而总结和提高。教研组是学校管理的基层组织，是教师学习的共同体，是教师专业成长与学科教学质量提高的关键。因此，深入开展"课、研、修"一体化研修活动，是教研组建设的有效途径。教师们积极参加市、区主题教研，例如参与院校合作"基于课标的教学区域性实施研究"的项目，开展"单元作业设计研究""旨在核心素养的阅读教学模式转型研究""叙事类文本主问题的研究""以学习者为中心的语文教学助学系统的优化实施""作文教学研究"等项目研究。教研组研修、备课组研修、个人的自我研修"三位一体"，既有平时教学的研究，也有专题性培训；既有线上学习，也有线下研讨。多方位进行研修，与日常的课堂教学紧密结合一起，对练习流程的再创造，去粗取精、求同存异，形式多样，活动丰富，研讨有效。

（二）主题研修扎实推进

1. 课程建设的优化

（1）基础课程的校本化

根据课标，在国家课程的基础上针对我校学情对语文基础型课程开展校本化实施。研制针对我校每个年段学期、单元、课时的语文教学目标系统、教学内容系统、教学设计系统、教学评价系统，并在教学实践中不断进行修正，对教材进行调整、重组、优化，使之更适合我校学生发展现状和发展需求。我们的指导思想是"统整中拓展，分层中落实"。语文教研组以此为探究课题，推进教研组校本研修，来凸显教研组功能。我们研究课程标准，细化教学目标；统整各类教材，确定教学内容；备课组共同研究，制定电子通案；根据学生学情，形成练习系统。我们在前几年课程统整的基础上，逐步优化校本化课程，根据《语文学科基本要求》重新编订基于标准的教学手册的研制，形成以

单元为目标、以课时为案例的通案和个案结合、分层课时作业设计,进一步完善和优化课程内容。经过多年的探索和实践,在语文基础课程方面,我们已经完成6～9年级语文学科课程标准研制,适应我校办学目标和学生特点的各年段教学目标,具有较丰富和较高适切性的教学内容体系,形成了较为科学有效的、可操作性的教学规范,课型模式与学生学语文的规范,以及具有针对性的有效评价体系,具有一套基于标准的可操作性的教学操作手册。教师在国家课程校本化过程中有了自己的思考和创新,能力得到很大的提升,课堂教学效益得到显著提高。

(2)校本课程的多样化

为了学生发展的需要,除了基础课程校本化,我们还设置了拓展型课程、项目化研究、跨学科研究等,编写了课程纲要、使用指南,设计了评价体系。目前,语文组已研发"口语""诗词""写作"三大系列9门校本课程("国学课堂""我爱朗读""绘画与写作""说话课""朦胧诗的欣赏""综合口语训练""诗词赏析""演讲与沟通"等)。每一系列,根据不同年级,制定不同的学习目标,安排统一体系下的不同内容。老师们在统一体系下,充分发挥自己的专长,把语文教研组的校本课程搞得有声有色。

"口语"系列组,每年都有高质量的课本剧参与学校一年一度的艺术节演出;"诗词"系列组,在历届徐汇区古诗文大赛中,都获得好成绩;"写作"系列组,形式多样,有"动漫化写作""绘画与写作"等,抓住学生的兴趣点,激发他们的写作热情,写作系列也得到学生欢迎,在历年作文大赛中成绩斐然。在校本开发过程中,教师得到快速的专业发展,每一位老师都经历研究者、课程开发者的角色体验,对课程有了一定高度的认识,从经验型老师向专家型教师发展。

2.项目研究引领教学

(1)问题链设计改进阅读教学

★基于标准教学手册的研制

语文组每位老师手中,学校都配有上海版的新、旧教材及人教、江苏、浙江共五个版本的教材,加上目前使用的统编教材。如何落实多版本教材的统整,是落在语文教研组各位老师面前的艰巨任务。我们首先把教研组"课程统整"的总课题,分解到各年级各备课组,以备课组长为核心,以个人备课与集体备课相结合方法为主要形式,进行课程统整,包括教材选定、教学过程设计、练习设定、周测、阶段练习内容确定的一系列整合。这些统整好的资料，统一进入学校资源库，以供下届老师增补、优化和选用，以达到再次优化统整的目的。这样的统整过程，就是老师们共同学习的过程，我们做到了"教研组是学习性的'实践共同体'"。

★问题链的设计改进阅读教学路径

近三年，我们组阅读教学呈现"多、费、慢"现状，教师喜欢满堂灌或满堂问，碎问碎答，学生的阅读素养和阅读兴趣不增反减。统编教材的普及，对课堂阅读教学提出较高的要求，要构建以学生为中心的阅读教学课堂模式。对于教者而言，设计好课堂主问题及有效的问题链将是提高课堂教学效益的有效策略。我们先在叙事类文本的主问题设计开展研究，主要进行了同文异构的教学实践，以统编版七年级《植树的牧羊人》为教学研究篇目，开展文本解读、主问题及问题链设计、教学设计、教学实践及反思，总结提炼了主问题设计的要素及相关策略，并开展区级主题研讨，取得很好的研究效果。接着，我们继续开展单元背景下的叙事类文本的教学实践，主要以《猫》《好的故事》等文章开展单元背景下的主问题和问题链的设计。经过一系列的教学实践，教师的主问题意识增强，问题链逐渐明晰，教学中的层次和思路越来越清晰，课堂效率也有了很大的提升。

目前，我们沿着前期研究成果继续深入推进，从"主问题"到"问题链"、从"问题设计"到"学习任务设计"逐渐转化，把研究的视野从关注教师的"教"到关注学生的"学"，做到以学习者为中心来组织教学，提高阅读教学的效益。

（2）单元作业设计的研究

作业设计一直是我组关注的焦点，但把作业设计提升到研究的平台，始于2017年参加上海市中小学优秀作业、试卷案例评选活动，并获得上海市一等奖。历经三年的研究，我们在2021年又一次参加第二届作业设计，获得区级二等奖。

自始至终，我们组以项目化研修方式，通过理论学习、课标研读、反复实践和修正，聚焦语文单元作业设计的核心，紧扣语文学科核心素养与语文学科知识技能的融合难点，力求作业设计的表述精准性、内容探究性和形式创新性。

每位老师首先把自己日常教学的作业设计进行优化，或选择重组或改编完善或自主创编，进行反复打磨，设计符合课时目标的作业。然后，我们把各自的设计上传网络平台，老师们互相点评，修改调整，进行逐题研讨。研讨中，我们发现作业目标要具有明确的指向性、单一性和可检测性。而我们制定的作业、试卷目标，则更偏向于知识技能的检测。我们作业问题设置不明确，语言表述也不精确，难易把握不够准。有些命题存在过多侧重学生的知识迁移能力，而在作业的趣味性、探究性、创新性上稍有欠缺等诸多问题，为此再次进行精细打磨，团队成员工作之余学习相关理论，解读课标和教学基本要求，力求单元目标定位、表述更精准。团队一起逐题研讨，对题目设问及答案反复推敲；同时进行实测，找了两组不同水平的学生检测，记录做题时间、题目难度和指向不清的问题，通过学生的反馈做进一步优化；还不断向专家、教研员请教，修正作业设计中存在的隐形问题和疑难杂症。

这样的单元作业设计的研制和打磨过程，以点带面，不仅促进教研组的研究氛围，而且提升团队成员的文本解读和命题能力，也能集大家的智慧设计更合理、更有效的单元作业。最终，不仅提炼单元作业设计的要素（依据、原则、类型），而且确定单元作业设计的流程、提炼团队研修的流程、达成最优化作业的共识，取得非常好的研修效果。

（3）数字化转型单元教学设计和实施的探索

我组自线上教学以来，积极探索线上线下融合的教学方式。在2022学年暑假参与市数字化转型项目的实践，教研组积极探索数字化转型的单元教学设计研究。暑假里，项目组老师积极投入数字化转型实践的单元教学设计中，王晓燕、屈方方、刘晨洁三位老师在区教研员的带领下，设计七年级上册第一单元、第三单元、第四单元的单元教学设计，将问题链转化为任务链，整体规划单元教学设计。

9月开学之后，进入实施阶段。初中语文教学中，多件事（多材料）写人记叙文是教学重点，也是我们日常教学的难点。所以这次的数字化教学实验确定在八年级第二单元的单元教学，希望通过对本单元三篇多件事写人的教学尝试来引导学生形成对此类文章阅读的思维路径，并延伸到学生的写作上。接到任务后，八年级组老师积极投入实践，备课组先开展备课、磨课，先后多次在区教研员指导下磨课，对教学路径提出很多有建设性的意见，形成统一认识后进行单元设计，在设计的指引下开展实践，实践过程中老师们积极调整策略，根据学情开展一步步最优化的实践。先进行前测，记录数据，接着上了《回忆我的母亲》《藤野先生》《美丽的颜色》《单元梳理课》《写作指导》等一系列的课程。实践过程中记录时间的得失，改进教学设计，优化教学设计，最后进行后测来测量实验的成果。在过程中，两位老师的公开课《单元梳理课》《写作指导》成为区级公开课并提交给市里实验组。在实践过程中，我们总结了数字化教学的优劣，在与传统教学的比较过程中，我们发现数字化教学在某些课中的优势。同时在实践过程中，我们对单元教学有了更深刻的理解，大大提升老师们教学的效率，也提升了学生语文学习的效率。

（4）尝试作文教学研究

作文训练的随意性是语文教学中突出的问题。如何突破"作文教学"的教学瓶颈，以"作文教学"为抓手，追寻问题根源，寻找作文教学的突破口，使作文训练"点"在各年级有比较扎实的有效训练。首先，探索作文的序列性。我们先分解细化作文在各年段的目标，再根据细化的目标制订有效的作文训练计划，包括作文题目、作文设计、优作欣赏等。我们各备课组以作文教学的序列性作为项目研究，进行研讨交流，不断形成作文内容的序列化，也逐渐使各年级学生作文能力有序提升。2016学年我们围绕"作文教学——材料"的主题，展开公开教学。2021年开始，我们对统编教材作文教学进行分解，形成序列化的研究，进行微课录制。

其次，探索作文教学的有效性。姚卿老师《作文报项目研究》，尝试运用小步子慢慢来、小兴趣渐渐起的办法，开启每日一记，逐渐升级到文集，再进行文集的交流和发表，注重以学生为本的理念设计作文教学，源自学生平时写作中的实际问题设定目标、设计教学，将学生的文集整理成班级的月刊，再整理成班级的精品作文集，通过发表的方式，调动学生的作文积极性，提高了作文教学的有效性。

（5）整本书阅读的探索

书籍是人类的阶梯，加强课外阅读是我们组一直不变的宗旨。我们也为此做过很多研究探索。

首先，各备课组将课外阅读作为项目研究。各年级都分列课外阅读书单给学生，作为课内阅读的补充资料。项目方面，六年级的基于学情的课外阅读微积累、七年级的书海拾贝、八年级的阅读推荐等项目研究。我们通过不同年级的项目研究探索课外阅读的支架研究。

其次，开展丰富多彩的读书节活动。每年3月的读书节，我们以不同的主题开展丰富多彩的阅读活动。主要的阅读活动：读书海报评选、古诗配画、六年级《西游记配音》、七年级的演讲比赛、八年级的辩论赛等都是传统项目，评选书香班级和读书之星，开展了切切古诗文比赛。

再次，设置了专门的阅读课。我们在日常教学中设置一节阅读课，为此开展了阅读课教学模式的探究，曾经就阅读课的有效性做探讨。八年级备课组开展阅读推介活动；六年级备课组开展整本书活动，侧重培养学生的阅读兴趣和指导阅读方法；七年级备课组进阅览室指定阅读内容，进行专题研讨。

最后，假期的阅读活动。每个假期，我们都给学生列了阅读书单，并根据阅读目标设计了长作业和阅读支架。

统编教材铺开后，我们每学期都有必读书目及选读书目。每个备课组分工合作进行校本化设计阅读任务，至今已初步形成一套校本化练习，在实践使用中反复修改。教研组通过不同形式的课外阅读模式的探究，逐渐形成我组富有特色的课外阅读教学模式。

（三）夯实教学常规

1. 备课组工作求同存异，各显特色

语文教研组设四个备课组，各有所长。几年来，全组教师在互帮互学中很有长进。老师们善于动脑，思维敏捷，不少好点子出于相互碰撞中。正因为肯于钻研教材，研究学生，因此，我们的公开课思路清晰，课堂活跃，设计合理，具有很高的示范性。组内教师具有踏实稳健的作风，比较注重基础知识的落实，讲究学生各方面的规范。各备课组根据年级学生特征和本组特长，比较充分地发挥了优势，较好地完成了教学任务。

2. 严格要求把好备课关

集体备课的基本程序：个人初备—集体研讨—修正教案—重点跟踪—课后交流。集体备课要做到"四定"（定地点、定时间、定内容、定中心发言人）、"四备"（备教学目标和重点难点、备"双基"能力的训练、备教法与学法、备学情与对策）和"五统一"（统一教学进度、统一教学目标、统一教学重难点、统一作业量、统一评价内容）。充分了解学生的状况，把好备课中的学生关，使教学能够紧紧围绕学生。通过近几年教研组的严格要求，各备课组的研讨已经从单纯的备课中解脱出来，由以往的解读课文改成利用课文寻教法；重组教材的内容；探求新教材补充新内容，更好落实课程内容的统

整工作。

3. 严格要求作业规范

语文组的每一位教师都严格遵守学校的教学规范。组内老教师的教学规范给青年教师起到一定的潜移默化作用。教研组各备课组基于标准已研究了校本作业，切实提高作业的有效性，帮助学生减负增效。教研组老师做到凡是布置的作业必定批改，凡是批改的作业必须反馈，凡是错题必订正面批，凡是错题一定有跟进练习。各备课组根据其特点制定和落实学生的学习规范。教师通过教学，渗透对学生学习习惯的培养。

4. 两奖比赛扎实开展

每学期的"骏马奖""耕耘奖"及其他教学活动，教研组都事先讨论确定明确的主题，便于开课教师有统一明确的研究方向。上完课后，教研组马上组织全组教师展开评课，老师们都能实事求是地坦诚评课。每位开课教师，在上完课后，都必须将教案、课件、课后反思一并上交教研组，它是教研组建设的宝贵资料。教师们在夯实常规中提升了教学内功。

（四）打造教师队伍

1. 落实教师的三年规划。教研组的每一位教师都对自己今后发展的三年做了一个规划，根据本人的规划，学校提供不同的进修和提高机会，这对教研组教师个人的专业发展是一个督促，对整个教研组的队伍建设也是一个很好的保障。学校对教研组建设也提供了常态机制的保障。

2. 发挥学科带头人、骨干教师、高级教师的辐射引领作用。高级及骨干教师承担项目研究、主题研修，传递教学思想，传承优秀教学经验，带领其他教师共同进步。加强与教研员的沟通，利用教研员的专业优势，对我校的队伍建设进行参与、指导与评价。结合区教育学院关于有效教学研究的课题，有计划地开展研训一体化的校本培训，举办多种类型的讲座、报告、展示、研讨，利用各种途径推进有效教学的学习思考与实践。

3. 以导师团、见习教师规范化培训基地为平台，为青年教师的快速成长提供保障。学校为教龄五年以内的老师外请专家和配备校内导师。无论是第一导师还是客任导师都注重对见习期教师和职初教师的教学指导工作。通过老教师的带教、定期的培训等方式培养青年教师的教学规范，推动青年教师对自身专业的追求，使他们在职初期内尽快成长起来，逐渐成为学校发展的生力军。

三、收获成效

（一）教师专业不断发展

近几年，我们教研组老师积极参加市、区、校的研究活动，公开教学、课题研究、论文案例等都取得优异的成绩。其中团体荣誉包括：

2017年，获得上海市2017年中小学优秀作业、试卷案例评选活动一等奖。

2019年，我组承担区级教研活动"叙事类文本主问题的研究"，杨洁、张晶、管映开设区级公开课《植树的牧羊人》。

2021年，获得上海市2021年中小学优秀作业、试卷案例评选活动区级二等奖。

2019年，获得徐汇区优秀教研组称号。

2020年，区级课题"旨在培养学生核心素养的初中语文阅读教学转型的实践研究"结题。

2021年，区级课题"问题链设计改进阅读教学的路径探索"申报成功。

近三年，校级课题多次获得一等奖、二等奖。

（二）教学质量稳步提高

1. 语文组近几年的教学质量始终保持稳中有升的良好势头，语文学科在学校各学科中稳中求进，成为学校的优势学科，初三毕业合格率、优秀率不断提升。整个初三备课组精诚合作、细致认真，狠抓教学质量，多次邀请老教研员为初三学生上课，明确教学方向。

2. 在语文组老师指导下，我校学生在"上海市中学生作文竞赛""鲁迅青少年文学奖""上海市古诗文大赛""现代文阅读大赛""魅力上海"等比赛中成绩突出，屡获佳绩。

"高山仰止，景行行止。"徐教院附中语文教研组的每位老师在各自的岗位上兢兢业业工作，勤勤恳恳教书。我们怀抱梦想昂首奋进，以最先进的教学理念指导自己，以最执着的信念挑战未来。脚踏实地，乘风破浪，不断总结，打造"研究型"的团队，为徐汇语文教育教研贡献自己的力量，取得更为辉煌的成绩。路漫漫其修远兮，吾将上下而求索！

（王晓燕）

英语学科自评报告：教学规范校本研修

英语教研组是学校重点建设的学科教研组。多年来，在教研员和学校领导的关心下，全体教师以建设"学习型"教研组为目标，以"关注每一个学生的成长"为己任，注重个人学科素养，关注课堂教学的有效性，深入开展各项研讨活动，促进教学的研究与改革，不断成长、壮大，铸就了一支团结协作、积极进取、踏实肯干的教研氛围浓厚的教研团队。

一、教研组的基本情况

英语教研组共18位教师，平均年龄37岁。3位高级教师、14位中级教师；100%取得大学本科学历，其中3位研究生学历；区学科带头人1人、区教学骨干2人、区学科研修中心组成员1人。2020年新冠疫情暴发期间，2位教师参与市级"空中课堂"的录制，完成初三11节授课；1位老师参与区初三2节复习专项课的录制；2022年春，1位教师参与了市级"空中课堂的"3节复习课教学设计。教研组编制的初中英语单元作业设计案例入选《上海初中英语高质量校本作业体系设计与实施指南》。我校是上海市教委推荐的三个助手试验校、上海市教委推荐的新教材试用校、上海市见习教师规范化培训基地和上师大英语学科实习基地，教研组负责英语学科。

二、工作重点与主要内容

（一）聚焦课堂，夯实教学常规

教学常规的落实是教研组整体教学质量稳定的基本保证，它也能缩小教师个体教学能力带来的差异。英语教研组将教学常规重点放在：

1. 整合集体与个人备课，提升教学效益

备课组活动的"四定""四备""七统一"是落实教学常规、提高课堂教学效率的重要途径。为了提高备课活动的质量，各组的集体备课活动认真有序地进行，做到有计划、有目标、有实效。集体备课有中心发言人、有准备、有教材分析、有教法研究、有质量分析、有命题研究、有教学反思等，将大家集体的智慧落实到每一堂课中去，并在夯实基础知识的同时，抓好听、说、读、写综合能力的培养。我们也致力于把现有的优质教学资源，如市级的"空中课堂""专家面对面",整合于日常教学,通过认真观看课堂的视频资源,学习教学过程、教师话语,根据学生目前的水平,从中选择部分活动整合到自己的课堂教学设计。在集体备课的基础上,我们也提倡并开展集体备课基础上的个人二次备课。通过二次精心备课,我们才能真正体现集体备课的优势,提高教学效益。

2. 聚焦课堂教学,保证教学质量的提升

教研组必须聚焦课堂,关注常态的课堂。我们通过转转课、导师带教课、教研组专题研究课等活动展开课堂教学研究活动,总结课型范式,对阅读教学、听说教学、作文教学和语法复习等课型做了一定的探索和研究,每学期开设相关主题的公开课教学,引领组内教师共同进步,也为每位教师的家常课的质量提高打下了基础。我们组在开设高质量的有主题的公开教学课的同时,积极倡导教师,尤其是青年教师参与听评课活动。教师们带着"任务",带着"问题"去听课,关注课堂上的有效做法,发现存在的问题。课后针对问题,开展有针对性的讨论,提出解决方案。聚焦课堂研究,并通过听评课进一步改善课堂教学的方法,有效地保证了教学质量的提升。

3. 规范作业布置批改,关注学习规范的养成

英语组的每一位教师都严格遵守学校的教学规范,严格落实"双减"政策。为了切实减轻学生的学业负担,各备课组基于标准已开发、实施和修订学生校本课时作业,切实提高作业的有效性,实现减负增效。组内老师做到凡是布置的作业必定批改,凡是批改的作业必须反馈,凡是错题必须订正面批,凡是错题一定有跟进练习。各备课组根据各年龄段学生的特点制定和落实学生的学习规范。我们通过教学渗透对学生学习习惯的培养,通过作业来抓学生的学习效果。

4. 精心研制评价练习,重视教学反馈

各备课组长把关,根据学校要求组织期中期末考试命题。命题依据课标、学科教学基本要求和《校本手册》,力求把准知识点、语言点、试题的难易度和对学生能力的考查,保证每次考试的针对性和有效性。考试之后教师个体及时认真做好质量分析,分析到题,分析到人,既反思自己在教学方面的不足,也了解学生掌握的薄弱环节,从而找到提升的空间,达到整体进步的目的。备课组内进行讨论,通过命题反馈检验对教学目标的完成度及对试卷的进一步完善。

（二）以国家课程的校本化实施和校本课程开发为抓手，推进教研组学科建设

1. 以研制《校本手册》为抓手，推进基础型课程的校本化实施，提高教学有效性

学校是上海市重点课题"基于课程标准教学的区域性转化与指导策略研究"项目的实验校。近三年，教研组在原有国家课程校本化实施的基础上，先后以主题教研、系列研修、项目研究、课程培训为主要研修方式，研制和优化基于课程标准的校本教学目标、教学评价、教学内容、教学设计四个系统，以学习目标、评价、内容、设计的分层实施满足不同"学生群体"的学习需求。

（1）教学目标

我们认真研读学科课程标准、学科教学基本要求和教材，依据办学定位和学情，从学段、单元的层面思考课时教学目标的合理性，在此基础上构建了校本化的教学目标体系，使之与上海市中小学英语课程标准有了更好的对接。

（2）教学评价

在编写《校本手册》的同时，我们基于课程标准、学科教学基本要求、单元教学目标，依据学生学情和单元话题特点，按照单元教学内容，整体考虑设计单元作业，设计校本课时作业。每个单元的重点难点在《校本手册》中体现，在课堂教学中得到落实，在课时作业中得到检测。我们形成实施并修订了四个年段的《校本课时作业》，同时不断完善练习题库，为我校英语教学质量的保证和稳步提高打下了坚实的基础。

（3）教学内容

我们以牛津教材为主，结合其他英语报刊读物的拓展内容，根据校本教学目标和学情调整教学内容，实现从教教材到用教材的转变。

（4）教学设计的校本化

组内开展了以任务驱动教学法为主线的课堂教学实践探索，循环优化教学设计系统。一方面我们根据教学目标、教学内容创设合理情境和任务，让学生的语言学习富有真实的意义；另一方面进行课型研究，对"听说教学""阅读课""写作课"和"语法课"等课型不断探索，进行梳理总结。

2. 以校本课程的系列化、特色化建设为抓手，提升校本课程的教学质量

为了学生发展的需要，除了基础课程校本化，我们还设置了拓展型课程、项目化研究、跨学科研究等，编写了课程纲要、使用指南，设计了评价体系。

经过几年实践，基本形成三个系列：听说、读写和综合学习。每学期的教研组活动，我们都会组织教师分系列交流讨论各自系列的教学情况，明确教学目标，完善教学内容，使校本课程的课堂教学更有效、更生动、更精彩。教师重视每周一堂校本课，充分备课，搜集教学资料和教学辅助材料，逐步在教案的基础上形成讲义和课程纲要。

（三）以"课、研、修"一体化校本研修模式为载体，抓好队伍建设，落实校本研修工作

1. 教研组队伍建设

组内每位教师都有自己的三年规划。根据本人的规划，学校提供不同的进修和提高的机会，促进教师专业化发展，保障了整个教研组的队伍建设。

（1）以教师为本，促进团队建设和发展

教研组遵循"在学习中实践、在实践中研究、在研究中发展"的工作方式，以教学中的共性问题为导向、以案例为载体、以实证研究为方式，将"教学研究"与"教师培训"有效连接；研中有训、训中有研，在教研训一体化中解决实践中的真实问题，实现学科与教师、个体与团队共同发展的愿望。

（2）以导师团、见习教师规范化培训基地为平台，为青年教师的快速成长提供保障

我校是上海市见习教师规范化培训基地，英语组首先担任了本校和外校英语教师的带教工作。我们不仅完成了上海市见习教师规范化培训实施办法中规定的内容，更重视从教学细节问题入手，实实在在为见习教师提供可操作性强的解决问题的思路和方法。

（3）以比赛课和对外展示为平台，提升自我教学素养

骏马奖、耕耘奖、骨干教师展示课、青年教师基本功比赛、对各地的教育访问团开设展示课等，是我组教师苦练内功的好机会。组内教师人人参与备课、磨课、观课、评课的活动，教学基本功得到有效的提高，整个教研组的教学水平也得到长足进步。

2. 主题教研

教师参加每一次市区校的进修和培训活动，对日常教学遇到的问题善于思考，勤于研究。在参与院校合作项目"基于课程标准教学的区域性转化与指导策略研究"过程中，编制学科校本手册、撰写新版教案、设计课时作业及进行各备课组个性化的项目研究。

（1）课型研究

国家课程的校本化实施让我们明确了要教什么，那么我们同时要进行的更重要的研究就是怎么教，如何将教学内容和教学目标通过最合理的方式呈现给学生。我们以学校的骏马奖、耕耘奖、青年教师基本功比赛和骨干教师展示课为契机，人人参与备课、磨课、上课、评课的活动，通过这一系列的活动，每个老师的教学基本功得到有效的提高，整个教研组的教学水平也得到长足的进步。我们基于标准，研究适合自己学生的教学和学习方法，并勇于实践。

（2）项目研究

教研组带领教师参与区级项目研究和校级项目研究，各备课组也有自己的子项目。我们把自主、合作、探究、提高作为校本培训的主旋律，让教师能最大限度地释放自己的能量，在发展学生的同时也发展自己。

○《校本教学操作手册》的编制和优化

参与院校合作项目"基于课程标准教学的区域性转化与指导策略研究"，教师理解国家课程标准内涵，正确解读单元教学内容，进行课时划分，基于校情，编制学科单元课时手册和优化已有教案。在研究过程中，我们重点关注规范单元课时目标中行为动词的表述，以及合理设计与单元课时目标一致的教学评价和教学活动。我们坚持根据学生学情，基于标准，将手册转化为教师自身在课堂上的教育教学行为，实现由课程标准到教师教学效益的转化。

○《校本课时作业》的编制和优化

从2016学年起，教研组针对组内教师作业设计的共性问题在全组开展了校本单元作业的研究。1.0版实现了从选用教辅转向自主编制校本作业的转变；2.0版基本解决了作业目标意识缺乏、作业内容与课时目标匹配度不高和同一单元各课时作业之间缺少整体设计的问题；目前我们正在推动的3.0版需要在作业凸显素养导向、类型结构、难度结构、水平结构和纵向衔接等方面进行调整和改进，有效控制作业量，提高作业品质。

○"初中英语听说教学实践改进的探索"

2019—2021学年，实践区级规划课题"初中英语听说教学实践改进的探索"，现已经结题。通过学习、上课、研讨、展示等各类活动有效弥补了我组现有听说教学中的缺失和不足。

○ 指向英语学科核心素养培育的单元教学研究

按照大单元教学的理念，指导全组教师立足大单元视角，聚焦单元目标，结合学情，重新设定单元设计各要素的功能，优化单元教学设计结构，立足整个课程，调整部分单元的功能及单元之间的关系，在总课时不变的情况下制订针对不同基础学生的单元教学计划，提升教学效益。优化了英语课堂导学单与校本课时作业，关注作业的针对性、精选和能力培养原则，在夯实双基的基础上，有相对难度的练习渗透。

（四）深入推进数字化改革，助力智慧校园建设

我校是上海市信息化建设标杆校，自2019年开始，以建设上海市教育信息化应用标杆培育校为契机，运用信息化手段，全面推进教师信息技术应用能力的培训和实践，促进校本研修模式的更新迭代，助力教师"智适应"，推动智慧校园的建设。

1. 信息技术聚焦"课程课堂"为中心的教师培训

学校课程体系建设和高效课堂的创建是教育教学工作的核心，也是教师培训设计始终要围绕的中心。教研组牢牢抓住建设上海市信息化标杆校的机遇，不仅努力给学生提供更多样的学习渠道、更自由的学习方式，而且运用标杆校建设的平台，建设线上线下融合的教学模式，完善学科的校本课程体系。

（1）提高课堂教学效益

我们用"畅言智慧课堂"教学系统装备教室，推进信息技术与教育教学在本校的融合创新发展，推动数据支持下的大班额因材施教的教学模式改革。试点年级采用"畅言智慧课堂"平板开展家常课的教学，教师培训由初期重点突出智慧课堂各项功能的使用，逐渐转向针对混合式教学、基于数据的因材施教、信息化与教育教学融合等主题培训和团队研修，积累相关的教学设计、课件及互动资源，撰写案例，提炼有效措施，提升课堂效率。试点团队开展自培、互培，开展新课、复习课、练习讲评课等多种课型的实践探索。教师们运用预习数据采集提高新课备课的针对性，借助课堂即时跟进练习反馈的数据分析，提高练习讲评课的效益。

（2）完善学科课程建设

尝试打造线上线下融合教学的体系，完善校本学科的课程体系建设。英语组建设辅助线下教学的学科微课程体系，作为学生自主学习的资源，完善原有的以教学目标、教学评价、教学内容和教学设计四个板块为主体的校本教学手册。

各备课组在暑假和学期教学中，组织微课程体系建设的专题研讨，确立本

学科微课程建设的总体框架、学期建设目标和分步骤实施计划。

2. 信息数字技术助力"多层次研修"为基础的教师培训

信息技术的运用使教师的研修方式突破了时间和空间的限制，使多样化多层次灵活机动的研修方式成为可能。

（1）通过录播教室远程互动，实践研修活动校际互动模式

2021年4月，教研组作为区一号工程项目校的代表，三位老师录制了三个单元共9节课程，在区级平台共享的基础上，参与了全区线上交流，与三所学校实现了线上互动。

（2）通过教师专业发展平台，实践校内研修线上线下融合模式

教师专业发展平台是我校依托信息化标杆校创建打造的平台之一。教师可以通过平台的小组圈自主组合研修团队，分享资源；可以组织线上观摩材料并讨论。这一平台使校内研修方式线上线下得以融合，更加灵活多样。

（3）活用教学助手资源，提升课堂教学效益

学校2022学年被市教委推荐为数字化转型项目（三个助手）试点校，英语学科的项目团队负责英语数字教学系统平台资源的试用，并致力于借力平台资源，完善教学目标、教学内容、教学设计和教学评价四个系统，优化校本操作手册。

三、收获与成效

教研组老师积极参加市、区、校的研究活动，公开教学、课题研究、论文案例等都取得成绩。

【获奖情况】
1. 徐汇区育人奖
2. 上海市徐汇区初中英语学科中青年教师教学评比一等奖
3. 《现代教学》2019年度优秀教学论文二等奖
4. 第五届全国中小学外语教学能手
5. 上海市徐汇区见习教师规范化培训基本功大赛一等奖
6. 徐汇区"初中英语教师听说教学设计能力"大赛三等奖

7. 徐汇区"初中英语教师听说教学设计能力"大赛二等奖

8. 上海市中小学优秀作业、试卷案例征集评选活动二等奖

【课题】

徐汇区教育教学研究规划项目　编号C2019-18

【公开课】

1. 上海市空中课堂共录制11节课

2. 区级教学展示近三年共计15节课

【学术交流】

市区级交流共计12人次

【带教】

1. 上海市见习教师规范化培训基地导师10人多次承担

2. 上海师范大学英语专业的研究生导师6人多次承担

3. 青浦清河湾实验学校英语教师3人担任

（李　萍）

综合理科自评报告：信息赋能专业发展

综合理科教研组是徐教院附中重点建设和打造的品牌教研组。近年来，教研组启动了指向核心素养的课程与教学改革工作，以明形势、清任务、抓契机、重突破为指导思想，以落实立德树人根本任务，发展学生核心素养为行动目标，按照"核心素养进课程，核心素养进课堂"的行动原则，抓住上海市信息化应用标杆校、上海市课程领导力项目校、徐汇区"高品质优化基于核心素养的区域改革实践体系"攻坚项目校的契机，在双新实施背景下，教研组以"问题导向、理论导引、经验导行"为基本思路，按照从寻找理论支持到构建教研形态，从形成典型课例到总结提炼经验，最终形成教学指导策略的技术路线，以发现问题、提出问题、解决问题和问题解决为工作链条，分阶段逐步完成现状与发展、原理与模型、构建与应用、经验与主张、提炼与深化五大关键任务，进而努力提升教研工作的过程化、科学化与信息化水平，积极回应时代主题，聚焦学科核心问题，持续推进学科育人质量。

基本思路	关键任务	主要方式	工作链条	技术路线
问题导向 理论导引 经验导行	现状与发展 原理与模型 构建与应用 经验与主张 提炼与深化	现场听课 教师访谈 学生对话 查看资料 教研活动 案例分析 经验总结	发现问题 ⇩ 提出问题 ⇩ 解决问题 ⇩ 问题解决	寻找理论支持 ⇩ 构建教研形态 ⇩ 形成典型案例 ⇩ 总结提炼经验 ⇩ 形成指导策略

提升教研工作的过程化、科学化与信息化水平
积极回应时代主题，聚焦学科核心问题，持续推进学科育人水平

教研组工作思路

一、教研组基本情况

综合理科教研组共有16名成员，中共党员6人，区教育系统学科带头人2人，中青年骨干教师2人，高级职称教师7人，中级职称教师5人，拥有硕士学位教师7人，35周岁以下教师6人，任教物理、化学、生物、信息技术、科学、劳动、跨学科分析七个学科。组内教师大多身兼数职，既承担党支部书记、副校长、教师发展中心副主任、校务中心副主任、信息主管、课程教学中心主任助理、备课组长、班主任等工作，又从事跨学科与跨年级的教学任务。组内教师主持或参与市区级重点攻坚项目，如上海市信息技术标杆校、上海市教委教研室中考改革理化操作考、跨学科案例分析、市师资培训中心学科基地课题、区级重点课题、区学科带头人和骨干教师团队项目、华理学区学科工作坊等。

全组教师政治过硬、信念坚定，通过学习和实践，不断提升教育境界，牢固树立立德树人、培根铸魂的育人宗旨，在教育教学实践中不断提升理论水平和育人能力，老、中、青三代教师有机融合，充分发挥综合教研组学科互补优势，以科学观念、科学思维、科学探究与实践、科学态度与责任为主线，构建螺旋式上升的科学课程体系，组内教师团结奋进，敬业爱生，勤奋工作，在教育、教学、科研、管理、改革等方面取得了显著的成绩，在区域内外产生了一定的引领辐射作用，为学校发展做出突出贡献。

二、常规管理

（一）教研常规

教研组是学校专业学术组织，主要责任包括：

1. 学科建设，筹划本学科建设目标和发展特色，提出本学科的实施标准，研究开发相关的校本课程，形成有特点的学科发展系统；

2. 质量监控与改进，负责对本学科的各年级教育质量实行有效监控，把好测试关和测试后的教育质量分析关，提出有关的教育质量整改建议，并负责监控实施。

教研组依据《课程标准》和学校五年发展规划，重视制度建设和常规落实，建立教研规范，研究教学五环节规范中学科教学规范，包括集体备课制度、转转课制度、课型研究、命题能力提升研究、作业有效性研究等，再如确定时间、地点、主题、内容、流程等，并按规定组织开展主题教研组活动和备课组活动，认真做好会议记录并将会议记录存档，活动后有通讯报道。

（二）计划总结

教研组和备课组每学期都有教研工作计划和总结。计划中有研修活动的主题、目标、内容、形式和责任人等；研修活动主题能反映教研组发展目标，具有一定的系统性；总结中有学期研修活动总体成效的分析总结与改进措施等内容。计划中重点要突出教学环节的精细化实施，内容包括：

1. 落实"吃透两头、精讲精练、培养习惯、指导方法"十六字要求，切实提高课堂教学有效性；

2. 加强双基，因材施教、分类指导、分层要求、面向全体、全面提高；

3. 树立"不让一名学生掉队"的理念和决心，做到日日清、周周清、月月清；

4. 各备课组长是落实教学规范与学习规范的第一责任人，教研组长对所有年级和所有学科集体备课、转转课、作业布置与批改、辅导等情况进行检查、指导与评价。

（三）工作落实

教研组内的各个备课组每周都有转转课、师徒带教的听课研讨任务，鼓励青年教师多听课多思考，先听课再上课，每课课后都要有教后记，即教学反思。备课组每周开展一次集体活动，个人备课和集体备课相结合，内容上要从学期内容备课—单元内容备课—课时内容备课，落实备课规范，集体备课"四定、四备、七统一"，转转课与课后反思撰写，则是个人与集体备课的延续补充。

在学期初的教研组计划中明确每次教研组研修活动的主题、目标和具体实施方案，每两周开展一次集体研修活动，备课组长分享备课组内教育教学智慧，每次活动不仅是传达课程教学中心的工作任务，更多的是有研讨、有碰撞、有反思、有深度、有收获的学术活动，教研组长及时梳理研修成效，提炼教育教学智慧并对存在问题进行分析及思考后续对策，教研组通讯员认真记录活动内容，形成通讯报道，在学校微信公众号、学校网站和徐汇教育平台进行发布。

三、教师发展

（一）组长引领

教研组长庄璟老师是徐汇区初中化学中心组成员、2020—2022学年徐汇区教育系统化学学科带头人，校内兼任毕业班班主任、九年级化学备课组长、课程教学中心主任助理等工作。近三年主持区重点课题、区一般课题、区德育百题重点项目、市师资培训中心学科基地项目各1项，主编与参编著作4本，在市级刊物发表论文4篇，参加市级空中课堂录制两节。他带领全组教师围绕学校五年发展规划，研究新课标，在单元教学设计与实践中，思考学科核心素养、单元目标与课时目标的关系，建立核心素养与学业质量标准的联结，研究学习内容与真实生活的关联及内隐思维显性化和学习过程深互动的策略，促进了核心素养培育的真落实、教师专业的快发展。他具有较强的组织管理和沟通调控能力，富有改革创新、宽容奉献精神，以及较强的专业话语权，受到组内教师普遍认同。

（二）组员发展

全组教师认真参加市、区、校教研活动，师德优良，在绿色指标测试和学校的评价中，我组教师评价高。教师的学历、职称达到较高水平。组员积极参加教师在职培训或高层次教育硕士学历进修。近三年中，庄璟老师获评区教育系统学科带头人；金喆老师获评中青年骨干；何艳婷和金喆老师分获2020年和2022年区"荣昶"耕耘奖；吴燕峰老师获评首届"十万个为什么"上海市青少年科考报告大赛优秀指导教师奖、优秀组织奖；陈敏在2021年第36届上海市青少年科技创新大赛中获得科技辅导员科创成果一等奖;庄璟老师获评2020年区"荣昶"骏马奖,其他区级以上相关奖励20多项。

(三)团队氛围

在日常生活和工作中,组内教师有强烈的责任感、使命感和荣誉感,团结互助、相互包容,共享教学资源。

四、功能发挥

(一)资源建设

为切实发挥教研组教师传帮带的优良传统,教研组充分应用学校教师发展平台,在原有教学资源的基础上,组建教师数字资源库,内容包括教案、课件、微课、学法指导、疑难解析、校本作业、各类评价、家庭实验、专题文献等资料,各年级各学科的老师结合自身特长,开发学科与跨学科的校本课程和社团活动,如校内大气监测、厨房中的化学、无人机进阶、虚拟实验、阳台园艺制作等课程,并组织学生参加进场馆、进科研院所的"小科迷"活动。

(二)合作研修

全组教师在积极参与校本教研的基础上,教研组长和组内骨干教师聚焦当前课程教学的前沿与热点,根据组内教师专业发展需求,组织申报并开设区级、校级研修课程,如中考改革背景下理化实验操作考试评价研究、信息化环境下指向学科核心素养的单元教学研究、初中综合理科指向核心素养的学习评价设计与实施等,形成"课—研—修"一体化的研修模式,有效提升研修的质量。

(三)区域辐射

积极开展区域性的教学研讨或交流展示活动,教研组在2021年12月面向全市进行了主题为"实验中发展学生思维"的物理和化学教学展示和研讨活动;第十届和第十一届区学术节初中化学专场展示在我校进行,化学组两位教师进行了公开教学,展示教研组融合信息技术的实验改进的阶段性成果,教研组做专题报告进行了经验分享。吴燕峰老师2022年11月30日在面向中西部地区,首届"十万个为什么"青少年科学考察报告大赛科学教育分享会上进行研讨交流;陈敏老师2021学年向"滨江学区"初中物理教师分享实验改进和教学设计的讲座;庄璟老师2019年9月在上海教育考试院组织的上海市中考化学评价会上做"研读标准、扎实教学、学法指导"的专题报告。

五、工作实绩

（一）教学效果

通过对教学环节的精细化实施，教师采取创设情景、激趣设疑、精讲精练、设计活动、当堂反馈、时间分段等措施，依据精选、分层、适量等原则布置作业，针对不同层次不同需求的学生，设计必做和选做两种形式，作业批改上做到"四个凡是"，即凡是布置的作业一定全批、凡是批改的作业一定反馈、凡是错题一定订正并面批、凡是订正一定有跟进练习。在上海市绿色指标测试、中考、学业考的教学质量稳定处于公办学校最前列，教学效果良好、学业负担合理，受到学生好评，形成有效的教学经验，在市区范围内交流分享。

（二）研究成果

教研组内教师在确保高质量教学的基础上，积极申报市、区、校级课题，开展教育教学研究，主持或参与区级以上科研项目的研究共8项，组内教师有论文在区级以上刊物发表10多篇，主持的教育科研成果参加徐汇区第十三届教育科研成果奖评选，获得二等奖和三等奖各一项。

（三）社会声誉

近年来，组内不同学科的许多青年教师分别承担了6~9年级的班主任工作，他们认真负责、严慈相济，关爱学生、帮助学生、转化学生，在学校的各类评教中均获得好评。

六、特色创新

（一）教学特色

组内教师初步形成教学风格，有教师在区级以上范围内享有一定知名度。如何艳婷老师的人工智能与前沿科技、吴燕峰老师的无人机系列进阶课程、庄璟老师的家庭实践活动、林凤春老师的"小导师"、金喆老师的跨学科探究活动等。

（二）研修方式

以"课、研、修"一体化校本研修为抓手，保障教学效能提升。课即课堂、课程，研即教研、科研，修即培训、自修，而一体化指根据课堂和课程实践的实际问题，开展教研和科研，根据教研和科研思考探索的方向，开展组内互助互训和自我进修，根据"研修"的反思与结论，开展课堂教学和课程开发的实践，使培训的内容更有针对性，更贴近教学实际，使教学、研究与培训三要素真正整合在一起，互为因果、互相促进，克服了"教、研、训"分离的现象，提高了校本培训的有效性。"课、研、修"一体化，制度是保障，反思是起点，问题是关键，行动研究是途径，使老师有一个专业化的"状态"，使教育教学研究成为学校的一种生活、一种习惯、一种文化。教研组开展了STSE模式下实验教学、复习课、试卷讲评课等课型研究。

（三）文化建设

教研组是教师成长的基地，徐教院附中综合理科教研组的发展会继续按照迭代的思路，依据新课改的要求和基于证据的要求，传承已有经验，继续寻找迭代点。立足于当下核心素养培育的大背景，紧紧抓住信息化助力教育的契机，继续挖掘基础课程和拓展课程的生长点，让学生在丰富的课程、多样的学习中更好地成长。

（庄　璟）

第三章

素养导路：
落实以学习者为中心的教学

概　述

　　新课改的目标是立德树人，核心是学习方式的改变，关键是教师对育人的理解力和执行力。课堂作为育人的主渠道之一，教师也受到越来越多的挑战。如何做到轻量高质，提高学生的学习效率？如何做到"减负"不减"效"，提高教育教学质量？这些问题成为徐教院附中全体教师努力探索的重点。

　　学校指导教师不断规范完善课堂教学流程，探索了课堂教学流程再造（激活—展示—运用—总结），要求流程目标明确，任务清晰，以问题为驱动，引导学生在独立思考和分工合作中深度学习。

　　学校以学科大单元教学设计为基础，各学科思考学科核心素养与原有三维目标的关系，建立学科核心素养与学业质量标准的联结；确立学习内容与真实生活的关联点和关联方法；实践内隐思维显性化和学习过程深互动的策略。围绕学习目标、内容、任务和评价四方面开展《学科教学操作手册》的迭代研究，不断提升课堂教与学的质量；撬动学生学习模式，完成发现学习、合作、开放、动态和自适应学习。

　　学校以教研组为单位，以备课组为基点，立足数字化课堂学习和数字化学习资源开发使用，开展迭代研究。一是探索融合信息技术的"学与教"模式，借助《学科学习手册》和数字资源平台，在"课前、课中、课后"三环节实践传统纸笔学习与平板学习的融合，实践师生与生生的交互学习；二是开发基于课标与学情的云课程资源，建设学校课程地图平台，满足学生多项课程、多元学习的自适应学习需求，能够真正实践自主学习、个性化学习。

　　学校指导教师结合学生校园内外的实际生活设计主题化跨学科项目方案，拓展学生解决复杂问题的情境，细化活动任务，匹配任务支架和评价表，帮助学生深度思考和持续思考，指导学生在合作中取长补短，完成学习。

（杨　洁）

第一节 学科教学总体发展

学科教学是课堂教学的基础,立足于素养的学科教学,是实现教学增值的主阵地。

让素养立于课堂
——基于学科核心素养培养的教学改进的行动研究

一、单元教学设计的缘起

2016年以来,"核心素养"培育受到广泛关注,拓展了我们对学生全面发展的理解。2017年高中"双新"课改正式启动,将学科核心素养作为课改的育人指向,让我们更深切地感受到核心素养进课堂、进评价的紧迫性。2019年4月,上海市颁布了新中考政策若干细则,考试评价的改革加速学校教学改革实践的思考与实践的步伐。徐教院附中感到,让教育回归本原,让学生的潜能得到充分发展,更好地面向未来,需要聚焦核心素养的培育,推动课堂教学领域的深度变革。为此,学校在原有基础上尝试开展大单元教学设计,探索指向核心素养培育的初中课堂教学新样态。

二、单元教学设计着力解决的问题

我们理解的核心素养培养下的课堂应该是:以学生为主体,在自主合作地解决问题的过程中建构知识、体验探究,形成积极的价值观和强大的创新能力与实践能力。学校的育人目标,正是保证每一个学生的学习需要和学习质量得到最大的满足,成为爱学习、会学习的人,收获积极的自信与真正的成功。

以上述理解作为参照坐标，我们对当下的现状和问题，有了更全面的认识：

1. 大部分课堂学习比较强调并满足于掌握知识与技能，以教师讲学生练为主，单纯接受式学习达不到核心素养培育的要求。

2. 分课时之间的教学目标联系不够紧密不够系统，离完成整体学习目标有很大差距。

3. 课堂学习偏重结果的评价，评价方式单一，唯分数，欠缺对学生的整体评价、发展性评价，更缺少对学习过程的评价。这样的评价不利于学生形成对自我正确的认知。

4. 课堂实际教学还存在四方面的脱节：教学目标与核心素养脱节、教学设计与生活实际脱节、学生活动与情景问题脱节、评价设计与学习经历脱节。

针对上述问题，我们拟定了学校课堂改进的技术总路线：以发展学生学科核心素养为目标，遵循"核心素养立于课堂"的实践原则，借助理念学习、主题研修、课堂实践和反思提炼等途径的循环实践，探索大单元学习的内容整合与活动设计，创生课堂范式，优化学生学习方式，完善指向学科核心素养的教学评价。

三、单元教学设计研究的过程与方法

（一）理念更新——指向学科核心素养培养的教学改进的认识

1. 对"学科核心素养"的理解

学科核心素养是学生个体在解决复杂的学科问题过程中表现出来的关键能力与必备品格，体现了学科知识的综合运用。

2. 对"学科核心素养培养"与课程单元实施的设问

课程的单元教学任务是实现"整体目标"，帮助学生在完成一系列任务过程中，整合知识、方法和态度，形成学科核心素养。因此，课程单元教学的综合性比单一课时教学要更为复杂。

3. 怎样的单元教学文本可以促进学习者学科核心素养的培养？

＊通过大单元学习内容的整合和学生学习活动的设计，加强学生与生活世界的沟通，扩大学生学习的参与程度和思考深度，提升学生从容应对复杂生活情境的问题解决能力。

＊课堂的中心转变为学生的主动学，将核心素养的要求融入学生学习活动

的各个环节，将知识技能的掌握和解决问题能力的培养结合起来。

＊优化"教—学—评"一致性，丰富评价的内容、主体与方法，确定评价程序与过程，使评价结果与现实情况可以对接，使学生发展核心素养的指标具有可操作性。

（二）实践操作——指向学科核心素养培养的教学改进的循证实践

1. 四纬度强化系统构建

基于课标和学生学情，从单元教学目标、单元教学内容、单元教学活动设计和单元教学评价四个维度进行文本研究。

2. 分阶段攻克难题

第一个阶段：每个教研组一个学期开展一个单元的教学设计研究，形成单元教学设计方案，骨干教师首先开设课堂教学研讨课，并在学校微论坛交流实践反思。

第二个阶段：每个教研组一个学期开展一个单元的教学设计研究，形成单元教学设计方案，年轻教师在前期实践基础上再次开设课堂教学研讨课，优化完善单元教学设计，形成单元教学设计案例。

第三个阶段：教研组根据前两次实践情况，开展聚焦实践；选择四个维度中本学科最重要的或难以突破的地方开展研究。语文组侧重教学目标、教学内容与教学问题的设计研究，英语组侧重教学目标、学习活动和学习评价的设计研究，综理教研组侧重学科实验评价的研究，综文教研组和艺体教研组侧重项目化学习的研究。

（三）保障建构——抓好项目研修与项目管理两个关键

1. 研修实践保障

学校根据项目整体推进方案制订学年工作计划，并把具体任务与教学重点融合成学校教师项目研究指南，教研组和备课组根据指南聚焦一点，进行小步子的实践研究。实践过程中，教师自主成长需求结合教研组实践任务驱动，骨干引领示范结合群策群力研讨，形成有主题、有层次、有针对性的教师教学实践研修。

2. 管理监控保障

为了确保单元教学研究有序保质地推进，学校形成了由校长室牵头、两部门协同操作、两大组室和三级教师分类实践的机制，落实方案撰写、解读引领和实践推进的具体工作。

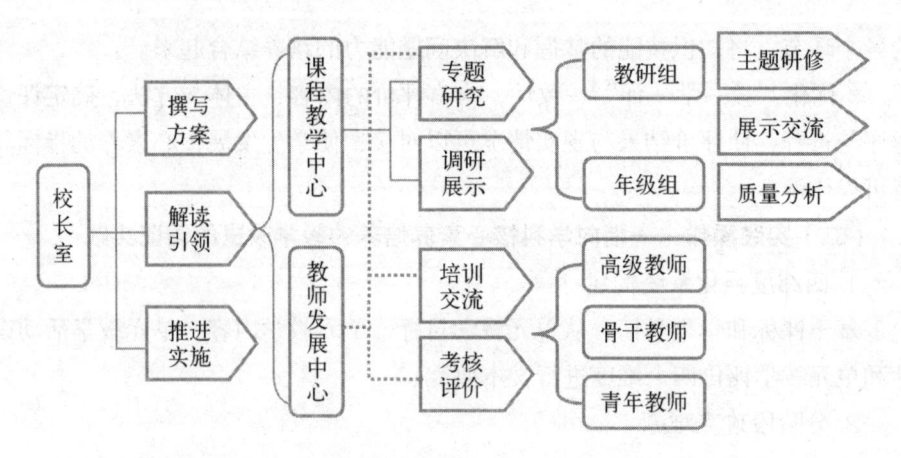

[流程图：校长室 → 撰写方案/解读引领/推进实施 → 课程教学中心（专题研究、调研展示）/教师发展中心（培训交流、考核评价）→ 教研组（主题研修）、年级组（展示交流、质量分析）；高级教师、骨干教师、青年教师]

四、单元教学设计的主要成果

（一）开发"基于学科核心素养培养的"单元教学设计文本

语、数、英、理、化等学科基本完成了《单元教学指导手册》，完善了作业命题设计和评价设计，开展了项目化学习活动设计，帮助教师不断改进教育教学方式，提高课堂教学的效能和作业的针对性，提升学生学科素养的培育。

（二）提炼"基于学科核心素养培养的"单元教学设计的主要策略

在育人目标与方式的改革指导下，单元教学设计是在整体把握教材的基础上，用全局的眼光、系统的方法把教材中有内在联系的知识和能力进行整合重组；深入分析要解决的实际问题和学生的需求，确定适合学习者能够自主学习的学习策略、学习方法、学习环节和学习评价的方案，以解决"教什么""怎样教""如何教得有效"的问题。

1. 基于课标—教材—学情的综合考量，研制单元教学设计文本

各学科从实际学情出发，通过对教材或者是相关学习资料的深入理解，围绕主要的学习问题，将学习内容进行合理组合，构建符合学生实际学习需求的教学过程。单元教学设计的依据一定要包括三方面：一是课程标准和教学基本要求，二是教材单元内容，三是学生的学习实际。

2. 基于学科特点，探索多样化单元教学设计主线

（1）文科：以教材章节为线的设计

这种单元设计，注重学科内在逻辑关系，突出内容的层进性与结构化，有利于学生整体理解、把握学习内容，自主建构知识系统。直接应用教材章节作为教学单元，要注意揭示并帮助学生体会各部分教学内容的内在联系。

英语在进行单元设计时首先对教材自然单元学习内容进行梳理，确立单元的主题情境和学习任务；其次将单元内容相对应的英语学科四大核心素养进行对应。单元内容梳理和核心素养的对应很好地指导我们制定单元学习目标。

（2）理科：以学科核心概念为线的设计

这种单元设计，围绕课标中的核心内容，注重学科内在逻辑关系和学习单元的结构化、整体性，适用于理科类的新授课和复习课教学，能够更好地促进学生的学习迁移。

2020年以来，如何让线上学习更有效益成为老师们思考的重点。化学备课组把新授课同复习课的内容进行整合，在单元教学设计、评价和实施中提升线上教学的效益。例如：在《化学实验中的气压变化》中，落实单元视域下的"整合"、活动视域下的"契合"、资源视域下的"融合"。

单元教学设计及实施不仅完成了知识与技能的整体化建构，完成了单纯知识的迁移，更是完成从知识到行为的迁移，落实到实际生活中问题的解决。以上两种单元设计，要注意知识呈现的逻辑顺序，还要注意学生的认知顺序，关注课程标准的落实。

（3）跨学科：以学科情境问题解决为线的设计

这种单元设计，围绕真实的情境问题解决，注重运用所学知识解决陌生问题或者新情境下产生的问题，适用于理科新课教学、综合复习课教学或者是探究型学习，能够促进对知识的理解和思维方法的理解，进一步提升解决问题的能力。在进行此类单元设计时，教师需要开发和利用各种教学资源，联系科学、技术、社会和环境的实际，创设真实、生动的情境，提供有效的学习支架和丰富的学习资源，在问题解决的过程中形成学科核心素养。

举例：在美术、劳技物理和信息学科进行跨学科学习活动设计。六年级学生在美术教师单元教学设计《设计会动的玩具》的指导下，自主设计并制作了各式各样的玩具，在居家学习的环境中，利用有限材料，自学相关学科知识，完成作品，制作视频交流，很大地激发了学生的学习热情和好奇心。教师根据学生情况预设作品的学习资源分层提供，标志难度星级，转变为挑战游戏，激发学生挑战难度的兴趣。

3. 基于"学以致用"，开展单元教学下学习活动设计

单元教学过程中学习活动的有效程度是关键点。情境创设、问题呈现、任务驱动和支架提供共同作用于目标完成。提供故事情境、生活情境和实验情

境,让学生能够发现问题,从而驱动解决问题的思考与行为产生;提供"目标清单"提示学习完成什么,提供"任务清单"提示学习要完成什么,提供"资源清单"提示学习可以利用什么,提供"学习支架"提示学习可以借助什么,提供"诊断清单"提示需要反思什么。在学习支架的实践中,有"问题链""范例""任务规则"等。

学习活动设计要注重结合理解、实践和创新的培养目标,满足学生知识与能力的需求;要注重结合学生的日常生活实际,满足不同学生的学习需求,能够落实"学以致用"的理念;要注重结合学生的学习积极性和兴趣,满足学生的好奇心;要注重结合学生合作完成的效果,满足不同学生的学习层次;要注重结合学生的操作难易程度,满足活动节奏与时间长短的适当控制。

举例:基于版画工坊开展版画衍生品制作活动,运用跨学科思维和能力,将美术、劳技、信息学科知识学习与素养培养融入项目化学习,完成有真实使命的文创产品——附中新年挂历的设计与会展。

学生在明确活动大目标之后,在师生合作下形成了3个目标清单、6个任务与活动清单等;这些清单引导学生把大目标的复杂性分解成一个个具体可解决的小任务小活动,也有利于小组中不同专长的学生各司其职,聚焦一点充分思考,形成解决问题的合力。

老师提供版画制作、文字说明、策展布展的资源清单和学习支架,以供学生在实践中学习运用。老师设计了小组项目实施方案的评价量表、小组项目实施过程评价量表、小组项目实施成果评价量表。

4. 指向反思能力提升的单元学习评价设计

单元学习评价是根据学习单元目标要求及不同的学习情境,设计评价目标和细化指标,对学生的学习行为、结果、情感态度进行价值判断。单元学习评价通过编制评价方案,确定评价标准,使学科核心素养具体化;采用表现性评价、过程性评价等方式,灵活运用各类评价形式,引导学生总结反思学习体验,并对所收获的体验进行加工与重新组合,诊断学生学科核心素养发展中存在的问题。

案例:学校历史学科教师根据《上海市历史学科日常考核的指导意见》中历史学科日常考核成绩的1/3部分是需要通过评价学生的"实践能力"进行学习任务设计——微报告单元学习活动,既着眼于引导培养学生在时空概念下思维的深度与广度,也着眼于强化学生的民族自豪感和国家社会责任感的体验。充分考虑不同年级学生知识与能力的差异,设计了七年级《寻访历史遗迹,感受发展历程》和八年级《历史回眸——历史上的这一天》的自主单元学习微报告,微报告活动丰富,要求具体;注重实践,支架引导;面向全体,潜移默化。

八年级微报告强调对史料的鉴别,对信息的正确解读,培养对史料的处理能力。微报告的第五、第六项,是学生自主学习的评价。首先是学生个人对聚焦史料价值的思考和处理史料过程的反思,其次是对自主学习过程中的学习态度和学习成果的自评与他评的分项评估和综合评估。对应学习目标、学习内容、学习过程、学习成果思维四要素,设计清晰明确的评价,帮助学生形成反思,鼓励学生感受自信。

5. 指向多元目标完成的单元学习评价设计

设计单元作业时,把握单元作业目标与单元学习目标之间的相关度,合理安排作业的内容结构与难度结构,保证作业的整体性和层次性,引导对知识内涵的理解,促进思维的深化,增强学习体验。

在实践中,立足于单元目标的系统完成,做到"三个转变":(1)注重学情分析,在作业内容上做转变。(2)丰富学习路径,在作业形式上做转变。(3)重视学习过程,在作业评价上做转变。

(三)形成"基于学科核心素养培养"的单元教学设计改进"反馈调控机制"

分析数据—发现问题—教研组针对问题解决开展主题研修(项目研究)—总结研究成果—实践推广、改进教学设计。在实践过程中,定期开展问卷、座谈会进行调研,根据调研情况,发现新问题—教研组针对新问题解决开展主题研修(新项目研究)—总结研究成果—实践推广、改进课堂教学……循环往复,不断提升,实现教师专业发展、课堂教学改进、教学效能提高、学习压力减控、学生快乐成长的目标。

(四)形成"基于学科核心素养培养"的单元教学设计的依据与路径

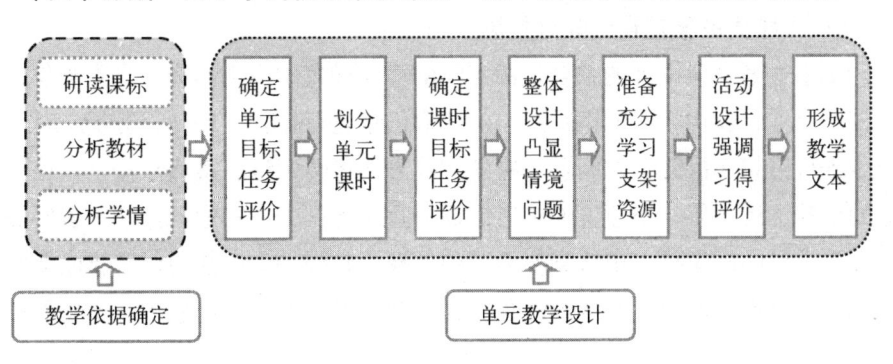

研读课标 / 分析教材 / 分析学情 ⇒ 确定单元目标任务评价 ⇒ 划分单元课时 ⇒ 确定课时目标任务评价 ⇒ 整体设计凸显情境问题 ⇒ 准备充分学习支架资源 ⇒ 活动设计强调习得评价 ⇒ 形成教学文本

教学依据确定　　单元教学设计

（五）形成"基于学科核心素养培养"的改进作业和作业评价的"反馈调控机制"

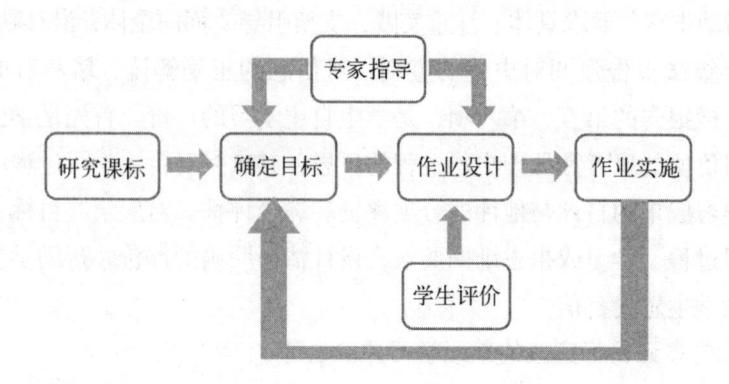

```
                    专家指导
                  ↙       ↘
研究课标 → 确定目标 → 作业设计 → 作业实施
            ↑         ↑
            └─ 学生评价 ─┘
```

（六）形成"基于学科核心素养培养"的单元教学设计的研修路径

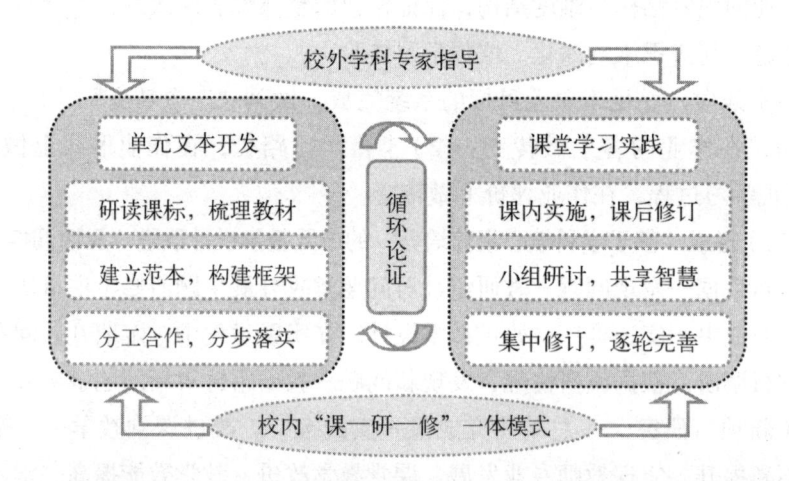

```
            校外学科专家指导
        ↓                   ↓
   单元文本开发          课堂学习实践
   研读课标，梳理教材    课内实施，课后修订
   建立范本，构建框架  循环论证  小组研讨，共享智慧
   分工合作，分步落实    集中修订，逐轮完善
        ↑                   ↑
            校内"课—研—修"—体模式
```

五、单元教学设计的成效与反思

（一）学生的素养得到充分发展

学生在各学科设计的结合生活实际的情境设置中发现问题，自主合作，进行深度思考，建构学科知识系统，对获取信息进行比较、归纳、分析，对问题产生进行猜想、探究，对问题解决的方式方法进行验证，最终获得学科核心素养的培养。近三年，毕业生的中考成绩一直位列区公办初中的前端，各年级学生在各学科的国家级、市级竞赛活动中展现了较强的学习能力、解决问题的能力和团结合作的能力。在学校课程实施和课堂教学的学期问卷中，学生和家长

的认可度保持在90%以上；在附中学习具有获得感和自信心。

（二）教师的能力得到充分发展

教师们在各学科的大单元教学设计实践中，骨干先行，年轻教师跟上；以备课组为基，教研组为核；目标与任务分层分类，任务驱动激发动力与智慧。教师们开展市、区、校三级课题或项目研究，破解单元教学设计中的难点，强化单元教学设计中的重点，并积极撰写研究案例和论文。实践中，应对疫情产生的线上教学和学校信息化标杆校的建设推进，丰富单元教学实践研究的内容和形式。

（三）学校的育人能力得到进一步提升

学校在持续提升课程领导力工作中，始终牢记育人使命，紧跟教育改革的要求，把各项工作聚焦于学生和教师——"人"的发展上，聚焦于学习和指导的"事"的有效上。在2020年徐汇区教育科研成果评定中，多项成果获得肯定。学校2022年被评审为优秀的上海市教师专业发展示范校（徐汇区初中唯一一所）。

（杨　洁）

第二节　学科教学案例

学科教学，对实现"以学习者为中心"的课堂教学具有指标性的意义，是优质教学的领地。遵循规律，是学科教学进入"自由王国"的基本途径。

A. 语文

善用教学机智提升学习效益

一、灵动的语文课堂需要教学机智

课堂教学改革是新课程实施的关键。新课程强调教师是学生课堂学习的组织者、合作者、引导者，要求教师的教学要有比以往更多的课堂智慧。教师的教学智慧将决定着其适应新课改的能力。日常课堂教学经常出现这样的情景：学生回答问题，因思维受阻无法流畅表达，或语无伦次、条理不清，或结结巴巴、词不达意。教师大多会有两种做法：直截了当把答案抛给学生，或者阻止学生继续发言，另请他人。以上缺乏智慧的做法不仅达不成学习效果，甚至会挫伤学生学习的积极性。教学机智的运用显得非常重要。

什么是课堂教学机智？课堂教学机智是指在教学过程中面对千变万化的教学情景，迅速、敏捷、灵活、准确地做出判断、处理，以保持课堂平衡的一种能力。它是教师智能的灵活性与机敏性的统一，是一种"应急"的智力活动，体现出教师的教学智慧。

课堂教学机智包含两方面内容：既是指教师在教学过程中临堂发挥的灵感教学，即教师能以其敏捷的思维能力与应变能力随机调整与课堂教学进展不一致的内容或节奏或教学方法，又是指教师能从容面对课堂上的突发事件，以巧妙的手段予以引导、转化、淡化等恰当处理，将教学引向深入。素养培育能否在课堂教学中真正落实好，非常重要的一点便是教师的课堂机智是否发挥得好。

语文学科是一门充满灵性的人文学科，容易触及学生的知识经验和情感心志，能激发起学生在课堂上的惊人之举、奇妙之言。因而，语文教师只有学会随机应变，讲究教育机智，方能在课堂教学中游刃有余，创造出最佳的教学境界。

二、语文课堂运用教学机智的实践

（一）千呼万唤始出来

教师是学生学习的组织者、引导者、促进者，教师课堂教学"引导"艺术的研究有利于课堂学习。很多时候，课堂上在学生愤悱之时给予机智点拨非常重要。

课例一：《春》教学片段

根据教师布置的任务：梳理3～7节的内容，并分别拟一个标题。学生在阅读课文后，很快完成了"春草图""春花图""春风图""春雨图""春筝图"的小标题。马上有同学不赞成最后一个标题，提出应该是"风筝图""春人图"。此时，学生对多元的答案没了主意。

老师没有急于给出答案，反而耐下性子引导："大家再去读一读第七节，看看这一节描写的对象是什么，作者是怎样描写这个对象的。"学生在这样的支架下，重读文本重要语句，有针对性地进行思考，激发了学习的兴趣。

在给予学生足够的思考时间和空间之后，为学生创设生生交流的机会，在畅所欲言中辨析，逐步统一认识。

（二）拨乱反正不犹豫

课堂教学中存在着不确定因素，"人们无法预料到教学所产生的成果的全部答案"（布卢姆），但绝不意味着教师在课堂上可以"脚踏西瓜皮，滑到哪里算哪里"，让教学机智变成教学随意。

课例二：《孙悟空三打白骨精》教学片段

师：请用"我愤恨"（"我敬佩""我叹息"）说说对书中人物的感受。

生：我敬佩孙悟空，他不怕困难，坚定不移，誓与白骨精斗到底。

师：说得好。还有不同的说法吗？

生：我愤恨的是白骨精几次三番想尽办法害人，心肠太狠毒。

师：好，有道理。

生：白骨精也有我敬佩的地方，她遇到困难与挫折不灰心，善于动脑筋，想办法。

此片段中出现了学生的"个体化感悟"，这种感悟明显需要教师的正确引导，让学生能够有正确的价值观。但是课堂上不能打击学生的参与积极性，要用智慧引领智慧，要用情感去陶冶情感，要用精神去激励精神。教师还创设情境，引导学生开展生本对话、生生对话、师生对话，让学生在质疑中、想象中、对话中生成建构。

（三）柳暗花明又一村

教学过程是一个动态的、随机的、生成的过程。学生的"自主""合作"和"探究"中的深度思考，观念的碰撞，思维的互激、互启与互补，更具有生成性和不可预设性。教师在教育教学中要善于运用自己的智慧，灵活机敏地处理一些事件，使"山重水复"变成"柳暗花明"。正如苏霍姆林斯基说："教育的技巧并不在于能预见到课的所有细节，而在于根据当时的具体情况，巧妙地、在学生不知不觉中做出相应的变动。"

课例三：《木兰诗》教学片段

生：同行十二年怎么会不知木兰是女郎，难道她没缠小脚吗？

师：南北朝之后是隋唐，隋唐之后是五代十国，五代十国时有个李后主李煜，令嫔妃以帛绕脚，使之纤小如新月状，此后人皆效仿之。

此时课堂氛围达到高潮。

三、语文课堂运用教学机智的条件

第一，教师的教学机智首先源于渊博的学识。教师要积功力、养底气、长灵气，才能把教材"横看成岭侧成峰"般地灵活运用。

第二，教师的教学机智还在于能够抓住同学们发言中蕴含的有价值的教学资源，及时改变预设程序，既肯定同学们智慧的火花，又培养同学们的创新思维。

第三，教师的教学机智更要有宽容的气度和创新精神。尊重学生的个性差异，鼓励学生个性思维，也是语文精神的内涵之一。特别是当自己的感情倾向、价值判断与学生发生冲突时,更要客观冷静,不凭主观好恶判断,要充分尊重学生的思想。此外,教师如果能有创新精神,经常能进行深入的创造性阅读,如提出问题发表不同见解,自觉地运用各种创造性思维方法去独立思考,不唯教参是从、唯标准答案是从,那么,学生也会在教师行为的影响下进行创造性阅读,这与教师仅仅在口头上强调、传授各种方法相较,效果是大不一样的。

总之,新课程呼唤新课堂,新课堂呼唤教学机智。俄国教育家乌申斯基说:"不论教育者是怎样地研究教育理论,如果他没有教育机智,他不可能成为一个优秀的教育实践者……"从某种程度上说,教育机智是教师全部的知识、阅历、智慧乃至人格的反映。充满教育机智的课堂教学,理应成为语文教师努力追求的理想境界。灵感只垂青于辛勤耕耘的人,语文教学是一门博大精深的艺术,它需要我们不断地探索与开拓。

(任云凤)

参考文献:

[1] 韩雪屏. 语文教育的心理学原理[M]. 上海:上海教育出版社,2001.

[2] 张杰. 春天在雪花的后面[J]. 教师博览,2002(4):39.

[3] 马克斯·范梅南. 教学机智——教育智慧的意蕴[M]. 李树英,译. 北京:教育科学出版社,2001.

源于问题而导 沉浸文本而思
——引向文本深处的课堂实践后记

语文课堂经常会围绕一些问题展开,这些核心问题和起到支架作用的小问题的设计是引导学生深入思考的抓手,需要教师深入解读文本并充分了解学生学情之后精心设计,这样才能帮助学生深入文本。

统编教材七年级有一篇《老王》。这篇颇有难度的文章,学生是否能读懂呢?作为教师,如何指导学生阅读呢?

为了设计适于七年级学生的学习路径,查阅资料,博采众长,必不可少。在诸多备课材料中,上海教育出版社出版的《十位名师教〈老王〉》一书令我受教颇多。书中不仅有余映潮、黄玉峰、秦晓华等名师执教《老王》一课的课堂实录与执教反思,还有不少名家的课堂观察与点评,更有名师与普通教师执教的比较。不同的学生、不同的设计、不同的风格、不同的评价角度,使我感受了一次教学指导盛宴。

名家之课让我受益良多,可面对我的学生,还是需要自行设计教学。理解作者杨绛先生的"愧怍"之情是难点,怎么突破?定在围绕题目"老王",从对老王形象特点的把握入手,再引导到理解杨绛先生对于老王"愧怍"之情的问题探究。预设了教学目标和大环节后,我就让学生进行文章初步阅读,并要求学生列出最想解决的问题。

学生初读文本后,列出了各自的问题,都是对于"愧怍"提出了疑惑。不少学生还自主展开小组讨论,但没有明确方向。阅读同学们的人物批注,我发现对于老王这个人物形象,整体把握问题不大,于是改变学习任务,舍去人物形象把握的环节,只围绕"愧怍"之情的理解展开。

这一难点如何突破呢?从学生的认知角度去思考,可以借助细品文中"我"与老王交往的情节揣摩人物心理作为突破口。于是,我确定了学习任务:引导学生品味文中关键语句、揣摩人物心理、把握人物形象,进而体会作者在作品中蕴含的情感。

核心难点的破解,需要层层推进。我先引导学生思考什么情况下会有愧怍之情。学生纷纷回答是做了对不起别人的事,或者是做错、做得不够好。我继续提醒学生可从作者和老王的交往中,思考杨绛先生有没有对不起老王,或者是在对待老王时做错了、做得不够好。在这个问题的指引下,通过再次默读全文,学生很快罗列出两人之间的所有交往事件。

仅仅了解两人的交往,并不能深层理解刚才的问题。于是,我又提出了进一步的思考方向,即细致品读交往的片段,揣摩两人的心理,并设计了问题链:杨绛面对老王的行为是怎样的反应?为什么会有这样的行为?当时可能是怎么想的?"老王"面对杨绛先生这些做法会有什么感受?同学们通过阅读文本找到人物当时的处境、生活情况,再根据两人的交往场景补齐人物的内心独白,还原人物的内心感受。

例如:文中出现最多的就是杨绛先生给老王钱,那么杨绛先生为什么要给老王钱呢?通过再次细读文本,学生发现老王贫穷、孤苦无依、没有工作、没有家、没有亲人,有眼疾,周围人还恶语相加,生活得很不容易,老王确实需要钱。同时不难发现杨绛先生自身也处于困境,十分拮据,而这一点老王自然也是清楚的，所以老王对杨绛一家也是不同寻常的。

杨绛先生对于老王的付出给予金钱的回报是合情合理的，为什么还会"愧怍"呢？是不是老王需要的不仅是金钱呢？老王还渴望什么呢？在这样的问题引导下，学生再次仔细研读文本，体会老王的语言、行为、神态，发现老王有对于家的渴望、有对于亲情的渴求。他对杨绛先生有感激，把杨绛先生当恩人；对杨绛先生有情义，把杨绛一家当亲人。而对比杨绛的行为、语言，大家发现杨绛先生仅仅把老王当作一个底层的可怜人，并没有一家人的概念。所以，杨绛先生"当然"不能让老王给自己车费减半，用了车必当给钱，明知老王抱病送香油鸡蛋来表达感谢却又一次必定给钱。对于病重中老王的描写近乎残忍，担心老王摔跤也没有想到要去扶，不知老王怎么回家也并不送，知道老王病重也并不曾去探望，得知老王已去世也并未多问。几年之后，这些萦绕于杨绛先生脑海中挥之不去，渐渐发现自己没有让老王临死之前得偿报答自己之夙愿的根本是从没有把老王当成朋友、亲人，一直居高临下地同情着这个可怜人。至此，同学们已渐渐能够理解杨绛先生的"愧怍"之情了。

反思整个教学，帮助学生解开阅读困惑的过程就是不断引导学生细读文本，沉浸人物心理的过程。其中，不断想象如果自己是文中主人公，此时会如何想、如何说。例如，杨绛问老王那里是不是他家，如果你是老王会怎么回答？杨绛问老王这么新鲜的大鸡蛋，都给我们吃？你是老王会怎么回答？老王要车费减半，杨绛先生说我"当然不要"时她心里是怎么想的？杨绛先生不敢乘三轮时，心里是怎么想的？如果是你的好朋友生病之后像老王这样，你会这样描写他的样子吗？如果你是杨绛看到老王这么直着脚下楼怕他摔倒会怎么做？如果你得知朋友生病会怎么办？如果是你，知道老王去世会怎么做？如果你是老李知道老王要送鸡蛋香油给杨绛一家会怎么劝老王？……而细读文本，通过文中关键语句的品味和对于人物情感的体会就是一种阅读方法。

课堂中，最重要的就是学生的品读、思考与交流。学生通过不断地阅读、体会、呈现来解决阅读困惑就是课堂学习的核心。课后，学生对于这篇文章的思考仍意犹未尽，之后几天仍不断地在探讨这篇文章中的问题。同学们又去查找资料，了解更多的相关信息，主动地交流各自的探究与思考，大家都觉得这样的阅读探讨很有意思。语文教学的真正意义就在于点燃学生思考的火花，引导学生深入阅读、深入思考来解决无法通过自读解决的阅读困惑。而这样的课堂实践前提在于教师对文本的深入思考和对学生的透彻了解。

语文教学，教师深入文本，研究文本极为重要：第一，深刻思考与领悟要义，才能把握住教材的重点，教学设计才能有本可依；第二，教师必须从学生的真正疑难之处入手，在学生自以为没有问题且易忽略之处导入。这样，才能最大限度地真正引导学生深入文本探究，激发学生的多元思维，从而在这堂课中有所提升。

（姚　卿）

B. 数学

引导学生应用数学思维导图

初中数学是一门前后知识联系紧密的学科，新知识的理解和掌握往往需要旧知识作为基础。在数学教学中，时常会出现这样的现象：学生知道这个知识点，但为什么要学习这个知识点，这个知识点和前面所学的内容有什么联系及学完这个知识点后会为今后的学习做什么铺垫，很多时候都不是很清楚。还有一种情况，学生会将某几个知识点混淆，在解答时犯一些看似"低级"的错误。这些"易错点"不断困扰着学生，日积月累就会影响到后面知识的学习，最终影响学生学习数学的积极性和自信心。作为教师，经常一遍一遍地强调重点与易错点，但总是感觉效果欠佳，很多教师总结出的解题方法并不能真正成为学生自己的东西，这就需要教师引导学生形成自己的知识体系，从整体上对各个知识点进行掌握，逐渐形成一种思维习惯。

一、引导学生构建一个完整、系统的数学知识体系

为什么学生解题时易出错？除了学生对这些知识点理解得不够透彻外，还因为学生所获得的这些知识都是零散的、孤立的，缺乏知识点间的内在逻辑联系，没有把这个知识点放到这个知识点所在的知识体系中进行分析和比对。所以，要引导学生在数学学习中善于梳理，把相关知识条理化、系统化，利用思维导图，形成一个完整的知识网络结构。在一个完整的知识系统中分析、讲解知识，学生不仅对这个知识点理解得透彻，还会加深对这个知识体系中其他相关知识点的理解，答题时的出错率也会降低。

二、如何构建一个完整、系统的数学知识体系

以七年级第一学期的学习内容为例，来说明教师对学生建立系统知识体系的训练方法。

（一）引导学生学会阅读目录，初步构建知识体系框架

这学期的基础内容是整式、分式、图形的运动等。可以通过引导学生阅读课本的目录来初步了解本学期的数学知识体系框架。以代数部分为例，六年级学生已经学习过有理数的概念，整数和分数统称为有理数。本学期的内容是从数到式，是在学生对数的通性、通法充分理解的基础上再学习整式和分式，使学生逐渐体会代数的思想。在式的学习中，可以类比数，通过类比数的基本性质与运算法则得到式相应的基本性质与运算法则。这样就从整体上对本学期的内容有所了解，衔接了前面所学的知识。先从整体构建知识体系框架，再从整体到局部，逐步对框架进行内容的补充。

（二）引导学生学会一节课的思维导图的制作

先引导学生梳理一节课的思维导图，以七年级第一学期9.12完全平方公式为例，在这节的学习中，完全平方公式的特点是学生的一个易错点，用图形来解释完全平方公式也是学生的一个难点。在教学中用学生在学完整式的乘法后梳理的思维导图回顾整式的乘法及对应的图形，来引出这节课的内容就更加顺理成章了。在学完这节课后，我引导学生梳理基本公式及公式的变形，以及和平方差公式进行对比，通过这样梳理，让学生对知识的内涵及各知识点间的区别有更加清晰的认识。

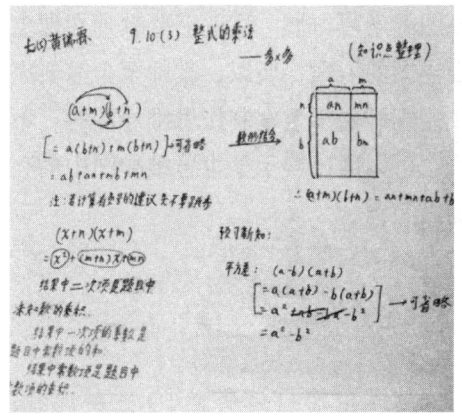

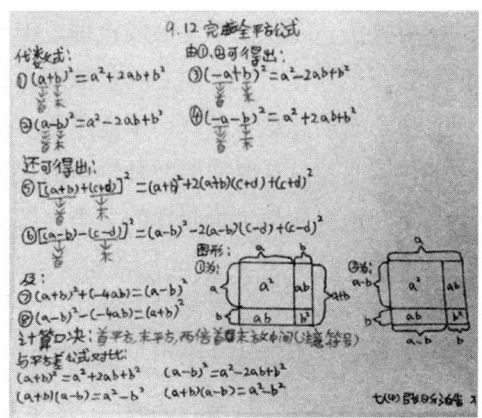

（三）引导学生学会一个小单元的思维导图的制作

在数学学习中，有一些基本概念、公式是学生非常容易混淆的，这就需要教师在一个小单元学习完成后，引导学生根据自己的学习情况，绘制自己所掌握的知识网络图，将脑海中还不太清晰的知识结构体系具体化、直观化，强化对知识的理解记忆。左图是学生对整式乘法中三个基本运算进行的梳理，亮点在于不仅有法则的原理，还有法则的变化、法则的逆用，条理非常清晰。

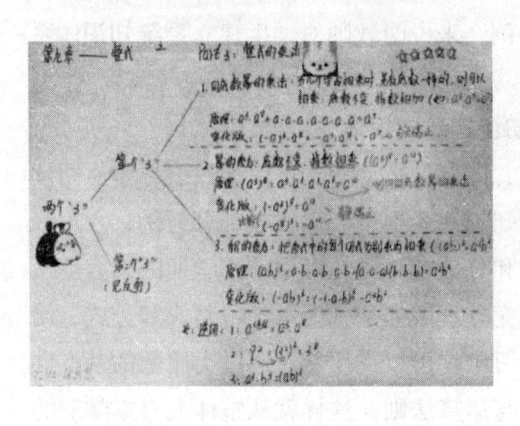

（四）引导学生学会一章的思维导图的制作

很多同学在复习前面临的最大困惑，就是过多的知识在大脑中杂乱如麻，处于支离破碎的状态。这个时候，许多同学通过大量练习，依然没有效果，事倍功半，实际上知识盲点仍然存在。这就需要教师引导学生对所学的知识做进一步梳理和整理，让学生循着思维导图，在原有知识的基础上对所学知识进行系统的整理，从总体上把握知识结构及各部分知识间的联系，理清知识的脉络，查漏补缺，进而使之形成同学脑海中的知识网络，建构起属于自己的知识体系。

三、思维导图在实践运用中的体会

引导学生制作思维导图实践过程中的一点体会：思维导图作为一种有效的学习方法，应该让学生形成梳理思维导图的学习习惯。这就需要教师在课堂中有意识地训练学生，使之养成梳理思维导图的习惯，所以，教师至少需要完成一个学期的有意识训练，不能急于求成。刚开始学生在制作思维导图时，不可能尽善尽美，这时需要教师恰当的评价，可以通过展示学生思维导图中的亮点，不断地引导学生将制作的思维导图加以完善。

（刘 艺）

参考文献：

[1]罗晓峰,廖薇.思维导图在初中数学教学中的应用研究[J].新课程,

2016，8（4）：35.

[2] 张丽萍，葛福鸿.运用思维导图工具培养数学思维品质的研究[J].教学与管理，2015（27）.

[3] 姜亚芳，崔泽建.培养数学思维的策略[J].亚太教育，2016（24）：89.

创设情境　激活思维
——"以学习者为中心"的课堂教学

现代课堂强调"学生是数学学习的主人，教师是数学学习的组织者、引导者和合作者"，它要求教师引导学生经历"做数学"的过程，并在这个过程中与学生平等地交流和给予恰到好处的点拨，同时也给我们提出了一个重要课题：教学中如何将学生带入数学世界。笔者认为课堂教学情境的创设至关重要。

思维往往是从问题开始的。英国的一位哲学家说过：正是问题激发我们去观察、去思考、去学习。在数学教学中教师若能结合教材巧妙地设计问题情境，不仅能迅速地集中学生的注意力，还能激发学生的学习兴趣和探索愿望。

例如，在教学《圆》这一章时，先让学生看一个动画片，一个人坐在行驶的马车上，被颠得上下直跳，原来车的轮子是三角形的，换成六边形后仍旧很颠，最后换成了圆形，车子就平稳地驶过去了。这时同学们的好奇心都被吸引到画面上了，教师不失时机地提出问题："同学们，你们知道车的轮子为什么是圆形的吗？"学生学习的愿望和探索的积极性被极大地调动起来了。下课后，一名学生询问："老师，我刚上初三时就有人对我说，圆是几何中最难的一章，害怕自己学不会，但上了这节课，我开始喜欢圆了。我相信自己一定能学好。"这使我深切地感到创设好的问题情境，不论是对教师的教，还是对学生的学都很重要。

创设数学问题情境的途径有很多，可以通过引导学生思考生活中的数学现象，或是让学生亲身实践，或者有意设置矛盾形成悬念，或是对数学知识背景的介绍，这些都能激发学生探索问题的热情。

一般说来，问题情境的创设应遵循三条原则：其一，既源于生活，又高于生活。这是因为数学本身产生于生活中，反过来又作用于生活，抽象于生活的数学，又不完全等同于生活中的数学。其二，既妙趣横生，又内涵丰富。任何有效的学科教育教学都是情感在先，认知在后，所以任何教学情境，首先必须将教学的重要内容尽可能地融入其中。其三，既鲜活生动，又科学合理。

当然，问题情境的创设是为教学服务的，要符合课堂教学流程的需要，避免将这一环节形式化。

课堂教学实践表明：创设好的教学情境，课就上好了一半。对于学生来讲，情境是一个猎场，学生可以在这儿发现猎物；情境像一座迷宫，学生要在这儿寻找出路；情境是一块跳板，学生要在这儿飞跃。

最后，我请大家看一幅照片：

这是平凡的雪花在显微镜下的图像，我们一定能感到一种结构的美，我们会想美丽的雪花图案中为什么都隐藏着神秘的六边形，其中又包含了平面几何的多少或质朴或深邃的道理？同样，看似平凡单调的教育教学中也有探索和创造带来的神奇、感动、力量和美，但它常常需要我们和学生用心灵去感悟、用智慧去揭示、用毅力去承载……

让我们从自己课堂的细微处做起，用行动者、探索者、研究者的眼光和身份去学习、去工作、去实现新课堂的美好理想。

（杨艳冰）

C. 英语

整本书阅读培养学生学习能力
——以 *The Little Prince* 为例

一、引言

学生学习能力的养成对形成正确的价值观念、发展语言运用能力、增强文化意识和提升思维品质起到关键作用。学习能力的养成也是终身学习的基础。同时，学习能力的养成能促进学习效率的提高，有助于减轻学生的学习负担[①]。

阅读兴趣、阅读技能和策略及良好的阅读习惯是英语学习能力的重要组成部分，能够辐射并带动英语学习能力的整体提升。课标中明确，教师需要指导学生开展课外阅读，注意培养和发展阅读素养。教师要为学生提供课外阅读的环境、资源和方法，创设有效的课外阅读氛围，帮助学生发展各种阅读技能和策略，保持广泛的阅读兴趣，发展阅读能力，培养阅读品格，提升阅读素养，在阅读中得到全方位的发展[②]。

整本书阅读是初中英语学习的重要组成部分，是英语课本阅读的重要补充和延伸。在整本书阅读中培养和发展学生学习能力是提高学习能力的重要途径。

二、整本书阅读的内涵与学习能力的概念

（一）整本书阅读的概念和意义

整本书阅读是课内教师指导阅读和课外学生自主阅读的结合。一方面，教师可以引导学生在课堂上对文本进行更加系统化、专题化、精细化的加工，深入理解文本内容、品味语言特点、感知语言背后的文化知识；另一方面，通过教师的指导，学生在课外自主阅读中能维持学习兴趣，养成良好的阅读习惯，探索实践有效的学习方法。学生在整本书阅读中感知、学习和运

---

① 赵尚华.初中英语：优化课堂活动，培养学生学习能力[J].上海课程教学研究"2021年度上海市中小学中青年教师教学评选主题说明"专题Feature, 2021：64.
② 教育部.义务教育英语课程标准（2022版）[M].北京：北京师范大学出版社, 2022：40.

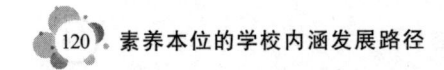

用学习策略,开展有效的学习管理,解决阅读困惑,碰撞思维火花,从而提升学习能力。

(二)学习能力的概念

学习能力主要涵盖三个维度的内容:乐学与善学、选择与调整、合作与探究。具备英语学习能力具体表现在学生在英语学习时能做到乐学善学,能够在英语学习的态度、方式、方法、进程等方面做出有效选择,进行评估与调控,具有积极的学习态度;有良好的学习习惯;能自主学习,注重合作;具有终身学习的意识并为之努力。同时,对自己的学习状态有清楚的了解;能够根据不同情境和自身实际,选择合理有效的学习策略和方法等[1]。

(三)整本书阅读促进学习能力的提升

在整本书阅读中,学生沉浸于完整的故事发展脉络和地道的语言氛围中,与作者进行深度交流并发生思想碰撞,这些都使学生保持着浓烈的阅读兴趣与动力,进而促使学生养成良好的阅读习惯。来自老师的阅读指导、来自同伴的阅读沟通和分享及来自其自身丰富的阅读体验,不断地促使学生调整阅读计划、速度、策略和方法,最终实现学习能力的提高。

三、整本书阅读的基本原则

(一)以学生为主体,在阅读中发展学习能力

整本书阅读以学生课外自主阅读为主,因此学生是整本书阅读的主体。学生在阅读中,自主制订阅读计划,把控阅读进展,调用阅读策略和方法,产生困惑与疑问并尝试借助各种资源解决问题,保持持续的阅读兴趣与动力,小组合作完成读后作品展示等。学生从真实的学习需要出发,在阅读中不断发展和提升学习能力。

(二)以教师为主导,在指导中助力学生习得学习能力

整本书阅读周期长、难度大,完全放任学生自主阅读会导致部分学生虎头蛇尾,学习效果也会参差不齐。因此,教师的指导在整本书阅读中必不可少。以教师为主导,在读前、读中、读后的不同阶段,给予学生适切的指导,能够达到事半功倍的效果。教师的指导旨在激发学习兴趣和动力,引导学生精读文

---

[1] 课程教材研究所.义务教育英语课程标准解读(2022版)[M].北京:北京师范大学出版社,2022:71.

本、对文本进行系统化、专题化的内容重构，帮助学生解决共性的阅读困惑，指导学生运用恰当的学习策略与方法，搭建学生小组作品展示与交流的平台等。整本书阅读在教师的指导下，指向学生学习能力的提高，为后续的自主阅读和自主学习做好准备。

四、整本书阅读的实施途径

张金秀[①]提出将整本书阅读教学分为激趣导读课、讨论交流课和应用创新课。笔者根据教学需要，将应用创新课调整为作品展示课。整本书阅读主要发生在课外，以学生自主阅读为主，因此笔者认为对学生自主阅读的指导也尤其重要。下面笔者将以 *The Little Prince*（《小王子》）为例，结合阅读的不同推进阶段学习能力培养的侧重点，探讨在整本书阅读中，设计不同的课型和自主阅读工具单，发展和提高学生学习能力的途径。

（一）设计多样激趣导读课，让乐学与善学从头开始

导读课在整本书阅读中起到激发学习兴趣和动机的作用，为整本书阅读奠定基础。《小王子》作为童话故事，其典型特征是语言简洁易懂、插图引人注目。笔者以此为依托，设计激趣导读课，激发学生阅读兴趣和动机。

1. 趣读经典插图，激起阅读欲望

《小王子》中不乏激发学生学习兴趣的插图。作者在故事一开始就讲述自己画了一幅蟒蛇消化大象的图片（如图1），大人们却以为那是一顶帽子。于是，作者又尝试将蟒蛇消化大象的内部图也画了出来（如图2），结果大人却不以为然。作者因此放弃了画家生涯，也产生了对大人的轻视。所以当小王子在沙漠中看见作者为了应付他而画的图1，说出："No! No! I don't want an elephant inside a boa constrictor." 时，可想而知作者的惊讶及对小王子的另眼相看。

图1　　　　　　　　图2

---

① 张金秀.中小学英语整本书阅读的五点主张［J］.英语学习，2019（7）：55-57.

在激趣导读课中，以这两幅图片作为导入，向学生展示图1，以问题链的形式一步步激发学生的阅读欲望：What do you see? Are you scared by this drawing? Will anybody be scared by it? Why?再向学生展示图2，继续引导学生思考：What is this drawing really about? Why couldn't you see it just now? Why did the writer draw these two pictures in the novel?学生在图片的反转和问题的引导下，产生越来越浓烈的阅读兴趣，迫切想要探清真相、找到答案。

2. 探读封面封底，激扬阅读期待

教师引导学生在阅读前先读封面，了解书名和作者。书的封底部分引用了小王子离开前对作者说的一段话："When you look up at the sky at night, since I'll be living on one of them, since I'll be laughing on one of them, for you it'll be as if all the stars are laughing. You'll have stars that can laugh."这段内容语言简单，却包含深刻且富有诗意的道理，易于引起共鸣，激发学生进一步阅读小说的欲望和对小说内容的期待。

3. 试读精彩片段，激发阅读兴趣

学生读完插图、封面、封底后，产生比较强烈的阅读欲望。这个时候选取小说中一个片段进行试读，既可以满足学生的阅读愿望，又能激发学生进一步阅读的兴趣和积极性。

小说第二章讲述作者坠机撒哈拉沙漠初遇小王子的故事。文本内容以作者与小王子的对话为主，穿插作者在沙漠初见小王子的内心活动，并配有生动的插图。学生读完这一章后，对小王子的形象形成初步的印象。同时，学生跟随作者的内心活动产生同样的疑惑：What was the little fellow who seemed to be neither lost nor dying of exhaustion, hunger, thirst or scared to death doing here a thousand miles from any inhabited territory? Where did he come from? How did he get to the desert? Why did he want a sheep? How can he see the sheep in the crate? ...

试读结束后，小王子可爱、天真、执着、神秘的形象深深地烙在学生脑海中。阅读中产生的疑问又推动学生迫不及待地继续阅读寻找答案。

通过激趣导读课，成功激发学生继续阅读自主探索的浓烈兴趣，而对英语学习具有持续的兴趣、积极主动的学习态度和学习动力正是学习能力的重要表现。

（二）打造高效讨论交流课，让选择与调整悄然发生

讨论交流课根据学生的阅读需要适时开展，只要学生在阅读中出现集中的

难点、困惑，或是发现适合探究的内容，教师就可以组织一节讨论交流课，帮助学生厘清思路，深入理解文本。

1. 设计多元活动，指导学生在实践中运用学习策略

学习策略是学习能力的重要组成部分。有效运用学习策略，能够促进学习能力的养成，为自主学习和终身学习创造有利条件。学习策略在学习能力的形成与发展中具有重要的作用，构成学习能力的核心[①]。

（1）借助工具，梳理故事脉络

在学生初步阅读完《小王子》时，指导学生学习 Plot Mountain，并尝试运用该工具梳理绘制《小王子》的情节图。通过情节图的梳理，帮助学生更加清晰地把握小说的主要情节，理解故事的发展。学生也可以选择其他的工具，如思维导图、故事主要情节漫画等多样有趣的方式对《小王子》的故事情节进行梳理。

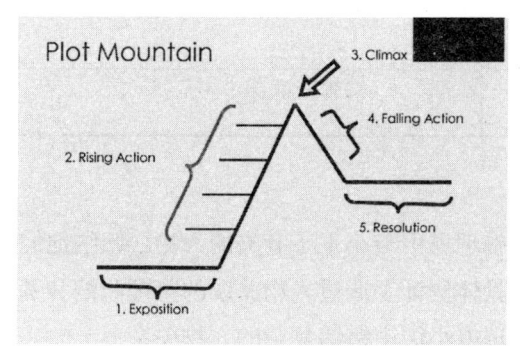

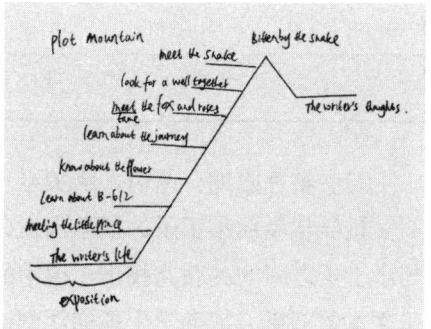

图3 Plot Mountain

图4 小王子情节梳理图

图5 故事情节漫画

---

① 课程教材研究所.义务教育英语课程标准解读（2022版）[M].北京：北京师范大学出版社，2022：73-74.

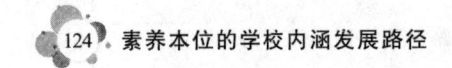

（2）抓住细节，剖析人物形象

书中"小王子"的人物形象值得深入探究。在讨论交流课中，指导学生运用略读、寻读、猜测词义、推断、做阅读批注等阅读策略，从故事中寻找有关小王子人物形象的具体描述，或者从小王子所说所做所想及别人眼中的小王子等内容中，推断塑造自己心目中的小王子。

此外，指导学生借助人物形象分析表，梳理有关小王子人物形象的关键信息，在整合归纳这些信息的基础上，剖析小王子的立体人物形象。

表1 人物形象分析表

Characteristic of the little prince	Supporting details

（3）整理归纳，厘清人物关系

指导学生从小王子的视角出发，整理书中与小王子有关的人物，归纳他们与小王子之间的关联并找出小说中的具体例证。通过人物关系的整理归纳和基于文本的剖析，帮助学生更加深刻地理解小说中错综复杂的人物关系。

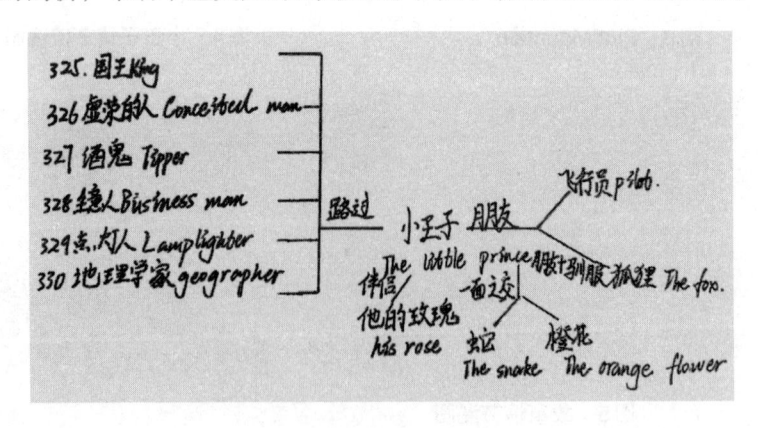

图6

（4）梳理对比，理解故事主题

引导学生思考小说中的关键词tame的含义，并通过阅读和梳理，找出小说中几对存在互相"驯服"关系的人物。通过梳理对比，理解为什么小王子的玫瑰是独一无二的，小王子为什么要回到玫瑰身边。

引导学生对比与小王子相关联的人物，结合小说中的细节，思考他们的现实意义，从而更好地理解小说主题。

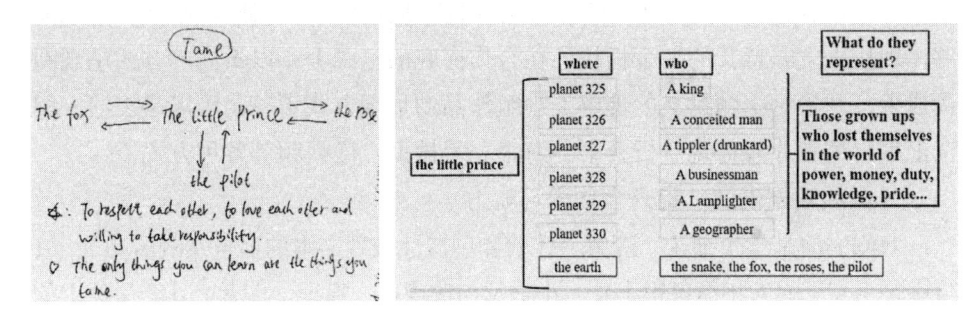

图7

图8

在讨论交流课中，有意识地引导学生学习并尝试运用恰当的学习策略，借助必要的学习工具，逐步形成适合自己的学习风格和学习方法。学生在完成阅读任务的同时，学习能力得到有效提高。

2. 搭建互动平台，引导学生在交流中反思学习方法

学习方法就是学习时采用的方式、手段、途径和技巧。最好的学习方法是适合自己的学习方法[①]。

讨论交流课可以尝试以批注展示、阅读笔记分享、阅读方法交流等形式开展。在阅读前，指导学生根据需要在文中做阅读批注。批注内容可以是生词词义注释、句意理解、阅读困惑、重点标注、圈划、配画、个人感悟等，形式不限。学生根据教师的指导与督促，在阅读中坚持做批注，逐步养成良好的学习习惯。阅读笔记是指学生在阅读时摘抄的好词好句、章节赏析、人物评析及个人感悟等。做笔记也是认知策略的重要组成部分。养成做阅读笔记的习惯，是学生学习能力提高的重要表现。

通过讨论交流课搭建平台，学生将阅读批注和阅读笔记进行展示。交流自己做批注和阅读笔记的方法的同时也认真聆听他人的有效方法，反思并进一步

---

① 课程教材研究所.义务教育英语课程标准解读（2022版）[M].北京：北京师范大学出版社，2022：75.

改进自己的学习方法。这样，在进一步的阅读实践中，学生尝试运用学到的有效方法，并最终摸索出最适合自己的学习方法，这也正是学习能力得到切实提高的有效路径。

（三）组织多彩作品展示课，点亮合作与探究之路

学生带着各自对《小王子》主题意义的不同解读，组成阅读小组，选取能够体现故事主题意义的一个板块，在合作探究的基础上，以不同的方式呈现阅读成果，升华对主题意义的理解。小组作品的呈现方式不一，可以是表演、阅读汇报、精彩片段再现、折叠书、海报、手抄书、微视频等各种方式。

1. 开展戏剧表演，提升合作学习能力

戏剧表演是学生细读、理解、体验和创造性表现文本的语言实践活动[1]。故事中，小王子的人物形象很丰富，小王子与玫瑰花、狐狸、作者、几个星球上的大人之间的对话都极具表现力，语言简洁生动，很能激发学生表演的欲望。学生以阅读小组为单位，选取《小王子》精彩片段，在理解、梳理的基础上，先进行剧本创编，然后组内分角色排练磨合，最终在作品展示课上呈现小组作品。

2. 开展读书报告，增长思考探究能力

《小王子》读后报告围绕主题意义的探究开展。学生以小组为单位，利用网络、图书馆、影视作品等各种学习渠道，搜集有关《小王子》主题意义的相关资料，结合自己的读后感悟与思考，整合资源，进行组内讨论，确定本组成员对故事主题意义的理解，形成读书报告，在作品展示课上进行全班交流。

通过小组作品的准备与展示，学生综合运用各种学习策略，基于对文本内容的理解，在小组中与组员精诚合作，搜集并利用线上线下各种资源，探究主题意义，完成小组作品，学习能力在实践中得到有效发展。

（四）开发有效辅助工具单，让选择与调整不断深化

1. 以阅读计划表为依托，树立目标意识

整本书阅读之初，学生需要根据书的内容、阅读周期及自己的时间安排，合理做好阅读计划表。在阅读计划表的制定过程中，学生根据整本书的章节数量、内容及阅读周期，合理分配每天的阅读量，形成明确的阅读目标。在阅读计划表的最后，学生以一句名言激励自己坚持阅读的决心。在计划执行过程中，学生可根据实际阅读需求不断调整阅读的进展。以阅读计划表为依托，学生从阅读

---

[1] 周华.英语整本书阅读作业设计的原则[J].中学外语教与学，2022（5）：22-24.

之初就树立了比较明确的阅读目标，指导后续有条不紊地开展阅读任务。

表2　阅读计划表

阅读书目	书名： 共　章节		
阅读周期	开始时间：　　月　　日 结束时间：　　月　　日		
阅读计划	时间	阅读内容	调整
	……	……	……
阅读名言			

2. 以阅读记录表为载体，培养阅读好习惯

老师制作阅读记录表，装订成册，下发给学生。学生对阅读记录表进行点缀装饰，充分发挥自主性。学生在阅读的过程中，遇到好词好句或精彩片段，及时誊抄在阅读记录表上。同时，阅读过程中的思考、疑惑、感悟或小组交流记录也整理在记录表上，便于接下来的交流或者提问。在记录过程中，学生慢慢养成做笔记、摘抄、边读边思考的好习惯，为自主学习和终身学习打下坚实基础。

表3　阅读记录表

Date 日期		Duration 阅读时长		Chapter 阅读章节	
What is it mainly about? 主要内容概括					
Something I think interesting and useful 我觉得有趣的和有用的	Words and phrases			Sentences and expressions	

续 表

My inquiry 我的探究	My questions 我的疑问	My solutions 我的解决方法
Group discussion 小组讨论		
My feeling 我的阅读感受	easy—difficult dull—interesting	☆☆☆☆☆ ☆☆☆☆☆

五、结语

学习能力的培养不是一朝一夕之事，需要教师持之以恒地引导。整本书阅读教学是教师、学生和文本之间的对话，是教师创造条件培养学生学习能力的重要课型。以整本书阅读教学促进学生学习能力的提升是落实英语学科核心素养的必然要求。促进学生学习能力提高的教学设计，是实现整本书阅读教学目的的重要手段。以工具表为支撑，指导学生在课内外的整本书阅读中培养和发展学习能力，是英语学科核心素养真正落地的必由之路，也是帮助学生形成英语学科核心素养的有效路径。

（陈　凤）

分层自主阅读的实践探究

在英语学习中，"读"作为语言输入的重要形式，其重要性不言而喻。如何把《课标》中所体现的各级阅读目标、阅读策略及阅读技能等宏观、抽象的概念融入学生的日常学习中？如何激发和培养学生的阅读兴趣，提升阅读能力，帮助学生拓宽视野，了解世界和中西方文化的差异，并为其终身学习和发展打下良好基础？如何保证学生的阅读数量与阅读效果并形成阅读期待？如何充分发挥教师的作用，帮助学生"得法于课内，得益于课外"（于永正，2013），通过有质量的课外阅读最终形成自己的阅读能力？

笔者以配合牛津教材的自主阅读练习的设计为切入点，在六、七年级开展了自主阅读的实践与探究。

一、六、七年级阅读教学的现状与问题

（一）教材中文章篇目较少，学生的阅读量不足

从教材方面来看，初中英语牛津教材在六、七年级学段以对话句型教学为主，阅读文本教学所占的比重非常有限。六年级中出现的文本内容较为简单，多为固定句式的重现。7A教材中虽增加了阅读内容，但阅读长度较短，内容较浅显。7B中开始出现篇幅较长的文章，如Unit 1 Shanghai—an interesting city，Unit 5 The happy farmer and his wife，Unit 6 The grasshopper and the ant及Unit 9 Mr Wind and Mr Sun，其他则为对话。可见，学生在课本中所接触到的文本十分有限，且内容以故事为主，体裁上来说较为单一，承载有限。

（二）课外阅读趋于应试化，脱离了语言学习的本质

受应试影响，学生花大量时间做标准化试题；目前流通的阅读辅导书对于六、七年级的学生往往难度过高。学生的阅读多为随机性的间歇性的自由阅读，所接触的文本与体裁的多样性难以得到保障，无法保证阅读的有效性与趣味性。同时不少学生错误地认为阅读理解就是做英语阅读理解题。如此一来，学生无法体会到文字之美，更无法体会到字里行间的人文价值与情感。这无益于激发学生的学习兴趣与培养学生的阅读习惯。

（三）学生所获得的课外阅读指导不够

教师虽意识到培养阅读技巧的重要性，但由于学生所读的课外阅读不尽相同，因而很难做到给予统一和及时的帮助，使得学生的阅读理解仍然停留在寻找信息的表面，找对了信息似乎就是读懂了文章，文本的逻辑及内容之间的联系及文本所传达的英美文化观念等往往被忽视，而这些恰恰是需要老师点拨的。

二、六、七年级进行自主阅读设计的原则

（一）精选阅读文本

教师面对来自不同学校、学习基础迥异、学习能力高低不同的学生群体，在阅读能力培养上存在诸多疑惑。六、七年级的学生学习需求与学习特点差异很大，要帮助不同层次的学生提升阅读能力，就不能拘泥于课文中有限的文本

或是随意选取的课外阅读。教师亟须关注阅读材料语言的规范性，语篇话题与教材话题的一致性，同时注意精选的补充阅读必须能引导学生有兴趣地学习和探索，体会我国文化与英美文化之间的差异，能激发学生追求知识的欲望，满足对知识"懂"的需要、"会"的愿望和实现学习中的一种成就感。要不断使他们了解英语学科的社会作用，使他们看到自己的进步与提高，以增强学好英语的信心。

（二）注重题型设计的多样性

在练习设计时须注意练习是否能激活低年级学生的兴趣，版面设计是否富有趣味性及练习形式的多样性。通过不同的题型来激发不同程度的学生的学习热情在低年级阶段是十分必要的。

三、在行动中探究与改进自主阅读

针对六、七年级学生的分层自主阅读，研究内容体现为每学期十二套分层阅读自主练习的编制。每一套自主练习中都有不同类型及难度的文章，并根据文章特点编制不同程度的习题，从而满足不同层次学生的阅读需求。在为学生提供较丰富的学习资源的同时，使得不同层次的学生都能体会到阅读的乐趣，形成阅读期待，从而达到提升学生学习英语的兴趣，提升阅读技巧和能力，学以致用的目的。

（一）材料选编

文本均选自中学生英语报或英语网站。在方案实施初期，所选文章都与所学单元内容挂钩，紧扣主题。对于有难度的文章，笔者进行修改降低阅读难度后编写进自主阅读中。阅读文本按难易度分为A、B、C三大类，供学生按自己能力范围自行选择，从而满足不同程度学生的阅读需求。针对中上难度的文章，给出word box，不仅列出生词的词性和中文意思，更提供例句，帮助学生自主学习，体会当前语境下某些短语及单词的意思。在方案实施后期，笔者还注意改进每一期阅读的版面设计，进一步激活低年级学生的兴趣。在配上相关插图的同时，亦扩大了选材范围——除引入英美文化介绍外还将一些与当前紧密相关的新闻报道、娱乐资讯及有趣的小故事也纳入进来，从而丰富文本多样性，提升文本趣味性。

> **Word box**
> 1. train *v.* 训练
> 2. drop in 顺便拜访 *e.g. Drop in when you have time.* 有空就来坐坐。
> 3. found *v.* 建立 *e.g. The company was founded in 1990.* 公司建立于1990年。
>
> **Culture bites**（文化链接）:
> Eton College is a British independent（独立的）boarding school for boys aged 13 to 18. It was **founded** in 1440. Around a third of its pupils are accepted by Oxford or Cambridge every year. Prince William and Harry also studied at Eton College.

以 **A day at Eton College** 的 **Word box** 及 Eton **College** 的 **Culture bites** 为例:

	OK sign	*Thumbs-up*
In some English-speaking countries	It means OK and（1）_____.	It means（3）_____ and good.
In Northern Greek	Showing this gesture is a (n)（2）_____.	Using this gesture means you want to invite a (n)（4）_____.

地道的语言使学生对英语的学习热情一点一点地增加，每每看到与自身阅读背景相关的内容总是充满热情，对于怎样表达时下流行的"点赞"，几乎所有学生都表现出了浓厚的兴趣。此外，在文章选材的后期，教师发现男女生性别差异也会产生不同的阅读期待。因此，教师开始调整选材范围，加入了更多与体育运动、军事等相关的语段进行改编，以激发男生的阅读兴趣。

（二）题目编制

为了达到不让阅读成为学生的负担，而是一种习惯，甚至兴趣的目的，练习题的题型较为多样化。除了六年级的阅读中已出现的词义配对、选词填空、回答问题、翻译句子等关注词语的题型，七年级开展的题目研制中开始逐渐过渡到关注理解层面的填表格、选择语段大意、为文章段落排序等题型。

以 **Hand gestures in different places** 及 **National Day in the U.K.** 的习题为例:

Country	Date	Festival
（1）_____	（2）_____	St. George's Day
Scotland	（3）_____	（4）_____
Wales	（5）_____	St David's Day

7A第二单元课文内容为SPCA保护动物协会，自主阅读就选取了ASPCA（亚洲动物保护协会）的网页，在拓宽学生的阅读视野的同时，渗透保护动物、对动物负责的德育目标。在提问方面，遵循分层设计，提升兴趣的原则，学生自己选择适合自己程度的项目答题。

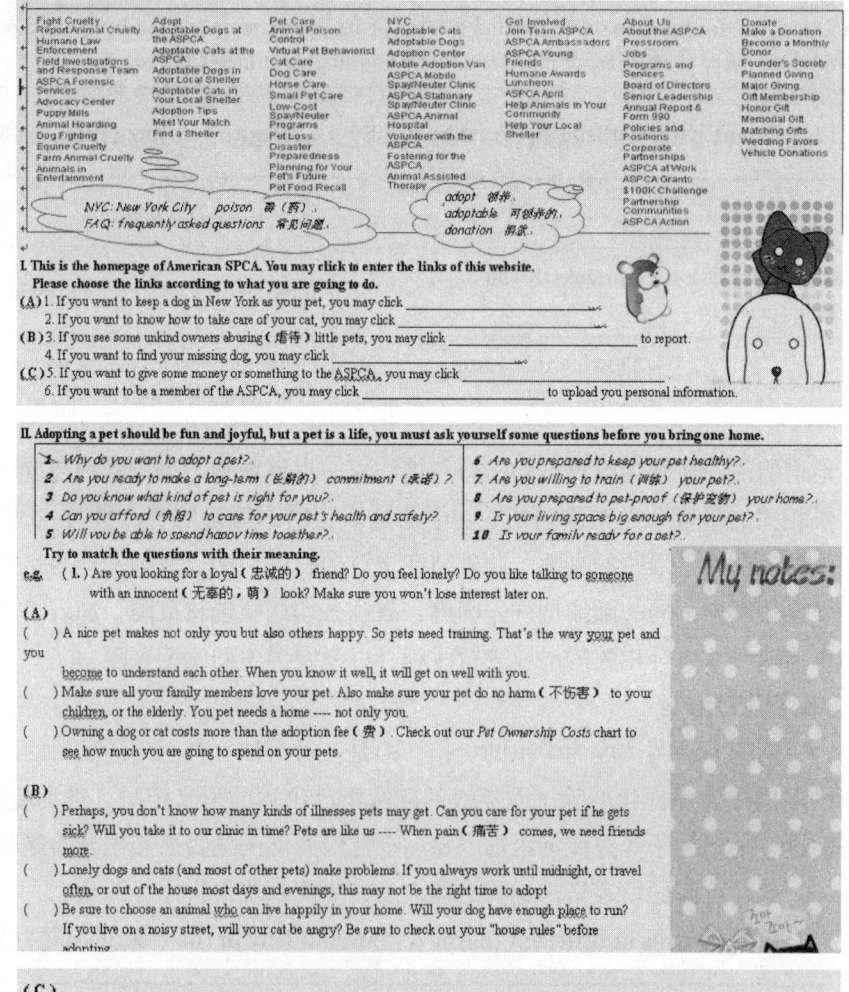

Fight Cruelty	Adopt	Pet Care	NYC	Get Involved	About Us	Donate
Report Animal Cruelty	Adoptable Dogs at the ASPCA	Animal Poison Control	Adoptable Cats	Join Team ASPCA	About the ASPCA	Make a Donation
Humane Law Enforcement	Adoptable Cats at the ASPCA	Virtual Pet Behaviorist	Adoptable Dogs	ASPCA Ambassadors	Pressroom	Become a Monthly Donor
Field Investigations and Response Team	Adoptable Dogs in Your Local Shelter	Cat Care	Adoption Center	ASPCA Young Friends	Jobs	Founder's Society
ASPCA Forensic Services	Adoptable Cats in Your Local Shelter	Dog Care	Mobile Adoption Van	Humane Awards	Programs and Services	Planned Giving
Advocacy Center	Adoption Tips	Horse Care	ASPCA Mobile Spay/Neuter Clinic	Luncheon	Board of Directors	Major Giving
Puppy Mills	Meet Your Match	Small Pet Care	ASPCA Stationary Spay/Neuter Clinic	ASPCA April	Senior Leadership	Gift Membership
Animal Hoarding	Find a Shelter	Low-Cost Spay/Neuter Programs	ASPCA Animal Hospital	Help Funding in Your Community	Annual Report & Form 990	Honor Gift
Dog Fighting		Pet Loss	Volunteer with the ASPCA	Help Your Local Shelter	Policies and Positions	Memorial Gift
Equine Cruelty		Disaster Preparedness	Fostering for the ASPCA		Corporate Partnerships	Matching Gifts
Farm Animal Cruelty		Planning for Your Pet's Future	Animal Assisted Therapy		ASPCA at Work	Wedding Favors
Animals in Entertainment		Pet Food Recall			ASPCA Grants $100K Challenge Partnership Communities	Vehicle Donations
					ASPCA Action	

NYC: New York City   poison 毒(药)
FAQ: frequently asked questions 常见问题。
adopt 领养,   adoptable 可领养的,   donation 捐款

I. This is the homepage of American SPCA. You may click to enter the links of this website. Please choose the links according to what you are going to do.

(A) 1. If you want to keep a dog in New York as your pet, you may click _____
 2. If you want to know how to take care of your cat, you may click _____
(B) 3. If you see some unkind owners abusing (虐待) little pets, you may click _____ to report.
 4. If you want to find your missing dog, you may click _____
(C) 5. If you want to give some money or something to the ASPCA, you may click _____
 6. If you want to be a member of the ASPCA, you may click _____ to upload your personal information.

II. Adopting a pet should be fun and joyful, but a pet is a life, you must ask yourself some questions before you bring one home.

1. Why do you want to adopt a pet?
2. Are you ready to make a long-term (长期的) commitment (承诺)?
3. Do you know what kind of pet is right for you?
4. Can you afford (负担) to care for your pet's health and safety?
5. Will you be able to spend happy time together?
6. Are you prepared to keep your pet healthy?
7. Are you willing to train (训练) your pet?
8. Are you prepared to pet-proof (保护宠物) your home?
9. Is your living space big enough for your pet?
10. Is your family ready for a pet?

Try to match the questions with their meaning.

e.g. (1.) Are you looking for a loyal (忠诚的) friend? Do you feel lonely? Do you like talking to someone with an innocent (无辜的, 萌) look? Make sure you won't lose interest later on.

(A)
( ) A nice pet makes not only you but also others happy. So pets need training. That's the way your pet and you become to understand each other. When you know it well, it will get on well with you.
( ) Make sure all your family members love your pet. Also make sure your pet do no harm (不伤害) to your children, or the elderly. You pet needs a home —— not only you.
( ) Owning a dog or cat costs more than the adoption fee (费). Check out our *Pet Ownership Costs* chart to see how much you are going to spend on your pets.

(B)
( ) Perhaps, you don't know how many kinds of illnesses pets may get. Can you care for your pet if he gets sick? Will you take it to our clinic in time? Pets are like us —— When pain (痛苦) comes, we need friends more.
( ) Lonely dogs and cats (and most of other pets) make problems. If you always work until midnight, or travel often, or out of the house most days and evenings, this may not be the right time to adopt.
( ) Be sure to choose an animal who can live happily in your home. Will your dog have enough place to run? If you live on a noisy street, will your cat be angry? Be sure to check out your "house rules" before adopting.

(C)
( ) You'll need to make your home safe before adopting. For example, you must lock your drinks in the cupboards. You must clean out the pet-unfriendly plants. And put dangerous household items (家居物品) out of paw's reach (爪子够得到的地方).
( ) When adopting, you are making a commitment to care for an animal for the rest of his life—that could mean 10 to 15 years for dogs and up to 20 years for cats. Will this animal still be a part of your life forever? Will you still be able to care for your pet when you change?
( ) Different personalities (个性) match different types. "Busy Bees", "Free Spirit", "Couch potato", "Go-getting"... fit for different choices. Find "someone" who can share some same habits with you easily...

（三）习题反馈

每一期习题的答案都印在习题末端，方便学生自主评价。此外，每篇阅读练习后都有notes板块，方便学生将收获的新单词、短语或句型进行整理归纳。学期结束时，请学生将分层自主阅读练习装订成册，并分析自己一学期来的收获与体验。为了更好地利用阅读资料，教师也会在上课时与学生分析难点，并在单元测试中以附加题翻译句子的形式检测学生的掌握情况。

四、观察与反思

分层自主阅读的研究是一个序列性的过程研究，在这一过程中，笔者和参与研究的老师不断地根据学生的实际情况完善文章的选择与习题的研制。在研究进行的初期阶段，由于对学生的了解不够充分，所选择的文章往往比较适合有一定语言基础的较好的学生，面向群体较受限，不具有一定的普适性，其后慢慢调整，在文章的选择及练习的难度梯度上也有了更深入的思考，不断丰富阅读文体的多样性，增加适合该年龄段学生的小故事，平衡男女生感兴趣的文章的选择，练习也从关注更多词语逐渐过渡到关注理解层面。

分层自主阅读的研究随着学段的变化在选材和题型设计上都在不断变化着，但如何更好地掌控文章难易度使之满足不同层次学生的阅读需求及如何指导学生用好阅读材料依然需要不断探索。控制好文章间的难度梯度，使之形成一套序列性的渐进式的阅读材料，任重而道远。

（邵玲琳）

参考文献：

[1] 教育部.义务教育英语课程标准（2011年版）[S].北京：北京师范大学出版社，2012.

[2] 英语（牛津上海版）七年级第二学期[M].上海：上海教育出版社，2011.

[3] 李霞.初中英语主题式阅读研究[J].中小学外语教学，2014（9）：36-39.

[4] 于永正.把多读书落到实处[J].人民教育（主题阅读教育专辑），2013（13-14）：60-61.

新中考背景下毕业年级英语听说教学策略初探

新中考背景下，初中英语中考听说测试开始实行人机对话，这一变化旨在引导初中英语教学更加注重培养学生的语言运用能力，尤其是英语听说的表达能力。同时这种变化使得毕业年级的英语教师在教学中更加重视听说实践的教学。

一、初中毕业年级听说教学中存在的问题

（一）毕业年级听说教学的重心以应试为导向

在新中考人机对话的态势下，教师结合中考听说考试的要求，设计了专项听说训练课、每日语音朗读练习、周末听说训练，学期中学生到机房仿真训练和上机测试。这种只在专项训练题中遨游的"题海"训练方式以应对人机听说测试为导向，教学模板只能聚焦在应试能力的培养中。学生在实际生活情境下的语言能力没有得到很好的培养，学生通过题目的训练，某种程度上暂时提升了应试答题的能力，无法真正提升语言在真实情境中的运用能力。

（二）教学实际中对教学听说材料缺乏整合和充分使用

教师在教授新课过程中，在教材内容的使用上缺乏整体单元听说教学设计的意识，对教材中 Listening 和 Speaking 部分的教学任务设计单一，缺乏系统性和整体性。在阅读课教学或复习课教学实际中缺乏材料充分使用，缺乏促进学生听说能力的有效设计。

（三）听说教学设计中重听轻说，听说不能一体，说的内容模式化、碎片化

听和说的教学设计中会出现听力训练和口语训练各自为政的现象，不能利用好听的设计促进说的能力，使得说的内容应试化、模式化和碎片化。

二、新中考政策给毕业年级英语教学提出的要求

（一）听说课课堂教学设计做好教考衔接，更加注重真实情境设计

聚焦真实情境和任务创设，以互动讨论、小组活动、生生对话、师生对话多种方式开展听说课堂教学的真实交际任务。语言的学习和使用都需要在真实生活情境中发生和发展，教师的听说训练也要在实际的生活情境中使用，语言

情境化、生活化，把听说教学与学生的生活实际结合起来，有序引导学生培养语言的表达能力。

（二）挖掘教材资源，有效使用教材中的材料进行听说训练

整合初中各年段的话题，有序开展听说训练。在教材 Listening 语篇教学中，培养学生听说技能，获取事实信息的能力，理解基于文本内容梳理关系的能力，通过教材文本材料进行听说的设计，培养学生口头表达的能力。

（三）明确新中考听说要求，注重听说融合的课堂教学实践

初中九年级阶段听说的具体要求：

听——能听懂有关熟悉话题的谈话，并能从中获取信息和观点，能根据语调和重音的变化，理解说话者的意图；能听懂接近自然语速的故事和叙述，能借助语境克服生词障碍，理解大意、抓住关键信息和故事因果关系，理解说话人的意图和态度；能针对所听语段的内容记录简单信息；能在听的过程中用适当方式做出反应，评价所听内容。

说——能根据语音规则和音标正确拼读单词；能就简单的话题提供和交流信息，乐于表达个人的观点和意见，参与讨论，能与他人沟通信息，有效地询问信息和请求帮助，合作完成任务；能根据语调和重音的变化，表达不同的意图和态度，能在口头表达中进行适当的自我修正；能根据话题进行情景对话，能用英语表演短剧；能在以上口语活动中做到语音、语调基本正确、自然、流畅，语气恰当。

听说课的设计在听前、听中及听后活动中，都有不同难度的听任务，层层递进，帮助学生逐步提升听的能力。同时教师注重在学生充分的听活动之后，对听的文本内容有了充分的了解，此时进行说的活动设计使得听说融合。

三、基于新中考要求的毕业年级英语听说教学策略

（一）听说课课堂设计结合生活实际，让听说训练在真实情境中开展

以九 A U4 听说课教学为例，Speaking 部分内容是 Give opinions, agreeing and disagreeing，教师在教学环节设计情境 Should parents pay their children for doing housework? (Remember to show your opinions clearly and give your supporting details.)，并在输出环节结合当今人工智能发展的情境设置引导学生进行口头表达 Would you like to have a classmate like Hua Zhibing? You may begin like this：

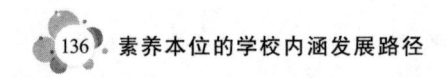

In my opinion / I think（believe）it is ... to have a classmate like Hua Zhibing.

并通过checklist进行自我评价。

Checklist		
	Yes	No
Do you show your opinion clearly?		
Do you give persuasive supporting details?		
Do you use comparative forms of adjectives or adverbs?		

并在真实情境中完成听说练习。9A U1 Speaking课堂活动中对给出帮助的语言能力训练时设计周一升旗仪式前同学们做准备，同学们为班级张贴海报及社团课上同学间互相帮助采集照片等真实的学习生活情境。

（二）利用教材资源上好教考衔接的听说课

新中考听说教学明确听说教学中说的要求，注重评价学生根据要求进行口头表达的能力。能够正确朗读词语、句子和语篇的能力，能在设定的情境中进行有效交流的能力，用通顺连贯的语言围绕熟悉的话题进行复述的能力，用通顺连贯的语言围绕熟悉的话题进行表达的能力。

利用教材中听力文本中的重音、语调、词汇、语法，能够表达说话者的意图，指导口头语言表达的能力，梳理九年级教材中Listening和Speaking的教材语篇，结合新中考的听说测试要求和明确教学目标。以9A U1 Speaking为例，在听教材文本练习中涉及句子朗读、音调、重音等听说练习，教学中根据真实情境设计练习，注重语言的表达、语音、语调，增加表述的细节及眼神传递和肢体语言在真实情境中对语言表达的影响。

（三）开展听说融合的课堂教学

以9A Module 2 Unit 6 Listening Mrs White's lost jewellery听说内容为例，教师通过分析学生的学情，学生的听说能力的学情实际，听力能力需要使用听力练习中的支架辅助，而且难度不能太大，说的表达也需要有教师的情景铺垫，所以在设计教学活动时教师进行了以下活动设计，听的教学活动，主要分

> **Offering, accepting and refusing help**
>
> Read and think
>
> Tony　Hello, Jenny, you look busy. Anything I can do to help?
> Jenny　Thanks very much, but I can manage.
> Tony　Come on, let me give you a hand. Don't be so independent all the time!
> Jenny　No, thanks. I'm OK.
> Tony　If you want, I could do some typing.
> Jenny　Typing? Oh, that would be good. I didn't know you could type. Thanks a lot.
>
> What can you think the dialog sound more friendly?
>
> Tips1: By using rising tones correctly

为听前、听中及听后，每一次的听后都有不同难度的听活动，层层递进，帮助学生逐步提升听的能力。学生在充分的听获取信息后，对本课的文本内容有了充分的了解，此时教师进行"说"的活动设计：开展Role play the policeman and Mrs White，引导学生谈论四件珠宝的特征描述，通过小组活动Lost and Found讨论在课堂中"说"的训练的输出部分设计了失物招领的对话设计，学生根据日常学校生活中经常会出现的失物招领，对事物进行特征掌握和描述。

在9A U4 Speaking听说课的教学目标是表达观点并能通过听对话记录笔记，能够在真实情境中清晰地表达同意或不同意。教学设计中把听和说的环节结合起来，根据学生在口头表达各自观点时，同时指导其他学生进行听的能力训练指导学生记笔记的能力。通过教学策略帮助学生培养听力过程中记录笔记的能力，并通过记录梳理笔记形成思维结构图，作为语言表达的可视化支撑。

While you are listening, take notes of the following information:

1. What is his / her opinion?

2. What supporting details does he / she give us?

3. Do you agree with him / her? Why?

四、反思和方向

随着新中考改革的落地，教师在听说教学中观念的转变和专业教育水平的提升对听说课的实效性要求也更高，课堂中营造良好的听说氛围，对设定听说能力目标的完成也起着至关重要的作用。英语听说课的策略实施前需要充分地了解学情，根据学生对教学内容的基础情况而确定，课堂策略的使用目的是使学生的思维能力能够得到充分的展现，在课堂中教师根据学生的理解情况，适当调整课堂教学活动，同时听说教学策略的使用离不开课堂过程性评价，生生互评，或使用评价量表等评价方式对听说任务的完成情况进行判断，今后在英语听说教学的课堂评价中进行更符合实际的有效评价设计也是提升听说教学重要的环节。

（邱　锐）

单元视角下体现素养的听说教学设计研究
——基于情境的句型教学夯实与拓展

一、研究缘起

在初中低年段的英语听说教学中，相较于词汇和语法，句型教学是重中之重。一堂有效的听说课，学生能够在听的过程中，认识句型的基本结构，明白其内涵，了解其用法。并且，学生能够在说的活动中，朗读发音正确，在不同的情境中运用句型完成造句练习。

然而，眼下的听说课中，句型教学存在以下两个比较突出的现实问题亟待解决。

其一，教材编写年代久远。就难度来说，当下的初中生在英语口语表达和认知上有较强的能力，对于简单的句型掌握良好，书本中的句型学生在日常生活的其他载体（美剧、绘本等途径）已有了解，再次学习时对其来说已是老生常谈。

其二，教师整体对听说课的认识还停留在句型反复操练，又常采用语法翻译法等传统的教学法，从而导致学生在课堂中失去学习兴趣。不仅如此，这样的听说模式，会让学生将运用知识的能力停留在作业和测试中，而无法让学生真正迁移到实际生活中运用。

二、研究实践

（一）课堂准备与实施

课前准备包含了教学目标的确定、评价目标的确定和教学活动的设计。三项准备的依据是课程标准、教材及学情。课堂实施的步骤则为引入、输入和输出。

在确定课时教学目标时，教师应当用发展的眼光去看待学生对该句型的学习和实际应用，也可以在目标确定的同时构想课后作业。在制定目标时，教师结合英语中考口试的出题思路或者课堂活动的预设来叙写"根据学生实际情况，使用句型结构回答问题"或者"使用句型结构编制2/4人对话（可以加入适当规则）""根据题目，运用结构完成口头作文/演讲"等等。此外，教师也能用课后作业的预设进行铺垫来叙写目标，如"用……向……表达/介绍……"等。

对确定评价目标而言，一般的课堂评价模式有两种：生生互评和师生评价。在以学生为中心的课堂中，我们提倡让学生评价学生。这样的评价方式不代表教师不参与其中，教师在生生互评的前中后应当起到引导、追问和补充等作用。那么如何在生生评价中，指导学生围绕句型的使用开展评价呢？

1. 引导学生根据同学回答对照自身

（6A U1 Family and relatives）通过提问"What do you think of his / her family?"，"How many ... do you have?"及"Would you like a big or a small family? Why?"指导学生完成句型操练，帮助学生认识和判断其他同学的家庭（相对）大小并思考家庭大小对自己生活或成长的意义。

2. 引导学生基于对同学的自述做合理猜测

（6A U4 Different jobs）通过提问"What would he / she like to be in the future? Why do you think so?""Would you like to be a / an ... in the future? Why (not)?"让学生意识到各个职业所需要的品质并关联到周围的同学进行合理的猜测。

3. 引导学生对答案进行补充并做发散思维

（6A U7 Rules and signs）通过提问"Where else can we find this sign?"让学生回忆平时对生活的观察。

4. 引导学生依照给定的评价维度/标准对同学的答案进行评价

（6A U10 Eating habits）通过提问"What do you usually have for breakfast / lunch / dinner?""What do you think of his eating habits / diet?"引导学生对同学的饮食（习惯）进行评价，认识健康的和不健康的饮食习惯对身体的影响，并能够对照自身情况给他人建议或对自己的饮食做出改变。

在设计听说课教学活动的时候，应当有机地将听和说结合，而非把听和说分别孤立出来。教师可在设计听前活动时，让学生根据这个话题进行小组讨论、即兴发言等。在6A U9 Having a picnic中，教师可以提问"What would you like when having a picnic?"板书学生所说的答案，激活学生已有的知识和学习兴趣，同时为后续 Act out the story 部分做铺垫。再者，教师应当将句型通过听、看图、实物、演动作等多元方式，有效地让学生通过不同的记忆模式进行句型输入，避免单一的听力活动或者翻译训练。此外，在设计说的活动时，一定要进行分层设计。不同水平的学生对句型理解和运用的能力不一。因此，为了激励学习水平较弱的学生，教师应当设计全控制型活动，即答案唯一的输出活动（controlled activity）。例如，给定句型和图片进行朗读；对于中间水平的同学，教师可以减少句型中的关键词，或者设计半控制型输出活动（semi-controlled activity），例如给部分句子结构，让学生在众多图片中选择自己想要表达的；而对于学习层次较高的学生，教师应当设计富有难度需要挑战的自由型输出活动（free activity），如给定话题用所学句型和单词进行对话或表演。教师应当鼓励学生挑战不同难度的活动，尽可能地让多数同学都能够参与到输出活动中，从而提升学生对句型的实际运用能力。在实际制作课件的过程中，教师不宜选择花哨的图片，转移学生注意力，但图片可以贴近学生实际生活，从而激发学生说的欲望。

（二）课后拓展

课后拓展包含两部分，即课时作业和拓展任务。当下，面临中考英语考核形式的变化，一味地布置和完成书面作业已经不能满足学生的学习需求。有效又有趣的听说课课后分层作业设计，高效的批阅反馈及检测方法迫切需要思考和试验。

1. 作业设计的原则

口语作业目标设计应当和本课时的教学目标保持高度一致，即教什么练什么，以避免无效的作业徒增学生和教师的烦恼。正如在设计说的活动时一样，口语作业的难度应当根据学情进行适当的分层，以保证所有的同学能够以自己的口语水平有效完成作业。作业的选材应当从学生的视角去甄选，注重口语能力的培养，体现句型和语言点在生活中的真实运用并兼顾趣味性。作业的发放、收缴和评价可以通过多媒体平台，类似微信小程序等。

2. 短作业和长作业

在一个听说课时后布置的口语作业是短作业，即学生通过当天的口语作业及时复习巩固上课教授的句型。而口语长作业则可能是一个项目化学习，例如每天听读一段文本（可以基于每个单元的话题）后，模仿角色声情并茂地朗读其中的句子，用自己的话概括听到的文章大意，或者谈谈自己的听后感等。

3. 作业的评价标准

教师应当严格按照国家颁布的《义务教育英语课程标准（2011年版）》中语言技能分级标准进行客观评价。二级语言技能规定了学生在六年级所需要达到的英语学习标准。其中关于说的技能标准描述如下：

- 能在口头表达中做到发音清楚，语调基本达意；
- 能就所熟悉的个人和家庭情况进行简短对话；
- 能运用一些最常用的日常用语（如问候、告别、致谢、道歉等）；
- 能就日常生活话题做简短叙述（新补充）；
- 能在教师的帮助和图片的提示下描述或讲述简单的小故事。

4. 阶段性口语测评

为了让学生的口语作业引起重视，必要的检测和评价是必不可少的。因此，设计高效的口语测评机制刻不容缓。因任教班级人数众多，很难在统一时间通过人工打分完成测评。因此，教师可以每天利用零散时间10人一组进行口语测评。这样做的好处是学生的发音和思维教师可以直接获取，弊端在于此种做法也会给学生带来透题的机会。

利用多媒体设备和购买软件能够高效地完成同一班级学生在统一时间内完成测评，教师能够即时获取学生的口语表现，也能够回听录音；这样做的弊端是，材料是固定的，不能由老师自主设计上传。

随着中考英语听说测试改革的不断深入，以及网络媒体信息化的日益壮大，英语听说课型中的句型教学必然从原先的语法教学法中，依据课标、教材和学情进行转型。

（王露斌）

D. 道德与法治

道德与法治学科教材拓展内容设计的德育策略

一、背景及意义

初中的道德与法治是比较系统地、直接地向中学生进行基本的公民思想品德教育和日常行为规范教育的一门必修课程，是我国学校教育社会主义性质的一个重要标志。道德与法治的学科教学是实施中学德育的重要途径,对推进素养培育,引导学生从小确立正确的政治方向、养成良好的道德品质和文明的行为习惯、形成正确的世界观和人生观,起着重要的指导作用。初中阶段的学生已经具备了初步的世界观、人生观、价值观,但是由于了解社会的方式还很单一,认识问题、解决问题的能力不足,以学校生活为主的人生体验还不够影响"三观"的形成。初中阶段各年级的教材有丰富的教学资源和社会资源,符合这个年龄段学生发展的要求,培养学生全面、辩证地看待问题,分析和解决问题,也是本学科课堂教学的要求,结合日常丰富的时事信息资源,在课堂上进行充分的利用,将课堂内所学知识拓展到课堂之外进行实践,在这方面还是个空白。

新课程改革强调以人为本,淡化学科体系,注重学生的感受、经验、体验、实践、学习、升华的过程,倡导探究性学习,注重培养学生的创新实践能力。因此,教师运用多元智能理论,学会"用教材教",既立足于教材,又要深刻挖掘教材的内容,充分利用课内外资源帮助学生进行思想品德的学习,重视学生的参与和思考,注重教学与学生生活经验和社会实践的联系,营造教师与学生共同学习、共同探讨、共同发展的课堂教学。

二、研究成效

(一)科学处理教材

教师在教授新课之前首先要以"道德与法治"课程标准为指导,认真研读课标、认真钻研教材,通过这样的方式可以更好地把握整本教材的知识体系和蕴含的逻辑结构,同时还要分析学生的情况,即学情。要深入了解学生的思想认识实际、思想品德状况和心理特征,将教材内容和学生实际有机结合起来,确定各个单元的教学重点和难点,详略得当地安排教学内容。

教师在课堂教学中,可以依据不同年级及不同班级学生的实际情况,对教材内容进行适当的处理和调整。教学要依据教材,又不拘泥于教材,要创造性地使用教材,弥补教材内容的某些不足。教学中,要依据课程标准把握教材内容,注意深浅适度,不可脱离学生实际任意加深难度。

教师在课堂教学中,要充分领会德育课程教材的内容特点,妥善处理基础知识教育与思想道德教育的关系。初中道德与品质的教学,结合学校生活、家庭生活和社会生活实际,着重对学生进行道德教育、法制教育和健康心理品质引导的同时,也要使其掌握必要的社会科学知识。

新课程理念强调,教学过程是教师"用教科书教"的过程,而不是"教教科书"的过程,在这样的理念之下,道德与法治教师在平时的教学过程中要树立新的教材观,在用好教材的基础上,活用教材,适当拓展思品课课程资源,把我们周围大量鲜活的信息引入思想品德课堂,激发学生的学习兴趣,提高课堂教学效果。新课程改革的核心理念是为了每名学生的发展,强调以学生为主体,因此拓展出来的课程资源必须为学生服务。

1. 教师要拓展贴近学生生活实际的课程资源,以初中生的生活为基础

陶行知先生指出,教育起源于生活,因而教育不能脱离生活实际。统编版道德与法治和学生日常生活密切联系,能培养学生的创新能力,给教师与学生留下了更多的挖掘空间,要求教师要不断更新教育理念,充分利用好生活教材,树立起生活即教育的教材观,让道德与法治课程的教学内容生活化,注意引导学生关注社会,充分挖掘身边资源。挖掘教材,取信于学生。知、情、信、意、行是思想品德与法制教育的五大要素,其中"信"是最核心的要素,对于学生来说,唯有对所教的内容深信不疑,才可能在实践中锲而不舍去实行,从而使认识转化为行为,使信念上升为信仰。

如在上六年级教材《我们的新学校》这一课时,针对学生对新事物的好奇心,利用新生入学教育时已经参观过校园,对校园有一定的了解和熟悉,教师在课堂上让学生做自我介绍并谈谈在新学校的感受体会,然后把自己所见所闻及交谈中的信息,制成小报作为班级板报的一部分进行展示。这样的教学过程设计不仅体现了"生活即教材"的理念,同时也让学生备感新学校、新同学的亲切,为自己的作品能被展示而骄傲,通过这样的方式,既拉近了学生与教材的距离,又提高了学生学习的兴趣。

又如六年级教材《倡导文明行为》,教学设计如下:我校是区行为规范示范校,有着严格的校纪校规,从新生入学的军训开始就进行文明行为、规范行为的训练,目前我校校风良好就是归功于学校对日常行为规范的重视。《倡导文明行为》这一课题,授课对象是预初年级学生,刚升入中学,他们天真烂漫、纯正善良,有着很强的模仿能力、学习能力及好奇心,而比较缺乏辨别是非的能力,所处大环境的好坏会给他们造成很大的影响,而中学时期是学生行为养成很重要的时期,所以非常需要学校及教师给予正确的教育和引导,为以后的成长奠定好基础。

教学过程中，教师考虑到学生的年龄及六年级强调的养成教育，对教材的内容进行了删减，将"倡导文明行为"中的"注重仪表、礼貌待人"的内容单列出来作为一节课的主题，开展教学。在"举止"这个部分，直接让学生进行站姿和坐姿的比赛，让学生对正确或不正确的姿势有直观的对比，一目了然，贴合了教学。通过这样的活动既是对学校行为规范教育的强化，又很贴近学生的日常学习生活。

2. 要选取学生感兴趣的课程资源

"兴趣是最好的老师"，从学生的兴趣出发，拓展出来的课程资源是学生自己的课程资源，他们最愿意参与进来，可以充分调动学生学习的积极性，培养他们主动参与的意识。

七年级教材《让生命焕发光彩》中有一个操作平台："我们中华民族自古就有珍惜生命的传统，请你写出几条有关爱惜生命、珍惜时间的诗句或名言。"教师把这个操作平台进行了拓展，在名言警句欣赏以后，加入了一个实践感受环节——体验时间。教师并没有泛泛而谈时间的重要作用，而是设计了活动来验证一分钟的作用，具体过程是：把全班分成四个小组，利用一分钟让第一小组剪圆圈，第二小组积累成语，第三小组画简笔画，第四小组口算，让学生通过亲自实践来体验一分钟的价值。实践操作完之后，有的学生觉得不可思议："原来短短的一分钟可以做那么多的事，我以前怎么没有觉得呢？"这样做，比教师反复说时间很珍贵，学生反复讨论如何珍惜时间，效果岂不更好。

六年级教材实践与探究（三）怎样"花"钱，活动主题是用10元零花钱办一件有意义的事。教师在全班让学生自由分组，每组4～5人通过小组合作的方式，最终以PPT的形式全班展示。原本以为学生的方案会比较单一，但是事实却让老师感到很欣慰。在10元钱的用途上，学生想到了很多。

以下节选自学生的PPT作品：

例一：提供省钱高招：1. 尽量买促销、打折商品。2. 外出尽量步行，少打的。3. 节约用水、用电，少看电视。4. 尽量在家里吃饭，不要经常性地暴饮暴食。5. 日用品去批发的店里购买，不追求时尚的高级清洁用品。6. 放学不阔绰购买大量零食，不经常光顾肯德基、麦当劳等快餐店。

然后通过"三全齐美型""享受知识型""衣食住行型""助人为乐型""孝敬长辈型"5种方案介绍了10元可以做的事情。

例二：首先我们要解决钱的问题。我们决定用7元钱买一些电线，编制五个被拍，以3元一个卖出。还剩18元钱。有了钱，接下来的事就好做了。

1. 老师为我们无私地奉献，我们却没有好好对待老师。有时教室很吵，老师为了维持秩序不得不提高音量，长时间如此喉咙会痛，我们觉得应该给老师们买一些胖大海含片，一共4.5元，还剩13.5元。

2. 老师像父母，那我们有想过父母对我们的爱吗？父母的爱有时很明显，有时是无言的爱，但更多时候他们的爱我们都没发现，我们希望通过这次活动同学们都能回家对父母诚心地说一声："你们辛苦了！"并多帮助家长做家务，我们还觉得要送父母一些东西。通过商量：丝袜花既美观，又能用手工显示出心意。各种材料价格如下：（1）铁丝6根，0.5元钱。（2）单色丝袜6只，6元钱。（3）花杆粗铁丝0.84元。（4）纸胶带1.5元。共计8.84元。结余4.66元。

3. 身边关心自己的人还有很多，比如说同学，最近是各种传染病的高发季节，同学们要多注意卫生。勤洗手是一个好习惯，我们决定买洗手液，经过调查，我们发现有一种洗手液价格低廉，质量也不错，就花4.5元钱买下。最后剩下0.16元。

这个活动不仅是对《生活富裕不忘俭朴》这一课的行为体验，其实也是在给学生创造一个机会思考如何与别人分享、如何感恩，做到并不要花很多钱或者时间、精力。

3. 拓展课程资源要关注学生的独特性

每一名学生都有着独特的个性，即使是新课程理念下的教材也不可能关注到所有的地区、所有的学生，因此就需要教师在教学中关注学生的个体差异，适当拓展教学内容。当然，拓展思想品德课课程资源更为重要的是必须时刻关注国家大事和社会生活"热点"问题，教师一定要把更多的"热点材料"拓展到课堂教学中去，在教学中要引导学生在学习中关注生活、关注现实、关注科技、关注环保、关注人文，对学生进行态度、情感和价值观的教育，最终达到理论与实践的有机结合。

例一：《寻找生活中的变化》课例

本课说明：本课以七年级第一学期学习的第四课《现代家庭　健康文明》内容为铺垫，在学生感受近些年来自己家庭物质、精神生活不断改善的基础上，以党的十七大为契机，通过专题课形式，走出课堂，以小组为单位进行实践调查活动，在活动中体验、感受生活中所发生的变化及社会的变化发展，体会改革开放以后国家的富强昌盛,以此增强爱国意识,努力把远大志向化为每一天的具体行动,认真学习、健康成长。

这是一节拓展课,教学思路来源于学校的德育展示活动。通过这次活动,让学生走进社区、走进社会,更真切地感受到"人民生活显著改善,家庭财产普遍增多,居民消费结构优化,衣食住行水平不断提高,享有的公共服务明显增强",从而增强学生的民族自豪感,树立民族自信心,激励学生与时俱进,自强不息,为祖国更加繁荣富强努力学习。

《道德与法治课程标准》提出:"注重学生的情感体验和道德实践。""在教学中,不断创造条件,促进学生的道德践行,丰富学生的情感体验,感悟和理解社会的思想道德价值要求,逐步形成正确的道德观和良好行为习惯。"所以本节课主要是通过让学生自己寻找生活中发生的变化,来体验、感受改革开放40多年,上海发生的巨大变化,体会到国家的强大和人民生活的改善息息相关。

考虑到是初一的学生,教师在引导学生进行寻找"变化"时做了一些明确的指导,要关注身边的,和自己的生活、学习关系比较大的。教师列举了5~6个不同方面的主题,学生根据兴趣爱好自由选题、自由分组,定好每组的组长,由组长分配任务。这样的分组,给了学生很多自主性,有的组还自己定了主题。学生通过上网查找图片、资料,还采访了父母、老师等,充分调动了学生的学习积极性,培养了学生的团队合作意识、与人交往的能力。

整个教学围绕着"寻找变化"这个主题,分别从学校的变化、徐家汇的变化、交通的变化三方面,介绍了40多年来上海发生的变化、发展。学生成了课堂的主体,由三个小组的组长通过PPT展示了小组的调查成果,其他的学生通过观看PPT和聆听讲解了解到了身边发生的巨变。教师在整个教学过程中起了穿针引线和承上启下的作用,在学生感受到变化的巨大之后再将变化的深层次原因进行说明、分析,由感官认知上升到理论知识,符合学生的认知规律、学习规律。

(二)不断优化教学过程

思想品德教学,必须贴近实际、贴近生活、贴近学生。教师要按照以学生发展为本的理念,根据中学生的认知能力和年龄特点,采用启发式、讨论式等方法,引导学生积极思维,培养学生运用正确观点分析说明现实问题的能力。要引导学生经历多种学习方式,将接受性学习、研究性学习与体验性学习相结合，自主学习与合作学习相结合，让学生在有效接受及自主探究和体验的过程中，学习社会科学知识和掌握科学的学习方法，逐步形成良好的思想品德素质。

要力求从学生的生活经验和观察视角出发，营造民主和谐的学习氛围。教师要通过师生互动和生生互动，采用情境渲染、案例剖析、角色模拟、操作体验等活动形式，鼓励学生积极参与教学过程。教师还要善于培养学生大胆质疑的精神，鼓励学生真实地表达自己的思想和情感，努力成为学生健康成长的知心朋友和引领者。

要善于在课堂教学过程中捕捉学生的认知和情感信息。教师要善于观察学生在学习过程中的表现，根据教学过程中随机生成的问题，及时调整预设的教学流程，以敏捷的教学机智推进教学进程，努力使教学贴近学生实际，走进学生心灵，有效地帮助学生掌握思想品德和思想政治学科基础知识，确立正确的人生态度和价值观念。

要积极推进本课程的实践与探究活动的开展。教师对于教材中"操作平台"和"实践与探究"等栏目要予以充分重视，引导学生积极参与课内外的学科实践活动。千方百计让学生动起来，让学生在活动中感悟和体验。教师要加强对课内外的学科实践与探究活动的指导，帮助学生掌握探究社会的基本方法，培养学生的合作精神，增强学生的社会责任感。对于学生的实践和探究活动的成果，教师要选择适当的方式引导学生进行交流和展示。

教师通过研究，对学生的兴趣、心理特点和知识水平有了更深的了解，在教材内容的设计和拓展内容的选择上，更加关注学生的需求和学生主体地位的实现。教师通过研究对教材内容的把握有所提高，对思想品德课程德育教育的有效性有了更多的思考。

（华　莎）

E. 历史

依托历史校本课程开发　培养学生家国情怀
——"城市的记忆"校本课程的开发与实践

"家国情怀"是中华优秀传统文化的基本内涵之一，是主体对共同体的一种认同，并促使其发展的思想和理念；基本内容包括家国同构、共同体意识和仁爱之情。家国情怀的实现路径强调个人修身、重视亲情、心怀天下；既与行孝尽忠、民族精神、爱国主义、乡土观念、天下为公等传统文化有重要联系，又在这些传统文化上有一定的超越，是一种精神归属。有了精神归属，生命更有意义。从教育的角度，在不同的时代，不同的学科有着不同的话语形式与学科内涵。家国情怀是人文学科的共同价值取向，当前课程改革的背景下，人文学科尤为重视基础教育对学生家国情怀的培养。

从历史教学的角度，家国情怀是历史核心素养培养的重要组成部分。2017版的高中新课标强调：家国情怀是学习和探究历史应具有的人文追求，体现了对国家富强、人民幸福的情感，以及对国家的高度认同感、归属感、责任感和使命感等，从历史的角度认识中国的国情，形成对祖国的认同感和正确的国家观；从认识中华民族多元一体的历史发展趋势等到拓宽国际视野、塑造健全的人格，树立正确的世界观、人生观和价值观。

作为一名基础教育的历史教师，我基于对学生的历史学科核心素养的培养，结合人文学科的家国情怀培养共同的价值取向，结合上海城市发展的地域文化及历史文化特点，立足传承地方优秀文化的学校教育的责任及我校"让课程适应每一位学生的发展"的办学理念，从校本课程"城市的记忆"的开发角度，来谈一谈我在校本课程中对学生家国情怀培养的实践和认识。

上海是中国最大的经济城市，也是一座色彩斑斓的文化城市。鸦片战争后上海开埠，近代上海饱受历史的沧桑，同时上海融汇了世界和中国文化，成为中西文化交流的窗口；从新文化运动到五四运动，中国共产党在上海诞生，上海是一座充满先进思想文化和革命足迹的光荣城市；改革开放以来，上海走在全国的前列，一直吸引着众多的人才到上海发展，是一座不断融入新鲜血液的移民城市，今天的上海发生了和正在发生着巨大的变化，是一座国际化大都市。作为上海的小主人——学生，很多是新上海人。另外，学生的本土文化正在面临冲击，他们应该了解上海城市发展的历史，在对上海开放多元发展的城市历史感知感悟中心灵受到精神文明的滋养和净化，进行家国情怀的渗透，培养对祖国和家乡文化的认同，以及发扬追求卓越、开明睿智等城市精神，促进培养有理想、有抱负、有担当、有责任的新一代人才。

一、从"感知"入手,以学生为主的学习内容的选择

"城市的记忆"这门课程有非常丰富的资源优势,博物馆、档案馆有相当丰富的文字历史资源,也有影视资源,还有众多历史遗址和遗迹等,学生在已有的生活经验中对上海的城市现状或历史有一些初步的碎片印象,还可以通过参观、访问、调查等方式了解城市的记忆,甚至家长的口述等都是很好的课程资源。从我们学校的角度,校本课程从研究氛围到办学理念,更加注重对教师的课程指导和资源支持。在这样十分有利的条件下应该选择哪些内容进行学习呢?如何有效地组织学生去学呢?

本着贴近学生实际,激发学生的学习兴趣和探求欲望,教者先对上海的发展历史进行必要的搜集和整理,结合校本课程与家国情怀培养的立意,理出哪些最能代表城市的历史、哪些最能反映城市的发展变化、哪些特别的城市历史值得学生思考和感悟等。特别重视第一节课的问题设计:① 说说同学们为什么要选择这门课程;② 任何一个城市都有它的特色,都有让行者在这里驻足的理由,你觉得上海的城市特色是什么?假如你有外地的或者外国的朋友到上海游玩,你会带他到哪些地方玩呢?你会怎样向他介绍我们的城市?

这样的活动让学生在民主的氛围中畅所欲言。有的同学在发言中提到东方明珠、上海老街、城隍庙、外白渡桥、上海田子坊、一大会址和新天地等,既活跃了课堂气氛,教师也了解学生的想法和兴趣,初步了解学生对城市了解和认同状况。教师在肯定学生回答的前提下,从自然地理入手介绍上海的城市背景和历史发展脉络,最后,教师有意识地设计活动:你通过老师的介绍,最想了解上海哪些方面的历史?为什么?结合历史的学习方法指导,你觉得我们可以通过怎样的方式了解上海城市的历史?这个问题的设计在于校本课程的对象是七八年级的学生,他们中有地理课程和部分历史课程的学习经历,在此基础上,初步掌握了了解和探究历史的途径和方法,在教师的启发引导下,大胆地说出自己的想法,发散性地说出了不同的学习途径:参观、调查、访问、图书馆、档案馆、网络搜集资料等。教师根据学生的兴趣和培养目标,结合自己对课程资源的整理,分组给学生布置搜集资源的任务,为后面的学习展开铺垫。学习气氛一开始就十分活跃,加上这是一门学生自主选择的课程,他们更加乐于参与。通过第一节课的启发引导,教师结合学生搜集反馈和培养目标对学习内容进行二次筛选整理,按照

不同的主题设计不同的教学内容和活动。

在"感知"环节，教师从城市的历史、城市的文化、城市的发展等不同角度收集和整理资源，在学生已有资料的基础上对学生展示。从城市历史和发展的角度，教师选取了一个案例《上海"桥"的变迁》，从上海2009年的一段新闻入手——《东方早报》关于"上海外白渡桥整体平移大修"的视频，设计问题：为什么外白渡桥的大修政府重视，保留原貌，又引起那么多上海人的关注，甚至有的老人冒着雨，连续两天来现场观看并激动得热泪盈眶？由此，引导学生从外白渡桥的历史引入近代上海被殖民的历史，由外白渡桥的历史过渡到苏州河上的桥的历史，再到改革开放建设浦东，黄浦江上桥的建设和发展的历史，引导学生了解外白渡桥背后的外国人的设计到黄浦江上的桥中国人自己设计发展到今天中国的跨江跨海大桥的发展历史。这样选取一个点，从城市发展的历史，引导学生感知近代上海的沧桑、现代上海的发展来感悟今天改革开放后上海的巨变和中国的巨变（桥梁建设的发展进步到世界领先），形成对上海的城市发展和祖国的发展的文化认同的情怀。

从城市文化到城市发展的角度，结合上海的特点，教师设计"上海弄堂风情"一课，通过之前搜集的资源，通过老弄堂的衣食住行引导学生感知弄堂的生活，尤其是将衣食住行等（弄堂里万国旗、风干的腊肉、煤球炉、倒马桶等）和今天城市居民的生活对比，感受上海的发展变化，从上海戏剧团还原弄堂生活短剧感受当时的生活和邻里关系，从体验弄堂游戏辩证看待今天的游戏等等，以促进学生对上海的城市文化的探究兴趣。

二、指导探究，引导学生感受城市历史

上海有着丰富的家国情怀的教育资源，教师展示的只是一方面，引领学生感悟的目的是激发学习兴趣和探究欲望。于是，教师根据前边面对学生课程资源的收集和分组，指导学生以小组为单位有方向地选择关于城市记忆的主题进行探究。可以从"城市的革命足迹""漫步街区，走进中华第一街南京路""从苏州河到黄浦江，走进外滩源""走进上海的名人故居""地铁之旅，探究上海的轨道交通历史""走进上海的百年老校""走进上海的老街""上海历史建筑背后的故事""上海苏州河的变身"等活动出发，教师给出方向引导，学生自己命名和选择方向，利用节假日和家人或者小队活动走进城市的某一处人文景观，或者建筑、遗址遗迹等，通过实地探访阅览室、博物馆、展览馆或者对长

辈的访问等，对自己的主题进行多方面的信息整理归纳，学生需要说明选择主题的原因、探究过程的收获感悟等。

这个环节，重在从学生的生活实际入手，在参与合作中潜移默化地引导学生多渠道、多方面了解上海的城市历史，拓宽学生的视野，关注学生兴趣的同时有意识地指导学习的方法和提升探究能力，引导学生在对城市历史和现实的关注中形成自己的认识、判断、感悟及对城市文化和城市精神的认同。

三、聚焦交流，让课程和学习有温度，有情怀

从学习内容的选择到学习活动的设计及学习的评价，教师始终坚持以学生为学习的主体，尽量发挥他们的主观能动性。

在探究主题过程中有走进城市的感悟、有博物馆或者阅览室的资料收集、有询问长辈经历的探访等，但还是限于小组合作中的分工和交流，最终我们会在课堂展示环节，请每个小组对自己的主题进行交流，交流中可以互动提出问题，就某个问题进行讨论。比如，在展示环节，有一个组的主题是"苏州河的变迁"。这节课的气氛十分活跃，学生踊跃发言，对苏州河的污染原因进行讨论，并关注我校周围小河流众多，对苏州河的环境持续保护到上海河流的污染防治提出想法和建议等。通过这样的活动不仅提高了学生参与社会的意识和解决问题的能力，还增强了学生的社会责任感。像这样的以学生为主的交流讨论活动十分丰富，比如：有关新天地到田子坊的探访交流，引发了关于上海的石库门建筑保留问题的讨论，从"上海世博会的历史"到浦东发展变化带来的思考，轨道交通与城市发展的讨论，等等。

这样，"城市的记忆"课程依托上海的历史，但是不同于上海的历史教学，从城市记忆的不同方面切入，更加关注从学习内容、获取资源的方式，到活动的设计体现以学生为主，让学习变得更加有温度。关注上海城市和人文历史的同时，联系生活实际，通过感悟历史感受生活，并从生活经验入手积极思考，生成认识和感悟，注重学生发展和时代发展的结合，树立上海小主人翁的责任感和文化认同感。

四、多元评价，师生参与促改进

校本课程作为一种重要的课程类型，是由教师自主开发的，能够体现学校办学思想和特色的，可供学生选择的课程。校本课程在满足学生的兴趣、需要，

发展学生的个性特长，提高教师的专业成长，体现学校的办学特色上，有着十分重要的意义。所以在实施的过程中对学生的评价也十分重要。在评价方面，"城市的记忆"注重发展性评价，除关注学生学习成果外，更要重视学生积极参与活动的全过程，关注学生的学习习惯和方法培养的多元化评价。教师记录学生课堂的参与程度（参与讨论、活动的积极程度和质量）和学生的课堂表现（听课的专注情况），结合学生交流有组内打分和组与组之间互评，以互相鼓励。对个人的综合评价还有两份作业，一是结合某组的探究主题和个性感悟，完成主题的个人小报制作；二是个人完成学习总结，包括一学期课程学习感悟、收获和对课程的合理化建议等，这样既考查学生个体的学有所思程度，又通过学生的总结和建议，教师对自己的课程反思，进行有效的改进完善，以促进教师的发展和课程的开发。

有名学生在感想的最后写道："通过'城市的记忆'课程，我了解了从前不知道的上海的历史，在学习中，我感到了上海的博大、包容、发展和进步，我为自己是一名上海人而自豪。"实践中，教者知道了这门课程的价值所在，明确了自己的角色定位，做学生学习的激发者、活动的组织者、个性发展的辅导者。在课程的实践中促使教师更加有了校本课程的开发意识，更加注重学生的家国情怀的渗透，注重联系实际、接近生活、走进心灵，让城市的历史更加有温度、有情怀。

（柏　晶）

F. 地理

基于系统论思想的地理学习策略

当我们谈到"系统"时，我们讨论的是"整体"。

——贝塔朗菲《一般系统论》

一、初中地理学习中存在的主要问题和原因

作为地理老师，常常听到学生表示地理学科的知识点非常零散、琐碎，只能靠强记硬背、生搬硬套，导致当考查不同的区域时，却依然套用相同的答案，比如"分析长江与塔里木河的水文特征"，不能迅速区分二者的

差异。

造成以上情况的原因有：1. 地理知识缺乏系统，大部分学生对地理现象、原理和规律的理解还停留在表象，不能全面准确地表述；2. 地理学习方法比较传统，大多数学生依然用识记方法来学习，比较和归纳等方法的使用并没有深入地理事物本质特征及成因的分析；3. 地理问题分析能力薄弱，抓不住关键，很难对地理原理和规律进行系统的理解和把握，而是侧重个别要素代替全部。归根到底问题主要出在学习方法还不够科学。

如何改变？需要更高级的方法论与地理学科的特点有机结合。

二、系统论的介绍

系统论由生物学家贝塔朗菲在二战后提出，这是一门具有综合性的横断科学，"利用逻辑学和数学研究一般系统运用规律，从系统的角度揭示事物之间相互联系的本质及内在规律。一般系统论对同'有组织的整体'有关的学科的意义，类似于概率论对同'随机事件'，都能应用于不同的领域"。[1]

随着现代社会和技术变得日益复杂，传统的方式和手段已经不能满足人们的需要，而系统论的方法独辟蹊径，为解决复杂问题提供了更为有效的思维方式[1]。

三、地理学系统论思想的内涵

系统论的基本原理是"联系性""目的性""开放性"等[2]，运用到地理学科，其相应的原理是"地理要素关联性""地理现象生成变化性"和"区域特征整体性"。

（一）地理要素关联性

地理环境由地理要素组成，各要素间相互联系、相互作用，形成一个系统[3]。该系统的整体性体现在两方面：一是地理要素的整体演化，某要素的演化伴随着其他要素的演化，地理环境呈现出统一演变过程；二是某个地理要素发生变化会导致其他的地理要素甚至整个地理环境发生改变。

如地球的外部圈层由水圈、大气圈、生物圈、岩石圈等构成，这些地理要素相互作用、相互制约，构成非线性的相互关系。要深刻理解地球环境，须立足于整体，对部分之间、整体与部分之间、系统与环境之间复杂的联系

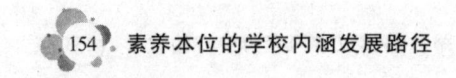

进行考察。

工业文明兴起之后,人类开始极大程度地改变与自然的关系,带来一系列的问题。在人与自然这个系统中,除了前文所述的自然地理要素,还包括了人口、城市、农业、工业等人文地理要素。要解决这些问题,必须认识到人在自然界中既有能动性,同时又受到自然的制约,这是人和自然、人和人之间协调发展的重要前提[2]。

(二)地理现象生成变化性

地球上的地理事物和现象作为地理环境的组成部分,具有空间分布、空间联系,还处在不断发展变化的过程中,某一地理事物和现象的形成与其他的地理事物和现象之间存在整体关联。

如农业区位的变化、工业区位的变化、城市化各个阶段人口迁移方向的变化等。

(三)区域特征整体性

在地理和人文差异的基础上,地球表面可以进一步划分为次一级的区域,区域之间并不是孤立存在,而是相互作用。如亚马孙热带雨林的破坏带来全球环境问题、热带东太平洋东南信风减弱形成的厄尔尼诺会造成太平洋及沿岸国家各环境要素都发生变化、经济全球化造成国际产业转移等。因此,任何一个区域都会受到其他区域直接或间接的影响,要重视区域特征的整体性和区域间的联系。

地理学思想的根本是整体性,体现在置于"空间—区域""地理现象和事物的整体关联""人地关系"中研究地理。透析系统论思想的内涵,有助于从根本上运用地理思维,分析地理问题。

四、系统思想在初中地理教学中的运用

(一)运用系统论思想构建地理知识网

系统论思想帮助学生从整体角度全面认识地理事物之间的联系,将所学知识通过点、线、面有机结合起来,形成知识网络,这样能更有效地记忆地理知识,理解基本原理,提取信息,最终提高地理问题的分析和解决能力。

案例1:自然要素和人文要素的相互影响

通过系统论的思想有利于理解自然地理各要素之间、人文地理各要素之间,以及自然与人文地理各要素之间的互相作用和联系,更好地把握地理环境

的整体性特征。

案例2：以河流为例，河流是自然地理事物，其水文和水系特征与各地理要素有关

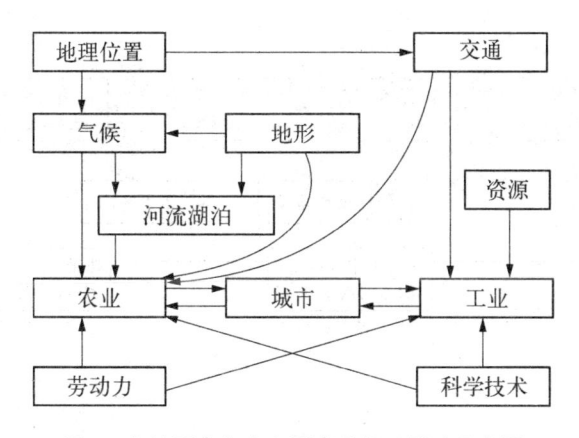

图1 自然要素和人文要素的相互影响示意图

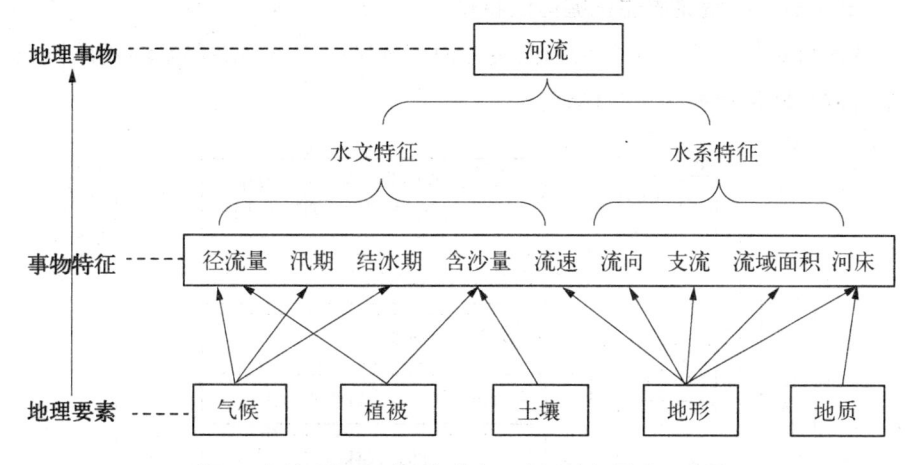

图2 各地理要素对河流水文、水系特征影响示意图

各地理要素之间相互作用、相互影响，反映在河流具有不同的水文特征和水系特征。

（二）运用系统论思想剖析地理事物和现象的变化过程

学习地理时要从时间和空间维度剖析地理事物和现象的变化过程，掌握发展规律，预测变化的后果和影响。

案例3：厄尔尼诺现象对太平洋及沿岸国家的影响

东南信风的减弱，在时间维度上最终导致热带太平洋东部海水升温、鱼类

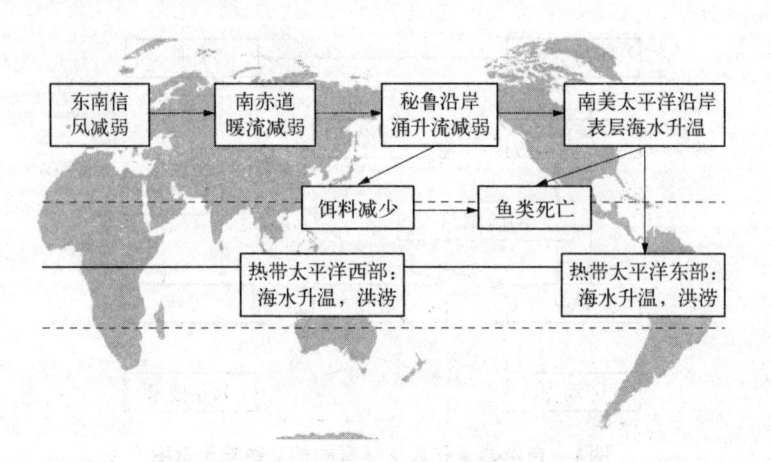

图3 厄尔尼诺现象对太平洋及沿岸国家的影响

死亡，热带太平洋西部海水降温；在空间维度上使得大尺度的大气圈、生物圈、水圈伴随发生变化。

（三）运用系统论思想把握区域特征

从区域定位着手，从自然和人文方面梳理区域内各地理要素的具体特征，并结合内在联系把握区域整体特征。

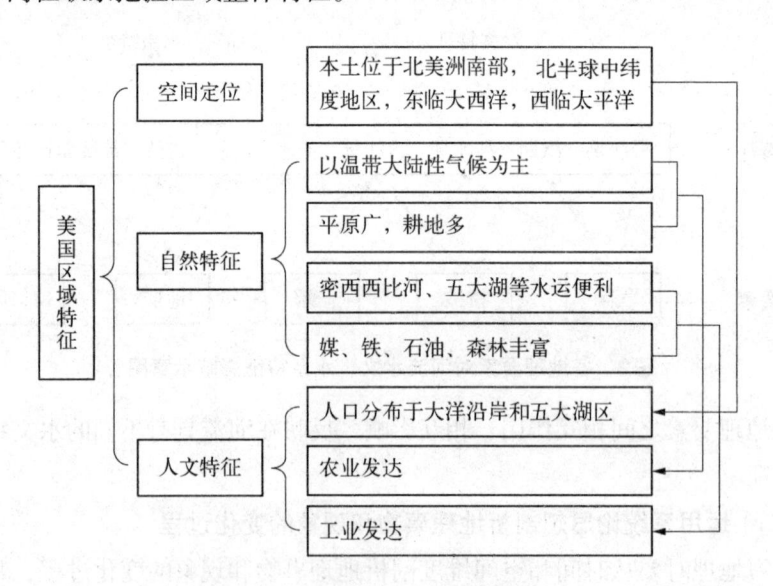

图4 美国区域特征构建示意图

在地理位置、自然因素和人文因素的综合影响下，最后形成了美国的区域特征。

综上所述，运用系统论可以更好地分析地理学科的"地理要素关联性""地理现象生成变化性"和"区域特征整体性"，有利于学生构建地理知识网，形成"整体—部分—整体"的综合思维方法，更有针对性地分析地理问题，提高学习效果。在学有所获的过程中，体会到地理学科的原理，感受系统论思想，实现学科育人的价值。

（李雅娟）

参考文献

［1］L.贝塔朗菲.一般系统论［M］.北京：社会科学文献出版社，1987.

［2］魏宏森，曾国屏.系统论——系统科学哲学［M］.北京：世界图书出版公司，2009.

［3］张立峰，王向东.基于地理学"整体性"思想的中学地理教学策略研究［J］.课程·教学·教法，2012，（32）8：101-103.

G. 信息技术

基于创新计算思维的Scratch课堂教学的实践研究

计算机之所以能帮我们高效完成一些烦琐任务，它的奥秘并不仅在于其具备高速的运算能力，更是因为经过计算机科学家的精心设计，它可以通过约简、嵌入、转化和仿真等方法，把一个个看起来困难的问题重新阐述成一个个简单的问题，并加以处理。这就是"计算思维"：一种计算机学科的方法论，它与人们的工作、生活密切相关，是一种本质的、所有人都应具备的思维方式。作为以提升学生信息素养为主要目标的中小学信息科技课程，就应该承担起计算思维培养的重任。

近年来，美国、英国、新加坡等国都掀起了编程教育的热潮。而2017年由上海市教委组织编制出版的《初中信息科技学科基本教学要求》更是将图形化编程工具制作简单的人机交互作品列入考核范围。在过去的初中信息科技教学中，计算思维和创意思维的培养是相对割裂的。比如：在程序设计类课程中，偏重计算思维的养成，而在演示文稿创作等作品设计类课程中，则更侧重"用图说话"等设计思维的培养。其实，两者可以有效融合，而且"计算"的最终目的也不应当仅仅是解决一个数学或逻辑问题，还需要进行表达，具有更宽泛的应用范畴。

因此，以 Scratch 可视化编程的形式，用计算和编程的方法，进行创意设计与表达，突破了学科的界限，突破了虚拟和真实生活的边界。更重要的是在学习的过程中，孩子们能够有机会去思考、去表达、去创新，让他们在设计与思维间不断寻求平衡与挑战，成为对学生进行计算思维训练的有效载体。所以，我们将 Scratch 列入基础课程及校本课程的序列中，并进行不同层次的开发与实施。

经过一段时间的实践与研究，我们选择 Scratch 课程来提升学生的计算思维，主要从教学内容的安排、教学策略的选择、教学成果的评价三方面入手。

一、精选课程内容，渗透计算思维思想

计算思维的训练，不能凭空进行，需要有一个具体的载体，在我们的项目中，这个载体就是《一起来玩 Scratch》一书。在进行课程内容的选择与安排时，我们主要从三方面进行考虑。前期规划每一课时计算思维训练重点，培养学生对计算思维的兴趣，促进其对计算思维的生活化运用。

（一）课程设计的前期规划，确立课程计算思维与创新能力总目标

从 2015 年起，学校就将 Scratch 编程作为校本课程进行开发与实施，寻找融入计算思维的编程教学适用的教学策略；2017 年的初中信息科技学业考中，Scratch 作为学业考的必考知识点之后，从 2018 学年开始我们将 Scratch 纳入六年级的基础课程教学之中，鼓励全体学生参与创意编程，其目的并不是让所有学生都成为程序员，而是希望通过初中阶段的计算机启蒙教育，提升学生的计算思维和创新能力，为其今后的发展打下扎实的基础。而在面对七年级学生开设的 Scratch 校本课程中，重点还是确立为训练学生的计算思维。无论是基础课程还是校本课程，都是着重培养学生的计算思维（抽象与模块化、算法、测试与调试）和创意思维（想象力、创造力），并与学生的能力目标一一对应（见表1）。

表1 课程总目标

课程总目标	学生能力说明
计算思维	（1）抽象与模块化：将真实复杂问题抽象化，分解为Scratch中的背景和角色，并梳理出相应的脚本和自定义模块 （2）算法：熟练掌握顺序、循环、分支、变量、并行等基本概念，并能在Scratch中灵活运用，遇到特定问题能尝试利用不同的算法来解决 （3）测试与调试：针对Scratch作品进行反复的查错、修正、优化完善
创意思维	（1）想象力：发挥想象，有创意地构思作品内容、展示效果等 （2）创造力：借鉴他人作品或利用Scratch外接设备，将自己的作品实现进一步创意

目前，"Scratch创意编程入门"课程在徐教院附中六年级第二学期展开，共8个课时，而"Scratch创意编程进阶"课程则在七年级校本课程中展开，每周1课时，共15课时。两门课程主要分成"Scratch基础、Scratch游戏、Scratch动画、Scratch进阶"四个部分，每一部分又分别制定了分课时学习目标与计算思维训练要求，其技术难度要求和作品综合创意设计要求逐级提升。

（二）关注学生年龄特点，激发学生对计算思维的兴趣

六年级学生的注意力不稳定，且常与兴趣密切相关。结合孩子爱玩的天性，我们在进行Scratch课程的设计时，就从制作简单的Scratch动画、游戏开始，来吸引学生，并激发学生的计算思维。如在讲到控制角色移动时，就尝试利用"我的名字动画"为题做一个简单的动画，通过如何让角色走到舞台中间，来激发学生去探索求解，激发其计算思维。

在进行课程素材的选择时，需要我们更多地从学生的生活中去寻找元素。在渗透计算思维中"并行处理"这一概念时，让学生利用Scratch去模拟课间同学们各自玩耍的场景，体验如何让多个角色一起动起来，了解什么是"并行处理"，并用之来列举生活中的例子。

（三）循序渐进设计任务，让学生在实践中应用计算思维

活动项目设计包括前一项目的知识目标并要有所提升，但必须含有新的知识目标，这样的设计既使学生以循序渐进的方式巩固旧知、学习新知，又可弥补活动项目因知识点过多而导致学生掌握不扎实的不足（见表2）。

表2　课程内容与任务的设计

等级		课　程　名　称	课　程　重　点
入门篇	1. 动画	第1关　名字动画	1. 舞台绘制与导入 2. 角色的编辑 3. 指令学习（控制、动作、声音、外观）
		第2关　冲向终点	
	2. 游戏	第3关　捉迷藏	1. 角色的绘制 2. 指令学习（控制、动作、画笔、外观、变量）
		第4关　弹球游戏	1. 舞台导入 2. 指令学习（控制、侦测、外观、变量、逻辑）
		第5关　接物游戏	
进阶篇	1. 高难度游戏	第1课　打地鼠	1. 游戏基本功能原型设计 2. 多角色通信 3. 指令应用（消息、坐标、循环、条件、变量）
		第2课　闯迷宫	1. 设计游戏等级 2. 通过变量调节难度 3. 指令应用（随机数、变量、循环、条件）
	2. 数学逻辑	第3课　求三角形面积	弘扬传统文化，以编程之矛破古题之盾，并初步渗透算法
		第4课　求解水仙花数	用Scratch工具解决数学中一些神奇的现象，体验到编程是强有力的数学辅助工具
		第5课　查找与排序	主要为数据处理，包括查找与排序，算法是程序的灵魂，数据的处理是人工智能时代的基本功

　　如能完成让角色走到舞台中间这一任务，就可以在接下来的课时中，尝试让角色在舞台的中间能够表演起来。通过几个课时来学习一个相对完整的案例，循序渐进地进行计算思维的训练。

　　在进行任务的设计时，必须安排若干个具有开放性的内容，让每名学生都有创新的机会，让他们根据自己的爱好和能力设计与创作出与众不同的作品。同时教师在设计时要注意开放的难易度，要让学生都有"跳一跳，能摘到桃子"的成功与喜悦。

二、创新课堂教学，落实计算思维训练

把Scratch引入课堂教学，其真正意义不在于让学生明白八大类指令的作用，或者完成某个项目、实现某些功能，更主要的是教会学生通过约简、嵌入、转化和仿真等方法，把一个个看起来困难的问题重新阐释成一个个简易的解决问题的方法，即计算思维。因此在教学中不能只是简单的教师示范、学生练习，而是教师应在教学中带领学生从任务的整体性入手，分析问题本质，寻求任务解决的方法与策略。这就需要我们根据学习的不同阶段及不同内容，随时调整教学方法与教学模式，来提升学生的计算思维。也可在教学中利用可视化思维工具，如将思维导图、流程图引入其中，帮助学生厘清思路。

（一）在探究中训练学生的计算思维

在进行课程的学习时，结合Scratch操作简单、便于理解的特点，尝试"放手"。引导学生自主探究，在探究中引导学生用科学的方法去思考、去尝试、去归纳；尝试"留白"，给学生足够的空间让他们用自己的思维方式去解决问题。同时鼓励学生一题多解、一题多答，对富有个性、创意的好点子应给予肯定，从而逐步养成他们独立思考的习惯，培养他们创新实践能力。

在基础课程的教学过程中，我们借助"闯关游戏卡"的形式，让学生在学习之前或者学习遇到困难时，通过阅读"闯关游戏卡"来开展自主学习，更有利于学生计算思维的培养。

在校本课程的教学过程中，我们准备了相应的项目活动资料，包括参考视频、角色及背景素材、课堂讲解PPT等。如图1所示，即为"打地鼠"所需的

| 01编程秘境 | 02初识界面 | 03守护锤 |
| 04地鼠1号 | 05挑战任务 | 06完美效果 |

图1 "打地鼠"相关参考视频

参考视频,在视频中加入提示文字、知识点讲解,让学生可以根据自己的需求进行选择性学习。

(二)在互助中应用学生的计算思维

Scratch涉及的领域较广,导致学生的个体差异尤为明显,我们应充分考虑到这一特点,通过同伴互助等形式帮助那些能力弱的学生,同时在教学中应多关注这部分学生,让每一名学生都能从中发挥自己的长处。

同时,我们还可以利用项目学习的形式,将一个相对独立的项目交由学生自己处理。信息的收集、方案的设计、项目的实施及最终评价,都由学生自己负责,学生通过该项目的进行,了解并把握整个过程及每一个环节的基本要求。让学生在一个完整的设计过程中,体验如何将一个相对复杂的任务进行分解,并逐一加以解决。强调学生的自主学习、主动参与,从尝试入手,从练习开始,调动学生学习的主动性、创造性、积极性等,学生唱"主角",而老师转为"配角",加强对学生计算思维的培养。

如在完成"故事创作"这一项目时,我们要求学生分成两人小组,从方案设计、人员的分工,再到素材的准备、脚本的设计等,都由小组合作完成,从中培养学生协作的观念,这也是计算思维中的"协处理"的思想。

(三)在图示中进行可视化思维训练

在进行复杂案例的学习时,引导学生绘制思维导图或流程图,让学生来厘清事物之间的本质关系。绘制的过程,就是一个很好的思维训练的过程。在一开始,是由老师来绘制,经过一段时间的学习之后,就让学生自己绘制。通过思维导图、流程图等,来进行可视化的思维训练。

如"打地鼠"这一课,在讲解如何让地鼠感知遭遇了守护锤的击打并做出相应动作时,老师在黑板上绘制流程图来加深学生的理解(如图2)。这种形象直观的流程图使得各种操作一目了然,不会产生歧义,便于发现有错误

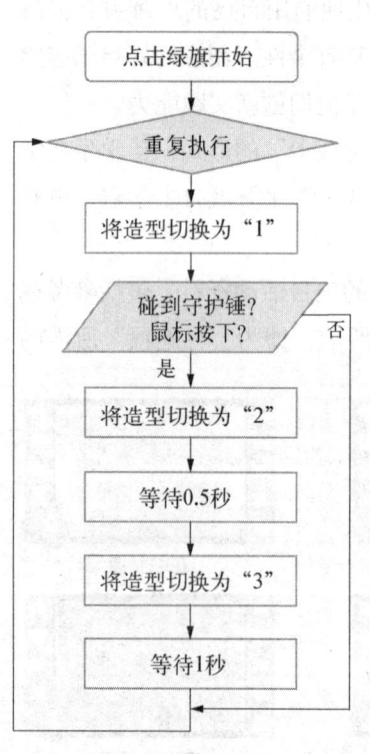

图2 地鼠被守护锤击打的动作流程图

的算法,并有利于转化为程序。

三、多样化课程评价,促进计算思维发展

在课程的实施过程中,我们会对学生的学习情况进行及时评价。创建一个交流互动的平台,让学生来展示自己的作品,并让学生通过这一平台参与作品的评价,老师也可以从中了解学生学习的效果,及时修正自己的教学。

(一)在作品分享中促进计算思维的发展

为了更好地展示学生的作品,提升学生学习的热情,我们将FTP作为学生Scratch作品的分享平台,让每一名学生在完成一个自己的作品之后放到平台上并对自己的作品进行概括介绍,写出自己作品的特点和过关的要点,从而训练学生归纳与概括的能力,促进学生计算思维的发展。

(二)在互动评价中提升计算思维的能力

在教学的过程中,我们不仅要关注学生自身作品的完成情况,更要引导其对同伴的作品做出评价(见表3)。

表3 Scratch校本课程"闯迷宫"学生互评表

测评者:7219陈秉司　　　　　　　　　　　　　　被测评者:7217

序号	项目	打分(0~10分)
1	迷宫界面和布局	10
2	个性化设置,独特的艺术风格	10
3	新手指引提示清晰易懂,上手度高	10
4	游戏的愉悦度好,符合玩家口味	10
5	整体有创意创新	10
简述整体评价: 优点: 设计了很多假障碍 人物很吸引人 缺点: 多设计一些陷阱就好了		

在课堂上，让学生通过FTP平台浏览同伴的作品，并引导学生从多方面去评价同伴的作品，如说一说同伴的作品好在哪里，说一说如果这个作品由你来做，你觉得还需要做哪些改进等。而作为作者，通过展示Scratch作品，在不断测试、改进过程中，培养学会分析问题、解决问题的能力，这也训练了他们的计算思维。

四、小结

信息时代，上好信息科技课，培养学生的信息素养至关重要。与传统教学相比，将Scratch引入中学课堂，解决了画图、Office软件等简单操作给中学生带来的枯燥感等问题，充分调动了学生的学习积极性；不再只是教技术，更重要的是用技术表达思想，激发学生创新思维和探索精神；通过简单操作，让学生在玩的过程中体会编程思想，为今后学习更深入的编程语言打下基础；教学生利用软件进行各种媒体文件的处理，培养了学生的信息处理和交流能力；在创作过程中还培养了独立解决问题和交流合作的能力。由此可见，Scratch能够丰富学生的创作空间，提高学生学习兴趣，发展学生各方面的能力。

计算思维是人类求解问题的一条途径，但绝非要求人类像计算机那样思考。计算机枯燥且沉闷，人类聪颖且富有想象力，是人类赋予计算机激情。计算思维极大地丰富了信息技术课程的情感态度价值观的教学内容与价值。计算思维不仅是计算机科学家的思维，它已不局限于计算机领域，应该成为每个人的技能组合成分。通过Scratch训练学生的计算思维，就是要让学生尝试利用计算思维去解读这个社会，并在生活中运用计算思维，改进自己的学习。所以，我们所有的学习，要从生活中来，到生活中去。

（何艳婷）

参考文献：

[1] 凌秋虹.聪明的想法+简单的操作——谈Scratch在小学信息技术教学中的意义[J].中国信息技术教育，2012（7-8）.

[2] 李艺等.信息技术课程内容建设三元本质说[J].课程·教材·教法，2011（2）.

[3] 杨书铭.Scratch程序设计对六年级学童逻辑推理能力、问题解决能力及创

造力的影响［D］.台北：台北市立教育大学，2008.
[4] 张素芬.视觉程式语言Scratch适性化教学之研究［R］.台湾高雄师范大学，2010.

H. 线上教学案例

浅谈信息手段促云端心防的实践探索

一、案例问题

2020年新年伊始，新型冠状病毒疫情肆虐。面对突如其来的疫情，作为心理工作者在指导学生做好医学防护的同时，需要思考学生的心理防疫工作，如学生面对疫情可能的心理状态与情绪反应、居家上课学生可能会遇到的问题、即将复学需要的心理准备与适应……线上心理健康教育工作如何开展，既要贴近学生的心理需求，又须助人自助，给予其需要的心理支持与帮助。结合以上思考，我们联合专业力量，运用信息手段创新云端心防模式，深入了解学生需求，全员全育，根据疫情发展的不同阶段，开展了系列心理健康教育活动。

二、解决方案与流程

1月：问卷调研，疏导关怀助适应

疫情暴发之时，恰逢学生寒假之初，许多学生原本外出旅游的计划被迫取消，甚至到操场上打打球、去影院看场电影这些往日里稀松平常的事情也成了奢望。随着感染人数的增多，人们的紧张、焦虑情绪状态也在渐渐蔓延。学校心理辅导室在华师大心理与认知科学学院教授团队支持下，为学生提供疫情之下心理健康自查表及心理疏导建议，帮助同学们随时了解自己当前心理压力和应激反应方面的情况，并学习不同应激状态下的心理疏导方式。对于心理应激较严重的学生，提供了市、区24小时心理热线服务资源，帮助学生获得及时的辅导。初期的心理调研发现，绝大多数学生都能够很快调整心理状态，适应这不一样的寒假生活。学校多年扎实的心理健康工作促进学生耐挫心理的养成，保障学生弹性适应不同的环境变化。

2月：线上访谈，解惑答疑促调整

随着疫情的发展，全国人民响应国家号召，居家少出门，勤洗手多通风，号召室内运动与休闲。宅家躺着就可以为国家做贡献的事情，我们中学生适应状态如何，是否有新的困惑？将近两周亲子朝夕相处的状态又如何呢？对于不确定的开学日期，学生又有怎样的需求与期待？为此，心理老师开展了面向不同年级、不同性别、不同成绩状态与心理状态的学生的线上心理访谈。访谈对象涵盖四个年级、男女比例相同的部分学生。访谈发现，同学们的情绪状态大都是积极、正向的，虽然疫情开始时都有过恐慌、紧张，但随着时间的推移，都可以理性看待，及时关注疫情，了解防护措施；合理安排每天的学习生活，有网课、作业，也有运动、休闲娱乐，心情不佳时也会主动调节，或运动或听音乐等。针对有些同学提出的困惑与问题，如生活有些无聊烦闷、制定的时间表无法执行、不确定开学时间、亲子如何沟通等，心理老师提出具体的建议，指导学生合理安排时间，居家宅出生活的意义、增进亲子感情等。

3月：多措并举，丰富活动铸信念

进入3月，虽然师生暂时不能相聚，但学生已经陆续结束慵懒的休假，开始了居家劳逸结合的学习状态。学校把疫情防控的战场变成立德树人的生动课堂。班主任、学科教师、家长齐上阵，通过公众号、班级群、直播课堂等多种途径，指导学生科学防疫，了解疫情防控一线的感人故事。如六年级学生"画一画"、七年级学生"讲一讲"、八年级学生"唱一唱"等活动，用文章、绘画、书法、视频等形式加入全民抗疫的战斗中。助人自助，活动中，学生收获责任心、感恩心、敬畏心、报国心。

4月：安心树洞，倾诉交流助复学

对于即将恢复的校园学习生活，大家的心情如何？是激动、兴奋，还是会有一些困惑、焦虑？心理学研究表明：将内心的困惑通过倾诉、书写等方式表达出来，可在一定程度上缓解我们的心理困惑。当然，分享开心快乐也会double我们的幸福！为此，学校特向学生与家长开展"安心树洞"活动，倾听了解学生和家长关于复学的喜怒哀乐。或分享或求助，此心安处是树洞，你的心事我来听。

参与此次活动的共有1232人，其中学生815人，家长417人。大家的心情排序依次为激动开心、担心焦虑、烦躁畏难，其中70%左右的人是激动开心地迎接复学。同时，学生和家长也对顺利复学提出许多建设性的建议，如相互

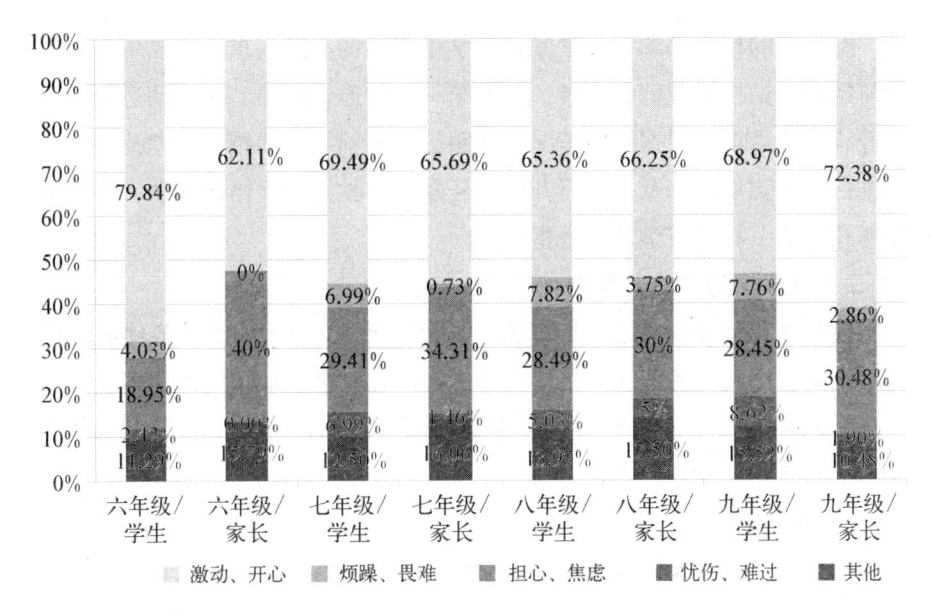

第三章 素养导路：落实以学习者为中心的教学

[图表：不同年级学生与家长情绪分布柱状图]

	六年级/学生	六年级/家长	七年级/学生	七年级/家长	八年级/学生	八年级/家长	九年级/学生	九年级/家长
激动、开心	79.84%	62.11%	69.49%	65.69%	65.36%	66.25%	68.97%	72.38%
烦躁、畏难	4.03%	0%	6.99%	0.73%	7.82%	3.75%	7.76%	2.86%
担心、焦虑	18.95%	40%	29.41%	34.31%	28.49%	30%	28.45%	30.48%
忧伤、难过	2.42%	4.00%	6.99%	1.46%	5.03%	—	8.62%	1.90%
其他	11.29%	15.79%	12.50%	16.04%	13.97%	17.50%	15.52%	10.48%

提醒戴口罩、早上出门主动测体温等。对于担心焦虑、烦躁畏难等情绪，也有部分学生和家长留言需要心理老师回访，希望得到心理老师的支持。我们开通微信、QQ等在线个人级别辅导模式，帮助学生、家长顺利适应复学。同时，心理辅导室将安心树洞中大家的心声汇总、梳理，反馈给学校，为班主任及任课老师开展复学的主题班会、家长会提供最真实、有效的素材，确保各项教育教学活动科学、高效。

5月：云端故事，交流分享促成长

在市、区相关文件精神的指导下，我们开展了主题为"疫路心防，让'云端'故事照亮希望"的心理月活动，以学生云端分享疫情期间的心情故事为主要特色，鼓励学生积极探索逆境中的生命成长，聚焦提升学生的心理免疫力，提升自我的心理品质，促进心理健康。目前活动中共收到学生的心情故事300余篇，在班级、年级及学校层面的公众号、线上班会等开展分享交流活动。相信同学们的心情故事会聚集为成长的能量，带来成长的自信和面对问题的勇气，照亮前行的希望。

三、反思与发展

（一）以人为本，科学高效

云端心理防疫是学校心理健康教育工作的新模式，很多工作都是在摸索中推进。但坚守的核心理念就是紧紧围绕学生实际的心理需求，提供切实有效的支持与帮助。如根据疫情的发展，我们第一时间通过问卷、访谈动态排摸学生的心理状态与需求，根据排摸情况，或跟进个别辅导，或撰写心理疏导公众号推文进行心理防疫的普及，或召开班主任及青年教师在线培训活动，指导老师们如何开展线上教育教学及家庭指导活动。

（二）呼应优势，助人自助

当代学生是信息时代成长起来的"数字儿童"，对于线上的各项心理健康教育活动具有先天的易理解、易接受的优势。如学生主动预约微信语音心理辅导、玩转ZOOM举手发言与分组讨论的技术、制作宣传微视频等，借助信息手段丰富生活，促进自我成长。

（三）开拓创新，全面服务

全面复学之后，我们将继续发挥云端心理健康教育工作的优势，如开展动态了解学生状态、心理需求方面的相关工作，提升工作的有效性；如制作线上微课，拓展学生心理服务的时空；再如，发挥学生的信息优势，积极创建三级心理健康教育网络，保障学生的心理健康。

（郭永芬）

整合　契合　融合——初中化学线上教学初探
——以《化学实验中的气压变化》为例

一、案例背景

在新冠疫情影响下，在线教学给教学形式带来了变化，居家线上学习成为学校主要的授课方式。我校是上海市信息化标杆校，初三年级毕业班教师率先行动、积极应对，启动了"线上教学设计、实施与评价研究"紧急攻关项目，开展线上教学研究，研制线上教学流程与教学评估标准。

二、问题提出

学生的学习环境从实体空间走向家庭场域，教学形式从传统形式走向线上和线下的混合式，教师角色从技术适应走向模式创新。与其他中考科目不同，初中化学第二学期尚有两个单元的新课教学任务及中考复习任务。如何在极为有限的时间内，保质保量地完成在线教学任务是当前最为突出的问题。

三、设计实施

尽管线上教学和线下教学存在时空场域的差异，但其指向学科核心素养的本质没有变，线上或线下的教学设计都应该是基于课程标准的设计，通过优化教学设计，提升教学质量。根据建构主义理论，学生必须自己构建知识来学习，每个人为了要了解、预测与控制自己的环境，须建构出自己的知识结构、方法体系、学科价值观，我们分析在线高质量学习四个要素，即教师、学生、资源和技术，其中教师是主导、学生是主体、资源是载体、技术是保障，四要素相互依赖和支持，其教学设计、实施与评价一体化模式的操作流程如图所示：

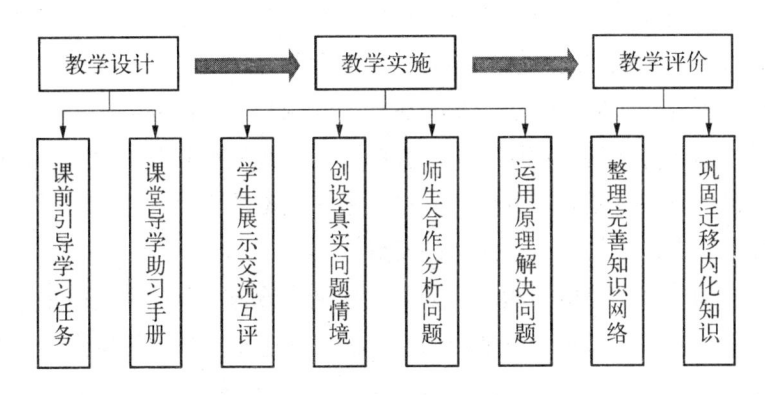

教学设计 → 教学实施 → 教学评价

教学设计：课前引导学习任务、课堂导学助习手册
教学实施：学生展示交流互评、创设真实问题情境、师生合作分析问题、运用原理解决问题
教学评价：整理完善知识网络、巩固迁移内化知识

教学设计、实施与评价一体化模型

（一）教学设计

在线授课能抓住学生的根本要素已不再是氛围与纪律，而是课堂本身的魅力，是教师和学科综合魅力的表现。教学设计中应着力体现学科的魅力，展现课程的结构性和层次性，即能从单元视域下的角度进行教学设计。需要关注课程的目标、内容、实施、评价几大要素及专题的确定，需要将学科知识与学科方法"整合"。

课前教师设计导学案，引导学生自主阅读两册教材，梳理初三教材中有关气压变化的化学实验，如测定空气中氧气的体积分数、实验室制取氧气的操作步骤、证明二氧化碳和氢氧化钠发生了反应等，再分类整理气压变大或是变小，进而布置家庭实验，利用家中闲置的矿泉水瓶、棉花和吸管，制作一个多功能瓶并体验其各种功能，通过拍摄、撰写实验报告和初步完成知识梳理，上传微信小程序提交。这样做的目的是体验化学与生活的联系,感受对照实验的学科方法,在家中利用闲置物,完成有趣的小实验,可以丰富居家学习生活的形式和内容。课前引导的定位是学习活动经验的积累,提炼整合的问题。课前引导的价值是引发思考、激发学生学习兴趣,通过学生提交小程序的作业,精准诊断学生起点。

(二) 教学实施

活动视域下的线上教学实施:线上教学实施要尤其关注学习活动与线上教学其他要素的横向匹配和纵向贯通,凸显线上教学与线下教学优势互补的"契合"。

首先,学生展示交流互评。教师通过微信小程序作业的提交情况进行汇总,将整理得比较全面、细致的作业进行筛选,在教学实施的第一个环节邀请学生展示,并请其他同学发表观点,借鉴、补充或者更正,既是对优秀成果的肯定,又是对暂时做得还不够好的同学提供学习范式。

其次,创设真实问题情境。基于驱动性问题和学习任务创设学习情境,设计有挑战性的学习活动。在该环节,教师设计了双氧水制取氧气和氯酸钾制取氧气后连接的U型管差异,分析实验过程中的现象及原因,通过及时、有效的指导,促进学生认识的提升与能力的发展。

再次,师生合作分析问题。例如氢氧化钠溶液与二氧化碳反应是没有明显的实验现象,如何通过实验来证明该反应的发生是学生学习的难点。教师和学生一起从二氧化碳与水反应,以及氢氧化钠与盐酸反应这两个没有明显实验现象的显性化的过程设计中,获得解决的方法原理和策略,即证明反应物消失或有新物质生成等角度来判断反应的发生。

最后,运用原理解决问题。通过线上教学的优势,及时将学习成果和学习资源提供给学生,鼓励生生互评,相互取长补短。

(三) 教学评价

资源视域下的线上教学评价:特别关注学生和资源的交互,强调二者的"融合"。精准、丰富、可选择、形式多元的资源是线上教学评价的必需,在教学组织和教学管理有限的前提下资源的使用要注意通过任务驱动、应需而设、评价激发。通过整理完善知识网络和巩固迁移内化知识,课后进行有针对性的过程诊断,明晰学生认知发展的路径,通过概括论证、关联整合、策略反省等明确学生对概念理解的程度,通过模型建构、推理论证、质疑创新等把握学生科学思维的发展水平。

四、取得成效

关注线上教学设计、实施、评价的"三位一体",以及课程、教师、学生的"三位一体",提升了教师的课程领导力,实现学科内、学科间的整合,优势互补的契合,教育资源的融合,最终促进学生核心素养的形成。

五、教学反思

(一)改变思维方式

1. 用户思维

在教育教学中的最大体现就是真正的"以学生为中心"。在目前线上教学阶段,我们通过问卷星调研了解学生的需求。了解需求是在线学科教学的起点,激发动机是在线学科教学的"发动机",深度参与是在线学科教学的"加速器"。打造"品牌课程",用极致的钻研探索和课程产品吸引学生到学习中来。

2. 平台思维

学生的微课不仅是直播课堂上最优秀的教学资源,更是课后辅导答疑、同学间相互切磋的舞台。通过提供在线学科教学平台,改变学生的学习方式,成就教师专业成长,最终实现师生共赢。

3. 跨界思维

提供展示平台,激发学生学习兴趣,让学生有更多的"获得感";学生"深度参与"学习活动,让学习真实发生,对学生的个性化辅导更有效,教学相长,教师获得专业成长,收获职业幸福感。

互联网思维反思在线学科教学就是要让学生的主体地位真正发生,用极致的课程产品让学习真实发生,用跨界思维创新教育的全过程,最终实现师生的和谐共赢!

(二)梳理课堂新变化

从直面学生上课到线上隔屏上课,教师需要换位思考,理解学生难处,做到侧"耳"倾听,"目"中有人,我们从引入环节开始激发兴趣、持久吸引学生,通过前置任务驱动、基于问题的课堂,推送学习资源、适当抛出问题,适时回应学生问题,最终形成前置的自主学习、探究的课堂学习、反思的提升学习、别样的翻转课堂。

(庄 璟)

参考文献:

1. 李文萱.指向学科核心素养的课堂教学范式［M］.上海:华东师范大学出版社,2019:168-171.
2. 姚秋平.学科复习教学范式研究［J］.基础教育课程,2015(17):36-42.

利用网络平台深化线上跨学科单元教学
——《设计会动的玩具》教学案例分析

一、案例背景

(一)问题的发现

美术学科学习强调专业知识和专业技能的学习,缺少学习者的主体参与和展示平台,学生缺乏美术学习的兴趣,缺乏动力与热情,更缺乏创新性思维与创作。

初中少儿版美术教材中,六年级下《设计会动的玩具》是一节特殊的课,具有较强的跨学科特征,教学资源少,加上疫情原因,线上学习指导难,家中可利用材料有限。这个单元学习如何开展,值得研究。

(二)教改的要求

《义务教育美术课程标准(2011年版)》中将"综合·探索"学习领域划分为三个层次。其中,层次2:以美术学科为中心,联系其他学科内容进行跨学科综合教学;层次3:密切关注美术学科与现实社会的联系进而组织美术跨学科教学。由此可以理解,美术学科具有一定的开放性和综合性。美术学习可以进行各领域间综合学习,并且通过美术学科综合各学科间的学习融合学科核心素养。

项目化学习即基于项目的学习,被应用最为广泛的定义是美国巴克教育研究所,它把以课程标准为核心的项目化学习定义为"一套系统的教学方法,它是对复杂、真实问题的探究过程,在这个过程中,学生能够掌握所需的知识和技能"。

二、实践目标

第一,寻找项目化学习中的核心知识。

第二，形成项目化学习的本质问题并将其转化为驱动性问题。
第三，澄清项目化学习的高阶认知策略。
第四，确认项目化学习的主要学习任务和要求。
第五，明确项目化学习的学习成果及公开方式。
第六，设计项目化学习的覆盖全程的多元评价。

三、实践展开

项目化学习以学生为绝对主体，但核心是项目的设计，尤其是问题的设计和框架的搭建。可以说一项项目化学习成功与否，项目的定位和设计起到一锤定音的决定性作用。

那么如何设计项目呢？项目化学习的情景设置及它的任务要求，其目的在于培养学生大概念迁移能力。项目化学习的核心是客观真实地评价学习者在项目参与中体现的大概念迁移能力的水平。

（一）寻找核心知识与技能

以项目化学习《设计会动的玩具》为例，老师围绕大概念：以"动"和"美"为目标，研究设计制作会动的玩具。定位了项目目标，工业设计概念，工业设计流程，美术在工业设计、生活中的运用和意义。

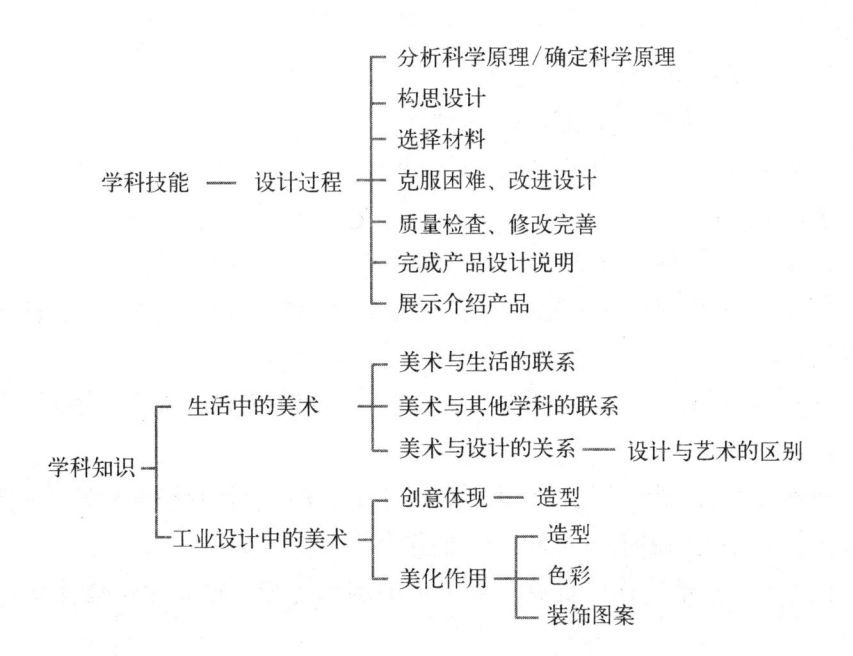

```
                          ┌─ 分析科学原理/确定科学原理
                          ├─ 构思设计
                          ├─ 选择材料
学科技能 ── 设计过程 ──────┼─ 克服困难、改进设计
                          ├─ 质量检查、修改完善
                          ├─ 完成产品设计说明
                          └─ 展示介绍产品

             ┌─ 生活中的美术 ──┬─ 美术与生活的联系
             │                ├─ 美术与其他学科的联系
学科知识 ────┤                └─ 美术与设计的关系 ── 设计与艺术的区别
             │                  ┌─ 创意体现 ── 造型
             └─ 工业设计中的美术┤              ┌─ 造型
                                └─ 美化作用 ──┼─ 色彩
                                              └─ 装饰图案
```

（二）形成本质问题并将其转化为驱动性问题

《设计会动的玩具》其本质性问题是：从工业设计的角度，思考如何设计制作一个能动的、美观的趣味玩具。确定了本质性问题，再根据学情分析，把握学生的最近发展区，利用KWH表，将本质问题转化为驱动性问题。

表1 关于设计会动玩具的KWH表

我已经知道了什么？ （Know）	我还想知道什么？ （What）	我想运用这些知识解决怎样的问题？（How）
• 审美基本素养 • 造型设计方法 • 色彩搭配原理 • 装饰图案的造型组成元素与设计方法	• 艺术是如何同与它"对立"的科学相融合的？ • 美术是如何融入现实生活，被转化为工业产品的？	• 想要设计、制作出一个能动的玩具需要做哪些准备，需要解决哪些问题？

《设计会动的玩具》中的驱动型问题：

1. 隔离在家期间，如何利用现有的资源，让美术服务于生活，完成一个既能动脑又能提升生活乐趣的活动？

2. 想要设计、制作出一个能动的玩具需要做哪些准备，需要解决哪些问题？

3. 如何设计制作会动的玩具？

4. 设计怎样的玩具会让大家喜爱呢？

5. 在制作过程中出现的问题如何解决？

项目子任务：

任务1：根据科学原理，构思会动的玩具。

任务2：根据现有条件选定方案，准备所需材料，美化工具，构思设计会动的玩具。

任务3：记录并拍摄制作步骤，记录制作过程中出现的问题、尝试解决的方法、改进方案。

任务4：玩具制作完后，完成玩具的设计档案，包括制作步骤图、玩具设计说明、玩具使用说明、拍摄视频、制作介绍PPT上传。

任务5："推销"你的玩具，介绍你的制作过程，投票评选最受欢迎的玩具。

这些驱动性问题是项目设计的关键,是整个单元的支架,是学生的指南针。

(三)澄清项目的高阶认知策略

在马扎诺的学习维度框架中,包含对不同维度和层次学习的整合理解,包含了态度、认知和心智习惯,描述了六方面的高阶策略:问题解决、创建、决策、实验、调研和系统分析。这些高阶策略的实施基础是:获取和整合知识、拓展和精练知识。

以《设计会动的玩具》为例,本单元中的高阶认知策略主要是问题解决。对应问题解决中的心理机制,回答了以下问题:

1. 想要实现什么?

想要设计一个会动的玩具。

2. 在实现目标的过程中有哪些障碍或限制?

障碍:能够运用科学动力原理,结合到玩具设计中去,依靠劳动技术方法制作出来,还需要通过美术技法提升其完整度、美观度、趣味性、创意性。其中包含:构思设计的难度、思考制作步骤的难度、材料的选择与替代的难度、将构思手工制作呈现出来的难度、美化完善的难度。

限制:在疫情背景,隔离在家的情况下,如何利用家中现有材料,满足设计需求。

3. 克服障碍或限制的解决措施有哪些?

一是根据案例进行推理、分析;

二是信息收集、资料查找;

三是线上寻求老师帮助、与同学进行讨论、寻求家中家长的帮助。

4. 将尝试哪一种解决措施?

根据自己的设计方案。

5. 我的尝试成功与否?我是否应该尝试另一种解决措施?

在实践尝试中纠错,最终完成一件会动的玩具的制作,并展示玩的过程。

虽然对于美术学科来说,这不是标准意义上的问题解决类的项目化学习,但在操作过程中遇到问题并为了完成"产品"而去努力解决问题,是很真实、具体的问题情境,能促使认知的升级。

(四)确认主要的学习实践

确认学习实践内容回归到了教学的设计,要注意的是设计学习实践内容不是设计流程,也不是驱动性问题的简单串联。在项目化学习实践中,学生是绝对的主体，项目化学习需要学生的亲身实践，需要符合真实世界中的问题解决。可以参考以下五类实践形态：研究性实践、调控性实践、审美性实践、社会性实践和技术性实践。这并不是指实践类型只能选择一种，如在《设计会动的玩具》这一单元中，就是以审美性实践为主，也包含社会性实践、研究性实践和技术性实践。

（五）明确学习成果及公开方式

项目化学习的成果包含作品、产品、报告等。在项目化学习设计实施开始，就要明确学习成果是什么，以及用什么形式呈现，这也是对项目化学习的学习质量的反馈，是结果性评价的体现。学习成果对于项目化学习深度的具象化体现，基于其重要性和对整个项目完成的驱动力量，应该要有正式、隆重、公开的展示，这是对学生费心费力的探究过程的肯定。在项目中，哪怕是失败，也是成功。项目失败的反应模型：选择挑战性任务—提供策略性支持—开展过程性评估—进行全程性反思—支持持续性实践。

（六）设计覆盖全程的评价

无论哪种形式的教学，评价都是必不可少的，且既要有结果性评价，又不能忽略过程性评价。不过在项目化学习中，还有评价量规的制定这一环节，在展开实践前，学生和学生、学生和老师之间可以就量规的制定达成共识。

表2 《设计会动的玩具》星级评价表

星级	评价量表
★★	手摇柄转动、重力导致的绳子旋转等，手工制作简单，美术表达空间大
★★★	水流的动力、推力、磁力、拉力等，手工制作较简单，美术表达空间大
★★★★	橡皮筋的回弹力、弹力、转轴机关等，手工制作较难，美术表达空间大
★★★★★	手摇柄带动拉力、复杂转轴机关、热气流作动力、凸轮原理、曲轴原理、拉动原理等，手工制作难，创意设计难，美术表达空间大

四、实践成果

（一）促进教师个性化学习设计的研究

进行综合的跨学科项目化学习的实践，可以有个性化教学，照顾到起点不同的学生，激发自主学习的热情；可以有模块化教学，设计系统明确的任务起点和能力终点；设计学生共同的团队实践和逐步实现的学习过程。

（二）激发学生个性化学习的深度体验

难度指数 ★★	难度指数 ★★★	难度指数 ★★★★	难度指数 ★★★★★
单杠小人	小水车	无动力玩具车	手摇存钱罐
旋转爱心贺卡	桌面足球	投篮游戏机	扭动毛毛虫

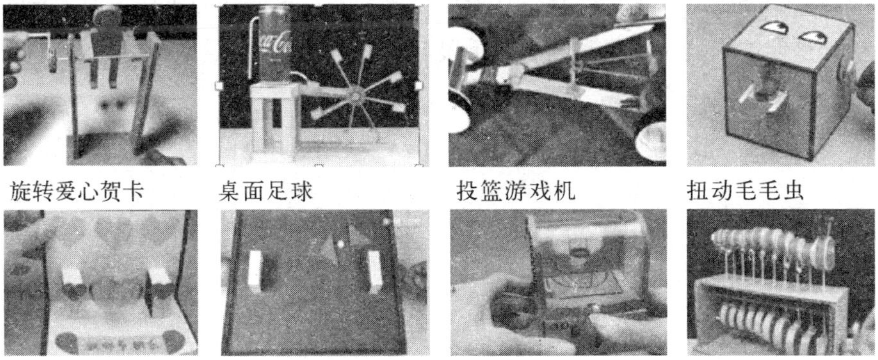

（三）推动信息技术在项目化学习的使用

1. 屏幕注释功能。
2. 分享屏幕功能。
3. 视频剪辑功能。
4. 班级管家功能。

五、实践思考

根据以上实践目标的完成情况可知，设计一个好的项目化学习任务是学生需要具备的核心知识和成功技能，项目化学习的七个要素包括：1. 具有解决价值的问题；2. 持续探究的过程；3. 真实性的体验；4. 学生的发言权和选择权；5. 即时的反思；6. 及时的评价与修改；7. 成果的公众展示。这些既是项目化学习的核心要素，也可以将其作为标准，检测设计是否合理有效。驱动性问题也需要反思，可以从以下维度进行评价：学科核心知识的运用、问题的开放性、问题的真实性、问题的挑战性、问题的趣味性，甚至可以考虑问题的综合性、其成果的社会价值。

反思《设计会动的玩具》这一项目化单元设计，对学习成果的设计就不够完善，"设计档案"的设计有很大的空间可以优化，这很大程度地影响了学生

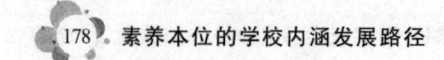

的学习深度。作业提交的形式可以更加统一，作业要求可以更加具体，将其中的知识与技法提示得更加清楚，形成更完整的学习成果。

好的项目化学习设计对于老师来说本身就是一个项目化学习，老师需要真正地了解学生，需要绞尽脑汁想好项目问题，需要脑洞大开地搜集所有可用的资源，需要清晰本质问题背后的大概念，需要随时根据学生学习过程中的具体情况调整，等等。虽不是件易事，但项目化学习对于老师的成长来说，与学生一样，是促进能力大幅提升的有效手段。

（姚雨言）

第四章

素养导行：
探索教师专业发展模式

概 述

  学校根据教师队伍建设总目标——关注每一位教师的发展，着力培养教师具有"德泽文润、至精至美"的品质，始终秉持"以人为本、德能共抓、任务驱动"的校本研修理念，立足学生核心素养的培育，坚持以"课研修"一体化的校本研修模式，结合教育数字化转型，与时俱进推进课程建设和课堂教学改进，使教师专业发展与学生培养目标、学校课程建设始终保持高度一致。

  经过多年的实践探索，学校形成了"个人规划引领发展、课程开发推动发展、阶梯有序助力发展、任务驱动助推发展、共同体促进发展"等多策略行动研究，提高每一位教师的师德修养和"智适应"教育教学综合能力水平，在实现规范化的基础上逐步走向个性化和特色化，使各级各类老师都得到发展。

  学校现有专职教师90多人，中高级教师占比70%，硕士研究生超30%，市区级骨干30%多，市区学科中心组成员超过10%，荣获全国科研骨干、市和区级以上各项荣誉教师约占45%，形成了一支师德高尚、业务精湛、勇于创新、结构优化的教师队伍。

（丁英姿）

第一节　整体队伍建设：素养培育引领教师专业发展

根据学校教师队伍建设的总目标——关注每一个教师的发展，着力培养教师具有"德泽文润、至精至美"的品质，我们始终秉持"以人为本、德能共抓、任务驱动"的校本研修理念，坚持以"课研修"一体化的校本研修模式，以解决教育、教学、课程建设、学校管理等实际问题为目的，开展校本研修，促进教师专业发展，保障课程与教学的质量。基于此，我校的教师培训和研修，立足学生核心素养培育，紧紧围绕构建"基于学生关键能力培养的学校课程体系"，聚焦课程、课堂、教研，研究课程建设和课堂教学改进，使教师专业发展与学生的培养目标和学校课程建设始终保持高度一致。

在这样的理念指引下，我们细化教师队伍建设目标，以师德培养为根本，以师能提高为基点，以教师研修为载体，提高每一位教师的师德修养和"智适应"教育教学综合能力水平，建立与健全教师自我激励、自我发展机制，探索教师有效培养的载体和方法，在实现规范化的基础上逐步走向个性化、特色化，形成以共同价值观为核心的群体研修意识和研修文化，努力打造一支师德高尚、业务精湛、勇于创新、结构优化的新时代高水平师资队伍。

一、个人规划引领教师专业发展

结合学校每一轮五年发展规划的修订实施，学校成立教师专业发展指导专家组，协助每一位教师自我诊断、规划目标、设计路径与明确保障，最终形成教师个人专业发展规划。实施周期一般为三个学年。

教师个人专业发展规划制订后，每学年，教师专业发展指导专家组都会指导教师发展中心负责老师有计划推进老师们的规划实施和完成度的自评。每学期，学校校长室—部门负责人—教研组组长（年级组长）组成指导团队，为老师们的个人专业发展规划实施提供支持和帮助，或搭建平台历练，或提供市、区专家指导，或帮助老师们修改发表文章等，全面支撑老师们较好落实各学年段的规划目标和措施。

总之，通过教师个人专业发展规划与学校五年发展规划同频共振，凸显立足学生发展和学校内涵发展的本位需求，尤其是通过每学年对教师个人发展规划做好梳理评估、分类指导，搭建平台、提供优质指导资源，帮助老师完成规划目标，实现专业成长。

二、课程开发推动教师专业发展

2011年学校成为首批上海市教师专业发展示范校、上海市见习教师规范化培训基地校，学校将教师研修课程的开发和实施作为专业发展的重要抓手。学校教师多人次参与市、区级教师研修课程的开发，大大提升了课程开发和实施的能力，并以此带动组内其他教师开发和实施校本和组本研修课程。除了校级层面自主开发的师德、心理、实践体验等培训课程外，学校组建力量，指导六个教研组开发组本层面的研修课程并有效实施。

每学年各教研组以学校课程教学计划和课程图谱建设为依据，教研组长、骨干教师和高级教师带头，紧紧围绕学校重点工作，聚焦学科难点工作，开发教研组的研修课程，促进了研修效果，推进了实践的科学性和系统性，提升了学与教的质量，很大程度上提高了教师的课程实施力。以这些校本研修课程为依据，学科教研组形成不同主题的有体系的研修案例，为打造高质量教研活动不断积累经验，探索路径，从本质上提升了各学科教研组的研修水平，大大促进了教师的课程实施力和专业化水平。

在见习教师规范化培训中，学校注重通识培训的课程开发，基于实践和骨干教师的经验凝练，组织导师团队开发了德育（心理）、基础课程与教学领域的十余门培训课程，满足了见习教师成长的需求，导师的专业能力也得到进一步的提升。

2016—2018学年教研组研修课程主题汇总

语文组
以学习者为中心的语文教学助学系统的优化实施——王晓燕 基于核心素养的初中语文阅读指导课的实践研究——童丽 基于语文核心素养培养的文本解读初探——姚卿

续 表

叙事性文本的主问题设计研究——杨洁 　　叙事性文本单元教学的主问题设计研究——王岚 **数学组** 　　基于标准的教学评价系统设计——耿强 　　基于标准的教学评价设计研修——耿强、伊金凤 　　基于标准的单元目标设计（一）——耿强 　　基于标准的单元目标设计（二）——耿强 　　基于学生推理能力提升的解题教学设计——耿强 **英语组** 　　以学习者为中心的目标优化实践研究——李萍 　　基于教学目标的作业设计实践研究——陆敏燕 　　以学习者为中心的单元作业设计实践研究——李萍 　　以学习者为中心的课时作业分层设计实践研究——倪秀娟 　　以学习者为中心的课时作业的优化实践研究——李萍 **综理组** 　　以学习者为中心的综理组课堂研修——季雪虹 　　以项目学习引领的初中综合化教学模式初探——金喆 　　综合理科组开展探究性学习的实践研究——林凤春 　　基于"学科核心素养"的微课设计与开发——何燕婷 　　以提升科学探究能力为导向的初中理科实验活动设计——重点以化学为例——林凤春 **综文组** 　　以学习者为中心关注问题设计的实践研究——顾云雷 　　关于培育人文素养的问题设计案例研究——顾云雷 　　综文组培育学生核心素养的教学实践研究——郭永芬 　　以学科微活动培育核心素养的案例研究——顾云雷 　　指向核心素养培育的自主学习项目设计——顾云雷

三、阶梯有序助力教师专业发展

多年来，市、区教育部门给学校搭建了一个很好的适应不同层级教师专业成长的平台。我校在此基础上，以需求为导向，根据学校实际情况，提供"模块化、菜单式"培训项目，实施分层分类培训，经过多年的实施，不断完善优化，给不同类别的教师搭建不同的成长发展阶梯。教师在自己的发展区内，拾级而上，稳步发展。

学科教师培养梯次：

◇ 见习教师梯队——见习教师规范化培训；

◇ 五年内职初期教师梯队——学校导师团提升培训；

◇ 青年教师梯队——校级中青年骨干后备力量培养、区学科基地、名师工作室；
- ◇ 高级教师、骨干教师和学科带头人梯队——学区工作坊主持人、市学科基地、名师工作室、高研班等。

班主任队伍培养梯次：
- ◇ 见习教师和职初期青年班主任——校班主任沙龙、学校导师团；
- ◇ 骨干班主任——区班主任工作坊；
- ◇ 班主任学区、区级骨干和带头人——区工作坊主持人、高研班等。

科研队伍培养梯次：
- ◇ 全体教师——校级项目化研修；
- ◇ 青年教师——专家引领下的教科研沙龙；
- ◇ 骨干教师——院校项目合作、市区各级各类课题研究等。

管理队伍培养梯次：
- ◇ 部门干事、助理——部门带教；
- ◇ 年级组长副组长——学生工作部、校长室带教；
- ◇ 教研组长副组长——课程教学部、校长室带教；
- ◇ 中层干部——校长室带教；
- ◇ 副校长——校长、区名校长工作室带教等。

其他：
- ◇ 教辅等两处员工主要针对服务精神和专业化水平进行自培和互培。

多层次多类型的培训使学校各级各类教师都得到了长足的发展。尽管近年来学校面临新老教师更替，但学校管理层面、教育教学质量稳定方面、市区校各层级的骨干培养方面等，都涌现了一批非常优秀的教师，为学校持续优质发展奠定了良好的基础。

四、任务驱动助推教师专业发展

学校坚持以教科研促工作质量和效益的提高，每年以申报市、区级课题研究推动教师解决教育教学中面临的困惑和难题。研究前，邀请市、区专家进行立项指导；研究中，开展过程跟踪、实践指导；研究完成后，邀请市、区级专家对课题过程性资料和总结进行评价指导。完整的闭环指导，提升了教师课题研究的质量，实现以科研促进效益的提升和研究型教师队伍的培养。

学校连续三轮参加上海市提升课程领导力项目，先后开展了"学校课程计划编制及其基于证据的完善研究""以学习者为中心的国家课程校本化实施的优化探索""基于学科核心素养培养的教学改进的行动研究""基于中小衔接的初中生涯教育课程开发与实施研究""指向素养 培育能力——徐教院附中课程实施方案优化与实施""新课标引领下的大单元教学手册的编制与实施"等重大项目研究,以此为主线,引领教师各级团队在校级、区级、市级等多层级的科研教研平台上进行聚焦学生素养培育的实践探索。申报研究的有关课程教学的市级区级课题20多项,2020年,我校有五个团队课题项目分获区级教科研成果一、二、三等奖。2023年,又有五个团队课题获评徐汇区教科研成果二、三等奖。我们始终坚持以科研课题迭代研究来促进课程体系的完善,优化课堂教学模式,培养学生核心素养,提升教师团队的专业化水平。

为促进学生学习方式的转变,学校各学科教研组开展《基于课程标准的单元教学操作手册》的编制实践,不断优化教学目标、教学评价、教学内容和教学设计四个系统。运用"激活—展示—运用—总结"教学方式开展课堂范式研究。通过组织示范课、比赛课、汇报课等,逐步规范各类课型范式,在课堂教学规范化、系列化的基础上实现特色化和个性化。

近三年来,学校结合市信息化标杆校和数字化转型试点校创建,探索基于学习经历数据驱动的关键能力培养的单元教学设计、课堂学习模式、过程性评价与教研改进的实践策略,基于信息化赋能教育教学开展多样化培训和实践探索,不断拓展教师专业发展的路径。

五、共同体促进教师专业发展

学校鼓励教师形成不同维度的学习和研究共同体,分类完成学习和研究任务。除了常规的学科教研组、备课组,每学年,学校三大中心(课程教学、学生发展、教师发展)针对一线教育教学中拟解决的问题制定《校级项目研究指南》。全校教师组成研修共同体,进行为期一学年的项目实证研究,每学年都有30多个研修团队。在立项开题论证—中期小结调整—结项评定等环节,外聘市、区级专家、教研员对每一个项目的实施进行指导。对于2~5年教龄的青年教师,学校专门聘请校外专家,每月开设项目培训沙龙,从如何"选项—立项—实施—结项"等进行一对一的辅导。通过项目共同体研修,及时帮助老师们(特别是青年教师)厘清问题、把握重点、攻克难点、提炼成果,提升课程实施力，提高教学质量和育人水平。

此外，学校还组建了跨学科备课组团队、项目化学习跨年级团队、见习导师团队等。跨学科和跨年级团队以项目研究为抓手，指导学生开展项目化主题学习和学习共同体研修活动，提升了研修的质量，带动了学生学习方式的改变，培养学生运用知识、解决问题、创新实践的能力。见习导师团队或是见习教师和带教导师组成学习和研究共同体，或是导师合作形成团队工作坊，不同的组合丰富研修形式，发挥更大的带教效益。

在开展共同体项目实证研修过程中，学校充分发挥骨干团队作用。学校现有市区级骨干和带头人14人和区学科中心组成员11人，有2个区级示范教研组、2个区学科基地创建教研组，骨干老师积极引领校级项目向区级、市级平台发展，从校内推广到区域，从小项目汇聚成大项目，使课程改革的难点和课堂教学改进的重点在日常的研究中得以破解和落地，特别是教师队伍整体水平得到大大提升。

六、示范辐射反促教师专业发展

学校在提升教师专业素养、促进教师专业发展的同时，注重通过为教师搭建各类平台，发挥示范辐射作用，既为本区内其他学校甚至是外区部分学校提供了可借鉴的研修范本，更是反向促进了学校优秀教师的专业成长和水平提升。

首先，学校作为市见习教师规培校，在见习教师的浸润式、团队带教过程中，我校的校本研修模式通过见习教师带到聘用校，得到聘用校的肯定，邀请我校带教导师进入聘用校进行经验介绍，提升了成熟型教师实践经验提炼和教育理念深化的能力水平。

其次，我校化学学区工作坊坊主和心理学区工作坊坊主都是区学科带头人，带教一批兄弟学校的教师开展研究。在区域层面我们多个教研组教师都是院校合作课题的积极实践者，是学科中心组的成员，承担着不同的研究任务，通过研究中的实践示范，发挥了引领作用，更促进了自身能力提高，同时，带动团队整体研究水平提升。

此外，学校通过大量的市区级展示活动的承办及为老师们搭建市区级交流平台，既起到了示范辐射影响，更是促进了老师们对教育教学深层思考和实践，很好地推进了专业水平的提升。如：2020学年，我校英语组和物理组分别承担区一号工程成果展示任务，3位老师代表学校教研组在外区外省市进行学术交流；2021年，基于学科核心素养培育的理化实验教学市级研讨展示（2位老师）；2023年，上海市新优质校认证展示，5位老师展示了"实验教学、数字化转型、生涯规划、单元设计、项目化学习"等实践探索，四省市相关学校进行线下线上观摩，获得好评；2023年，教育数字化转型语文和英语学科进行市级研讨展示（9位老师），得到专家和同行的高度评价。

优秀师资在发挥示范辐射作用的同时，提高发展的标准，对自身专业发展达到更高的水平起到了反向促进的作用。

总之，在未来，学校将结合"十四五"教师发展规划的推进实施，继续以"德泽文润、至精至美"为建设目标，以名/特教师、各级各类骨干教师、高职称/高学历教师等在学科和年龄段等分布的培养指标，通过专家指导资源引入、各类重点项目参与、搭建市区培训平台等途径，加大各级各类教师培养的力度，更好地推进学校人才梯队的教师队伍的建设。

（陆敏燕）

第二节 班主任队伍建设：任务驱动促成长　多方合力助提升

——徐教院附中班主任队伍建设初探

多年来，徐教院附中的每一位学生都能在学校生活中感受到快乐与幸福、成功与成长，这与我校每一位教师始终把"关心每一位学生的学习需要和学习质量，使学生成为爱学习、会学习，收获自信、收获成功"作为办学使命密不可分。在学校开发的促进学生发展的德育课程体系的熏陶下，在"学习—参与—体验—感悟"交互推进的德育模式中，在校内外的生活中，我们培养自信、促进动手实践、开展自主管理，让健美积极的心灵不断成长，让主人翁的意识不断强化。

这一育人目标的完成需要一支高素养、高能力的专业化班主任队伍。那么，如何促成我校班主任的专业化发展呢？我们的经验就是任务驱动和多方借力。

一、问题跟进思应对　任务驱动促成长

首先，每位班主任日常班级管理、班集体建设、对学生进行全面指导、完成学校各项培训，就是任务。每天常务工作的成功经验积累和问题反思就是促成班主任逐渐成长的良好载体。从班级的环境布置、板报内容、学生坐姿、桌椅摆放到出操时的集队、跑操、作业收交完成、卫生打扫、日日清时的点评、班级日记日志的指导、月主题班会的开展、社区小队活动的组织及突发事件的应对，都是班主任工作中的小家务，需要一一了解其操作方法及其背后所蕴藏的育人理念。

其次，学校积极引导班主任基于工作中的问题申报德育项目，通过项目研究实现对工作中难点问题的有效解决和班主任的专业化成长目的。每学期初进行申报，请专家前来指导，明确方向、理清思路，期中时进行中期交流，结束

时上传资料，请专家评审。在项目的完成过程中，老师们攻克了一个个工作中的重点和难点问题，也理清了工作思路，德育工作的目标及工作理念也逐渐明晰起来。特别是近年来区教育学院大力推行院校合作项目，更是对我们基层学校骨干教师的迅速成长起到了促进作用。

近年来，由于学校的连年扩班及老教师的退休，我校职初期班主任人数越来越多，如何帮助这些老师迅速成长成了学校须重点突破的问题。在这一情况下，我校组织有经验的班主任针对青年班主任在工作中遇到的实际问题，以问答、范例形式编制了《班主任工作50问》。

《班主任工作50问》中涉及了"育心"如何入脑入心，"育情"如何动之以情、传情于行，"育志"如何立志、励志，"育自"如何实现"自我认识、自我管理"等教育理念问题，也有关于"优良班集体建设"具体实施的操作性问题；既有日常管理方法，也有沟通技巧策略；尤其是六年级新接班的流程及注意事项更是开辟了一个板块重点进行介绍。这对有经验的班主任来说也是极好的锤炼机会。通过任务驱动，引领骨干班主任总结有效经验，而编制完成后的这本小册子也成了青年班主任学习的良好读本。

多年来学校一直承担区见习教师规范化培训项目，每年需要承担的十多位校内外见习教师的带教工作对于我校老班主任来说也是一种责任与挑战。要把这些见习教师指导好，对自己的专业水准和带教能力都必须提出更高的要求。在完成区见习教师和本校青年教师的带教工作中，我们的优秀班主任在传授自己的具体做法之外，也倒逼自己不断总结育人的工作理念、有效经验做法，在言传身教、经验总结的同时，促进自我的不断完善与超越。

二、同伴互助得双赢　专家助力更提升

在全体班主任校本培训时，我们经常请班主任来谈谈自己的有效做法。参加市、区级班主任工作室和高研班的班主任经常给大家讲自己的收获，帮助我们的班主任开阔眼界，提升理论高度。获得区育人奖的班主任为大家介绍自己的工作经验与特色，获得市、区级基本功大赛的班主任介绍自己的获奖案例或活动设计。项目负责老师介绍自己申报项目的价值和推进的情况。更多的时候，班主任校本培训既是经验的分享也是德育工作的交流平台，无论是讲述者还是聆听者都能从中获益。

我校每两周开展一次的年级组研修更侧重本年级的工作研讨，由经验丰

富的班主任以过来人的身份向组内班主任交流工作中的经验教训。为了促成青年班主任的尽快成长，我们建立了班主任工作室，以有经验的优秀班主任为核心，定期开展研讨活动。以青年班主任工作中的实际问题为研讨主题，通过导师的引领指导和同伴间的互相帮助共同寻找解决问题的有效策略与途径。每次大家都会围绕近期发生的问题开展讨论，导师可以为青年教师出谋划策，学员间也可以互相帮助。有时，一次成功的经验是其他青年教师成功的蓝本，而一次失败的教训更是其他学员少走弯路更快成功的基石。在共同的探讨中，青年教师互相启发、互相借鉴，共同成长。

我校班主任的专业化发展更需要专家的引领与指点。很多时候，我们的互培还仅仅停留在浅层次的实践操作层面；我们的成功源自实际经验的积累，很多时候是一种感性的实施，而非理性的运用。为此专家的适时引领与指导就显得极为重要。学校经常会为班主任请来市、区级专家，每学期的全员培训、校级班主任培训、项目申报评审、主题班会评比都有专家为我们保驾护航。这些既有理论高度又接地气的专家，善于捕捉到我们的亮点，也善于发现我们的弱项。多次的指点沟通，慢慢地促成了班主任工作理念的转变和工作立意的提升。

此外，我校积极向市、区级层面输送优秀班主任参与高一层次培训，向专家借力，促进骨干班主任更高层次发展。这些老师在校内的分享也间接地使我们的一线班主任能获得更多更好的德育工作资讯。而这些教师依托市区级专家开展的项目研究，在校内生根发芽，也促进了我校的班主任专业发展与提升。

三、以赛促研巧借力　展示活动勤搭台

在我们学校，每次比赛都是提升班主任专业水准的良好契机。无论是市班主任基本功大赛，还是区育人奖评选，我们都是全员参加，以赛促研、以赛促进。

赛期，我们会请专家为班主任培训指导，或是请上一届的得奖教师剖析自己的获奖作品。譬如：家庭教育指导案例比赛前，我们就给全体班主任印发了李燕萍老师市班主任基本功大赛获奖案例的原稿和两篇修改稿。引导班主任思考，调整了什么？为什么要调整？带班方略和育人故事撰写前，我们全体聆听专家讲座，分头撰写后开展交流活动，一起探讨如何体现教育理念、怎样突

出重点。主题班会说课前，我们为班主任提供两篇主题班会教案，引导班主任思考两篇班会教案不同在哪儿，班会的主题怎么算适切，环节的设计是否有利于目标的完成。播放获奖班会的视频，让获奖教师谈谈设计思路，与大家共同探讨如何捕捉问题，如何开对、开好主题班会，如何撰写案例。赛中，组内说课比赛、全校的开课都是经过每位班主任认真思考、年级组老师一起讨论、有经验的老师予以指导之后的成果。赛后，我们还会请专家与参赛教师一一点评，帮助班主任获得进一步提升。

无论是对外展示还是校内论坛，每一次展示活动都是班主任老师细细梳理自己的做法、思考自己的工作理念、总结自己有效策略的契机。在专家的指导下，多次的修改是一种磨砺，台上的讲演是一种历练。无论是面向全区的还是校内的论坛，一次又一次地促进班主任进行反思、总结。而这一次次的反思总结与展示换来的是班主任的个体特色彰显和群体的共同进步。刚开始时，班主任的稿子改得很辛苦，总觉得无从下手，只知道自己做了很多，却无法理出头绪，只能做简单的罗列。慢慢地大家的思路日渐明晰，越说越有章法、越论越有高度。在他人成功经验的分享中，大家汲取着养分，也看到了自己的不足，展示活动促进每一位班主任的自培与成长。

多样的平台、多种的学习形式、多层次的任务适配每一位班主任，助力德育队伍的成长与发展。在学习实践、分享总结、质疑与反思中，班主任不断坚定厚植根本的信念、提升育德育人的知识与能力，丰富着附中的建班育人哲学。

总之，睿智而有章法、宽厚而有大爱的班主任群体，培养出了一批批阳光自信、自律自主、合作担当、宽容感恩的徐教院附中学子，每一届徐教院附中学子都以自己的实际行动践行着"今天我以附中为荣、明天附中以我为豪"的誓言。

（姚　卿）

第三节 青年教师培养路径：优课程 重过程 从规范到赋能
—— 徐教院附中职初期教师专业发展之导师团带教机制探索

多年来，学校在"以人为本，为学生发展而奠基，为教师发展而铺路，为学校发展而改革"办学理念引领下，将每位教师的专业发展作为推动学校高质量持续发展的重要抓手，并将职初期教师作为重点培养对象，引领初任教师达规范、高起点入职，五年内青年教师有能力、谋主动发展，为保障整个教师队伍素质稳步提高打下坚实的基础。

比如近四年，我校又陆续引进应届新教师21人，占教师队伍的比例约为23%，处于职业的适应期和磨合期，面临工学角色转换、人际关系变化、工作负荷增大、职业定位摇摆等多重挑战，容易出现焦虑不安，感到迷茫失望，产生应付心理。因此，对这类职初期教师进行积极的思想引领、教育的情感归属、教学的规范养成和岗位的能力提升是必要且重要的，以此帮助青年教师迅速适应，从站稳讲台到胜任教学，并提高应对复杂问题的快速反应能力。

针对职初期教师群体的发展需求差异，我校设置了"双导师、三级团队"带教制度（以下简称"导师团"），即为每一位教龄在五年内的青年教师配备学科、德育两名导师，施行导师—备课组—教研组（或年级组）三个层级的团队带教。

学校根据培养目标进一步细分构建了两个层次的成长梯队，分别是工作第一年的见习教师学员团队和二至四年的青年教师学员团队，制定不同层次的培养策略：

针对见习教师学员团队：以完成身份转换，建立职业认知为目标，完成三个板块，即完成十次集体通识培训课程学习，每天进行"学科＋德育"双导师跟岗学习，区市级见习教师基本功比赛，形成依法执教意识、提升师德素养、增强实践能力。在三个板块的学习过程中，专家指导、导师引领，边学边做,规范成长。

针对二至四年的青年教师学员团队:以领会学科课标要求,优化课堂教学环节,提升控班能力,及时发现问题为目标,依托三个平台,即每周参与导师团备课组的"转转课",每学期参加教研组"骏马奖"赛课,每学年参与骨干教师领衔的实证研究项目,提升青年教师的教育教学能力和教育科研能力。在三个平台的实践过程中,主动学习、以赛促教,边做边研、赋能发展。

在具体实施中,导师团带教机制将优化培训课程和规范过程管理作为两大抓手,有条不紊地推进青年教师的专业发展。

一、优化培训课程,实现迭代发展

(一)课程内容迭代更新

作为上海市教师专业发展示范校,我校在教师培训课程的开发和优化上进行了大量的尝试和探索,其中针对职初期青年教师的导师团课程主要涉及三个领域,分别是职业认知与师德素养、教育教学实践、教师专业发展,积累了较多的优质课程资源,并根据时代要求不断进行迭代发展。

比如在"职业认知与师德素养"领域,新增上海市师资培训中心大中小思政一体中心项目主管何茜茜老师的讲座《做"经师"和"人师"的统一者》,从宏观、中观、微观层面提出教育政策,法规制定的意义和对从教者的指导作用,明确教育惩戒在教育实际中的目的和作用,帮助青年教师守住法律底线。经典讲座《与学校共成长:学校文化的传承与创生》从附中办学的价值共识、教育目标、发展规划、工作制度、课程实施的策略及教师发展的路径等方面,帮助学员教师了解附中,形成情感共鸣,回归教育本源,明确立德树人的职业使命。

再比如在"教师专业发展"领域,精选讲座《"双新"背景下新教师的素养》(张莉珉)和《积极心理学取向的学生观》(郭永芬),从当下教育教学改革的热点与难点出发,帮助青年教师关注到新时代教师的素养培养,关注到学生的心理健康的重要性。《青年教师教科研沙龙》系列讲座及实践指导则是为学员教师发现真问题、开展真研究提供学术和技术支撑,全方位、多角度满足学员教师的发展需求。

(二)方法技能实用好用

教育教学实践领域的大部分课程是由我校一线骨干教师结合自己的工作

经验、成长经历进行开发或集体开发的，所呈现的技能和方法是学员教师可以"拿来就用"的，不仅实用而且效果良好。

比如《培养品格 追求幸福》（王冬英）、《班级建设中的几个问题》（李燕萍）、《基于问题解决的主题班会设计》（姚卿）均指向班级管理的实际问题，助力学员教师进行班级德育和学科德育，帮助学员理解导师制在师生沟通中的方法与价值。《教学常规》（林凤春）、《课堂管理的要素》（杨洁）针对备课、上课、作业、听课、反思等方面，助力学员教师逐步扎实学科教学基本功。《项目化学习的校本化开发与设计》（吴燕峰）针对项目化学习提供给见习教师有益的方法与经验。

这样的课程不仅提高了学员教师的职业幸福感，更启发学员教师进一步思考未来的发展方向，做好规划，成就持续成长。

（三）培训过程关注个性

学校开发的培训课程不是单方向的传递，更多的是与学员教师的相互沟通和相互启迪，在学习和实践的过程中，与主讲教师、导师之间建立密切的联系，在完成共性目标的同时关注个性的特点和需求。

比如主讲教师杨洁在培训前收集学员教师的真实"问题"，在培训时归类分析；主讲教师林凤春在培训前仔细查看学员教师的手写教案、听课笔记、部分学生作业，亲自听课、拍摄板书，在培训中逐一点评优点和不足，帮助学员教师在交流中相互学习，认清问题。每一次通识培训后，大部分主讲教师都会进专用群，查看学员教师在群里发布的培训感想和个人疑问，并及时在群里答疑解惑，并调整培训内容进行迭代。这样的过程让学员教师发现自己都在被关注，培训的内容就是在分析解决自己的问题，培训不是高高在上，而是量身定做。

导师团为每一位职初期的青年教师配备了一名学科导师和一名班主任导师。每周学员教师跟随德育导师进行晨务管理、日日清总结、班干部会、班会等日常管理，与学科导师交流教学进度、讨论教学设计、听课评课、修改手写教案、尝试作业设计，在浸润式的实践中夯实教学基本功。学员教师参与所在年级组、备课组、教研组的专题研讨活动，三级带教团队无私地向学员提供集体智慧，展现实践案例。学员借助团队平台，在集体备课、转转课研讨、基本功大赛、骏马奖磨课、项目实证研究中发挥个人作用。利用教与学的双向互动，促进学员教师的主动思考，为青年教师的个性发展赋能。

二、规范过程管理，落实稳步推进

（一）分段设置带教任务

学校着力在每一个阶段进行细致的管理，以确保每位学员教师能享有优质的培训资源和学校良好的教书育人的文化氛围。例如，学年伊始，学校根据新学年的任教年级、学科，重新为每位学员选择校、区骨干教师作为学科导师和德育导师，举办隆重而严肃的集体拜师会并签订为期一年的带教协议。

学员与导师面对面，逐条明确导师的带教任务与职责，明确学员的学习目标和各阶段任务，师徒携手，共同帮学员教师制定新学年的学科教学、班级管理和教育科研三方面的发展目标，并分解形成学期、月、周的工作计划落实表，帮助学员教师厘清学习目标，排好学习任务，提高可操作性和实效性。

学期初提交学习计划，学期中开展常规检查，学期末进行学习成果交流，导师及所在备课组、教研组带教团队共同关注学员的发展，随时进行手写教案、听课笔记、学生作业、课后反思等抽查，对每学期的汇报课进行集体听课、评课、研课，帮助青年教师在职初期形成良好的教育教学规范，迈好专业发展的坚实一步。

（二）细分阶段快速反馈

学员教师在师徒的浸润式带教中，得到了全方位、多层次的学习和实践。德育导师带领学员教师参与班级管理，包括晨操、午会、日日清，学员教师观察并做好记录，之后与导师交流，提出自己发现的问题；参与班干部会，学习班级干部的培养，了解班级事务的处理；参与主题班会的策划，观摩所属年级的育人奖初赛评比，比较不同班级、不同主题的班会特点，分析班会所要解决的问题和对班级集体的教育作用。学科导师围绕教学五环节，为学员教师做出示范，一同参加备课组转转课，参与备课组研讨单元教学设计，尝试项目化活动设计，把握本年段的教学规范，共同观摩教研组骏马奖、耕耘奖初赛，学习不同优秀教师的教学风格，感悟不同年段学生的学习特征。

通识培训期间，通过培训前问卷调查、微信群问题征集、现场访谈等方式了解学员的困惑、需求、认识；学习中设置互问互答，收集学员的反馈；学习后撰写学习体会，反思个人实践，并在微信群中拍照分享收获和感悟。基本功大赛、骏马奖比赛期间，每个单项赛后，教师发展中心会将评委的意见和建议反馈给每一位学员教师，并将每一位学员的演课视频和评委点评，依次发布在专用群中，供学员教师反复观看、相互学习。

在学习、实践的各个阶段，得到快速、即时的反馈，学员教师能清晰地看到自己在每一个阶段的成长进度条，也能从同伴的身上发现闪光点，促进学员教师对自身成长认同。

（三）个性分析因势利导

在导师团进行学习的共同目标是逐步成长为专业过硬、站稳课堂、以研促教的新时代青年教师，但每一位学员首先是具有鲜明个性的独特个体，因此导师们特别注重发展学员教师的优势个性特征。比如学员贺念祖老师在学科上教学站位高、理念新，带教备课组团队就鼓励他在推进新课标的过程中发挥优势，尝试在大观念的统领下协同本组教师进行"单元备课"；再比如学员黄乃睿老师在实验教学上很有创意，并且对八年级数字化智慧课堂实践比较自如，物理备课组带教团队为他提供展示数字化实验教学的平台，在市级新优质校认证的展示课准备过程中逐步磨炼、发展他的优势；学员薛彧楠老师对校本活动开发很感兴趣，生物带教团队协助她共同开发"我是河流检测师"项目，并在七年级进行实践教学，取得良好效果，她在课堂实践中的项目化教学还在市级项目化活动中进行交流。

每学年学校教师发展中心都会要求见习学员教师在导师的帮助下制订个人三年发展规划，并在此后的每年进行梳理，帮助其认清自己的不足，反思并调整自己的教育教学行为；发现自己的优势，不断发挥，放大优点，逐渐形成自己的教育教学特色乃至风格，在优化自身的同时，体会职业幸福感。

（金　喆）

第四节 教研组队伍建设：教以共进 研以致远

——语文教研组以项目研修引领教师共同体发展的路径探索

在新课标的背景下，随着课程改革不断深入，作为课程与教学实施主体的教研组建设发展势在必行。新形势下的教研组是促进教师专业发展的学习共同体，是学校教学质量的坚实保障，是最为重要也最接地气的教研体系。近年来，我校语文教研组转变理念，以项目研修带动教师共同体的发展，取得显著的进步，先后获得徐汇区优秀教研组、徐汇区示范教研组、徐汇区文明组室等，组内老师在上海市作业设计比赛、上海市教研活动、徐汇区见习教师比赛等屡获佳绩，语文教学成绩稳步提升。回溯语文教研组的发展过程，拟从项目驱动、主题引领、难点突破三方面阐述具体做法。

一、项目驱动，凝聚团队人心

教研组发展初期，团队里有多位高级教师、学科骨干及带头人，还吸纳多位外校教研组长，而现实中教研活动只是停留于任务的上传下达，或只根据学校的任务安排听课、评课，教研活动没有主题、缺乏内容，渐渐地大家参与教研活动的热情不高，教研氛围也不浓。久而久之，教研组的人心涣散，各行其是，缺乏主心骨。团队的核心元素是模糊甚至是缺失的。显然，只要核心元素不确立，团队的特质就凸显不出来，成员就无法找到归属感。

在这样的背景下，教研组必须更新理念，聚焦教学真问题，找准突破口，树立"问题即课题"的意识，从项目研究入手凝心聚力。近年来，语文教研组先后成功申报了两项区级项目"旨在培养学生核心素养的初中语文阅读教学转型的实践研究"（项目一）、"问题链设计改进初中语文阅读教学的路径探索"（项目二）。彼时，恰逢统编教材刚刚推行，针对我组阅读教学中问题设计繁多、零碎、随意的弊端，全组老师在"项目一"的研究中，聚焦叙事类文本阅读，以统编教材中七年级上册第四单元《植树的牧羊人》为研究篇目，以六至九年级学生为研究对象，开展叙事类文本主问题设计的研究，改进课堂教学效益。

项目研究从教师个体到备课组再到教研组逐步推进，将日常教学、项目研究、校本研修一体化开展，既不增加教学负担，又能产生现实效益。在此过程中，教研组长不仅布置研究任务，更是指导备课组长带动团队成员参与研究，充分发挥备课组长的核心作用。每一项研究内容首先备课组调动个体力量充分研讨，形成共识。在备课组研讨的基础上，教研组对共性问题展开交流碰撞，不同的备课组也可以互相借鉴，取长补短。在项目研修中，不同教学层级教师的教学理念得到提升，教学水平突飞猛进。

实践证明，有主题的项目研究可以凝聚团队人心，进而实现全体成员从"单打独斗"向"群策群力"飞跃。换言之，基于真问题的项目研修不是教研组长自导自演、自娱自乐，而必须是团队就着"最近发展区"求同存异、有的放矢的大融合。从"项目一"到"项目二"，大部分团队成员开始认可、信服教研组，逐渐凝聚在教研组的团队发展过程中，聚焦单元教学中"问题链设计"，从"主问题"到"问题链"、从"问题设计"到"学习任务设计"、从关注教师的"教"到关注学生的"学"，迭代有层级开展单元教学研究。教研组建设就从"一盘散沙"到"凝心聚力"质的飞跃，形成了"教以共进，研以致远"的团队特色。

二、主题引领，激发团队活力

如果说以项目驱动来凝心聚力是教研组建设的第一步，那么通过主题引领，促使团队思维火花的碰撞是教研组向纵深发展的关键。机缘巧合，在团队发展的关键期，适逢上海市中小学单元作业设计比赛，需要组织六至八人的团队参加。在自主报名、团队筛选下，本着老中青"传—帮—带"的理念，组建了八位老师的团队。

八位老师分别是四位骨干教师、四位年轻老师，一位骨干带领一位年轻教师设计一篇课文。团队中有各年级备课组长，还有处于成长期的中青年教师，还有职初期的教师，更需要入门的引领。成员分布于不同备课组，这样可以把作业设计的经验辐射开去。总之，通过单元作业设计提升不同层次老师的能力，以点带面，激发团队的研究活力。

聚焦作业设计的主题，以项目化研修方式，通过理论学习、课标研读、反复实践和修正，关注语文单元作业设计的核心，紧扣语文学科核心素养与语文学科知识技能的融合难点，力求作业设计的表述精准性、内容探究性和形式创新性。单元作业设计从研制到打磨不断优化。

作业设计研修过程中，多次的头脑风暴是将思维推向深入，也是提升大家研究能力的契机。团队成员把设计的作业上传到学校信息化平台，互相点评。每一位成员都要点评其他成员的作业并做好记录，研讨的针对性和效率大大提升。集中研讨时，先请设计者阐述设计目标、设计思路、设计意图等，其他成员在听取设计者的阐述后提出改进意见，有的针对题干的精准度、有的针对题目目标、有的针对整体题目的结构性、有的针对题目的形式等，大家互相智慧碰撞，不断产生新的想法，完善作业的设计思路。

总之，团队成员有经验的老师会积极发表自己的想法，促进大家逐渐深入解读文本，年轻老师在题目创新上会提出自己的创意，互为补充，共同进步。这样先后两次参与有主题的单元设计比赛，聚焦重点，以点带面。在此过程中，团队按照清晰的研究流程，集中攻关，各个击破，取得了良好的效果。主题引领下的作业研修提升了团队成员的文本解读和命题能力，也激活了团队整体的研究活力，团队进入从"跟着研"到"主动研"的良性发展轨道。

三、难点突破，促进团队发展

随着新课改的不断深入，团队不可避免会遇到难题。如果说项目驱动和主题引领是教师共同体发展的原动力和内驱力，那么应运而生的教研难题就需要教研团队的智慧来"破冰"。2022年，语文教研组成为"上海市基础教育数字化转型实验——初中语文单元教学设计与实施"项目实验组，教研团队迎来新的发展机遇，也是一次从无到有的挑战。

借助"备课助手、教学助手、作业辅导助手"数字化教学平台，开展资源建设和实践探索。一接到任务，语文教研组老师学习数字化转型的相关内容，同时由三位骨干老师（教研组长、八年级备课组长、青年教师）组建实验团队参与项目组实践。教研组长带动全组一起参与实践研修；八年级的备课组长带领备课组开展实践，并反馈实践过程中的得失，及时改进相关实验内容；青年骨干老师在不同层次班级进行实验。同时，又安排了六位年轻老师也参与项目实验，每位骨干老师带领两位年轻教师一起投入实验，以期带动教研组不同层次老师的发展。

　　难度较大的是进行每个年段的单元的资源建设，如统编初中语文教材七上第一单元、第三单元、第四单元。在区教研员的指导下开展单元的资源建设，为了保质保量完成任务，教研组制定了详细的分工和时间进度表，定期汇报交流。实验核心人员进行任务分工：教研组长带着两位年轻老师负责单元规划、单元教学设计及一篇课文的设计，备课组长带着两位年轻老师进行两篇课文的设计，骨干教师带着两位年轻老师进行两篇课文的设计。资源设计主要设计内容包括一个单元整体规划设计和重点课时教学设计，时间上一般是两周一个单元，从设计初稿到反复打磨，做到精益求精。

　　资源建设中心组老师主要以信息平台进行沟通、优化资源设计内容。每个单元设计前，借助腾讯会议讨论这个单元的核心问题，比如单元目标如何确立、课时目标如何分解、单元教学活动如何设计、作业如何设计、每一篇重点文本如何解读等。在讨论过程中，充分调动每一位老师的思考，尤其六位青年教师对于文本的解读。第一单元处于摸索阶段，实验中心组成员在教研员的指导下完成初稿，教研员审稿后提出修改建议，再进一步修改，对课时目标的表述、作业评价的设计等进行精细打磨。实验组成员把完成的资源设计发到群里，互相审查。青年教师主要是跟着中心组老师一起设计学习。在设计第三、四单元时，青年教师分成两组参与设计。实验项目中心组设计完成后，及时和青年教师的案例设计进行比对，找到共性和差异，分析原因，总结经验。青年教师也在不断实践中对数字化转型的单元教学设计有了全新的理解，文本解读更加深刻，教学设计更加精妙，作业设计更加创新。

　　单元设计全部完成后，召开了一次教研组研讨，安排参与实践的老师交流资源设计过程中的收获。每位实验成员都从自己实践的一个角度进行经验分享，在分享中不仅进一步提升自我，也能辐射到组内的所有成员。面对新课标的颁布实施、教育数字化转型的新要求，组内老师或多或少有畏难情绪，此时，教研组就需要引领大家破解"难"点谋求发展，凝聚大家的专业智慧，在团队强大的向上力下自我前进、自我提升。

　　综上所述，从项目驱动到主题引领到难点突破，既是教研组教师共同体发展的三大重要策略，也是语文教研组不断建设发展的三个重要阶段，更是以项目研修引领教师共同体发展的探索过程。在探索的路上，我们也渐渐明晰了项目引领共同体发展的路径：聚焦问题—形成方案—分解任务—合力研讨—达成共识。同时，以最先进的教学理念指导自己，以最执着的信念挑战未来，不断总结反思，不断突破自我，不断砥砺前行，打造"教以共进，研以致远"研究型团队。

（王晓燕）

参考文献：

［1］王晓燕.找准突破口　化问题为课题——以叙事类文本主问题教学实践研究为例［J］.现代教学，2020（3）.

［2］陈树梅.课例研修：撬动教师发展共同体建设——以海安市城南实验中学语文教研组为例［J］.教育视界，2022（8）.

第五章

素养导范:
培育信息化标杆校促内涵发展

概 述

　　学校挂牌20多年来，经过了多轮办学规划的引领实施，形成了鲜明的办学特色、丰富的课程体系、优质的教育质量、追求卓越的附中文化。

　　随着信息时代的到来，教育数字化转型又成了学校内涵品质提升的分水岭，为此，学校抓住契机，在徐汇区创建"国家级信息化教学实验区、上海市教育数字化转型实验区"引领下，2020年成功申报为上海市教育信息化应用标杆培育校（第二批），成为徐汇区公办初中唯一创建校。

　　两年多来，学校结合办学目标和育人目标推进实施，将学校"十四五"规划中提出的"建设自适应学习社区"作为创建目标，完善线上线下交融的无边界课程体系；建设以数据分析和人工智能技术支持的智能化育人环境；积累以学习者为中心的学习经历数据，探索基于数据驱动的学科核心素养培养的单元教学设计、课堂形态改变、过程性评价与教研改进的实践策略；探索基于数字画像的增值评价研究；探索信息化背景下学校精准高效的管理模式。

　　教育信息化应用标杆培育校的创建，进一步深化了办学特色，持续提升了学校内涵发展和高品质育人质量。

（丁英姿）

第一节 基于数字画像，探索增值评价，助推"自适应"学习社区建设

在徐汇区创建"国家级信息化教学实验区、上海市教育数字化转型实验区"的引领下，学校结合办学目标和育人目标，在"十四五"规划中提出了"建设自适应学习社区"的发展目标，"自适应"培养学生具备自我调适、自主学习，具备积极应对未来多元环境下的多样性挑战的能力；"学习社区"是基于共同成长目标和价值追求的线上线下交融的无边界学习场域。

两年多来，学校在上海市教育信息化应用标杆培育校创建目标的引领下，在市、区领导和专家的关心和指导下推进实施。随着创建工作的逐步推进，学校逐渐明晰了创建特色，将"基于数字画像，探索增值评价，助推'自适应'学习社区建设"作为创建目标。

一、创建工作概况

（一）创建原则

学校围绕创建目标，在创建过程中主要遵循以下四大原则：

1. 坚持育人为本推进标杆校建设。学校以育人目标为引领，以有利于学生身心健康成长为原则，推动数字化赋能学校教育综合改革，如在课程与学业模块，从课前"课程地图"辅助预习、课中"智慧课堂"辅助学习到课后"精准练习系统"辅助作业和精准评价，都从培养学生兴趣、满足个性发展需要、提升学科核心素养和自主学习能力等角度实施；在品德与素养模块，从学生日常行为规范遵守、德育活动参与到学生荣誉勋章引领等，都从立德树人角度帮助学生更好地成长。

2. 坚持常态化应用和以点带面相结合。学校课程地图平台、德育学分平台和教师专业发展平台等，都以常态化应用面向全体师生推进；智慧课堂、精

准评价系统等以点带面推动教育教学的革新与发展，实现数字化教育教学模式的实践创新。通过两者的结合，既保证了面上的实施效果，也保证了点上的突破性创新。

3. 坚持探索精准教学，实现技术驱动课堂转型。学校通过从两个班到整个年级的智慧课堂和课后精准练习系统的试点，在日常学习中伴随式采集学生学习过程性数据和结果性数据，自动汇总分析学生的学业情况，以便教师进行个性化的辅导，基本实现技术驱动赋能。

4. 坚持问题导向、应用驱动，实施增效减负。教师资源分散存储、教研活动无法留存、教学圈子无法共享等问题，导向研发教师专业发展平台，通过部门管理需求到一线教师的应用需求，逐层细化，以保证平台开发适合各层级教师使用；日常行为规范无法及时记录并精确到个人、各类德育活动无法有效统计、学生荣誉无法及时透明化等问题，导向驱动德育学分平台的开发，通过平台开发实施增效减负，提升教师应用的积极性。

（二）创建内容

学校以信息化标杆校创建目标为引领，推进了五方面的重点建设内容：

一是，探索建构智能化的智慧课堂，提供数据采集、分析辅助教师备课、上课和作业布置等，逐步实现学生精准化评价和个性化学习。

二是，打造信息化"课程地图平台"，确保学校课程从内容、实施和评价上体现信息化特征，不断增强学校课程的丰富性、可选择性及线上线下课程的交融性，激发学生兴趣，培养自主学习能力。

三是，建立多元多维度的综合评价模型和基于数据采集、分析的信息化支撑环境，形成具有学校特色的综合素质评价操作模式，确保每一名学生都有与其自身特点相适应的数字画像及针对性改进指导举措。

四是，建设教师专业发展平台，形成教师成长档案袋，荟集学校优质教育资源，通过线上线下教师研修与共享促进教师专业发展。

五是，基于数字画像实现"自适应"学和"智适应"教，为构建"自适应"学习社区提供信息化支撑。

（三）保障机制

学校组建标杆校创建的领导小组和工作小组。领导小组由校长担任组长，具体负责制订项目实施规划和评估机制，建立项目实施保障机制；工作小组由分管副校长担任组长，具体负责各模块培训及开展实践指导，制订信息化各应用项目实施方案并推进实践。

在人员保障方面，学校重视教师的信息化素养培训，围绕项目实施的需要，学校先后组织师生开展了近40批次5000多人次的智慧课堂、录播操作及信息化平台应用的相关技术培训。

在技术保障方面，学校建立了市、区、校三级专家技术指导和保障团队，成立了骨干团队领衔、教师全员参与的工作团队。

在资金保障方面，学校两年投入专项资金100来万元用于信息化建设维保及绩效奖励等。此外，区级教育主管部门支持专项经费（一期投入411万元，二期将投入498万元，其他专项205万元）。

在制度保障方面，定期开展工作例会研方法，定期开展研修活动促探索，制定各类操作手册和管理规范约30项，保障各模块有序、有计划实施。

二、创建工作实施情况

（一）创建进程

学校结合信息化标杆校创建目标和内容，在原有信息化建设基础上有计划推进创建进程。

2020年7月，学校教育信息化应用标杆培育项目（一期）进行招投标。

2020年8月，进行整体项目需求调研和需求设计。

2020年9月，召开学校信息化标杆校项目（一期）启动会。

2020年9—10月，进行分项目需求调研和需求设计。

2020年11月—2021年1月，云录播系统、课堂行为分析系统、A3高速扫描设备、智慧教学管理教师终端机、学生终端机、课后测评精准教学系统、基础数据管理平台等涉及系统产品部署和智能设备安装调试均完成。同步跟进培训和应用。

2020年11月—2021年3月，课程地图平台、学生德育学分平台、教师专业发展平台、校级数据决策分析平台等业务系统进行订制化开发。同步跟进培训和应用。

2021年2月以来，整体项目全面推进，并于2021年9月通过第一期建设验收。2021年11月，学校信息化标杆校项目（二期）顺利完成招投标。

2021年12月至今，一期项目继续实践，二期项目（智能手环、智慧班牌、平台完善等）全面培训和应用，专项项目（三个助手、点阵笔、个性化作业

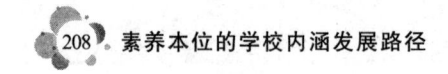

等）培训启动。

（二）创建举措及成效

学校在标杆校的创建中，通过各类教学应用场景挖掘痛点，采取有效的信息化技术帮助学校更好地解决痛点，实现学校教育数字化转型，完成学校构建"自适应"学习社区的目标。下面主要从课程教学、学生发展与评价、教师发展与研修、学校管理与治理四方面阐述学校创建主要举措及目前取得的成效。

1. 课程与教学建设

课程教学助推学生"自适应学"和教师"智适应教"，打造线上线下交融的无边界学习场域。

（1）智慧课堂和"智学网"促精准教学、精准评价

在课堂教学中，如何实时获取班中40多名学生学习情况并进行教学调整一直是很难突破的点。本次标杆校一期建设通过两个班级引进智慧课堂，二期扩展到一个年级8个班级，让学生人手一台学习机在课堂教学中运用。课前通过学习单等预习让老师及时掌握学情利于有效备课，课中通过布置线上练习实时呈现学生学习情况，并自动统计分析，让教师可以根据系统反馈信息实时调整课堂教学内容，完成基于实时评价的精准教学。同时，试点年级教师结合"智学网"自主组卷，利用高速扫描设备智能阅卷汇总数据，获得上万条数据进行学情分析，形成校本作业、校本练习大数据个性化教学精准评价，助推后续巩固辅导，促进因材施教、增效减负。此外，全校教师利用云录播系统每周开展教学录课，利用录播教室的交互式智能屏进行互动教学，利用课堂行为分析系统进行录播课例研讨，助力精准教学。

（2）基础课程资源促教育公平、提教学质量

学校通过课程地图平台的订制化开发，汇总所有基础学科课程目录，组织教师将已有的优质课程资源通过课程平台呈现给学生，同时，组织教师积极建设优质微视频课程，让学生通过课前预习、课中学习、课后复习，为学生提供自主学习的平台和线上线下融合的学习场域，确保每名学生都能学习学校优质资源，促进教育公平，提升教学质量。学校已开展各年级各学科教学资源的汇总（包括市级空中课堂资源1380个、校本微视频资源558个、特色课程视频资源100多个），为学生自主学习提供了全面系统的学习内容。

（3）特色课程资源激发学生兴趣、挖掘学生潜力

围绕"自适应力"培养目标，学校已打造德育课程、项目化课程、社团课

程和基础课程项目式活动四类特色课程群,为激发学生潜力,学校开发课程地图平台中的"项目化学习"和"自主选课"模块,让学生有充分自主选课的权力,并且通过线上参与学习特色课程,拓展学生参与学习课程的数量,挖掘学生个人学习兴趣和潜力,满足学生全面发展和个性特长培养的需要。目前学校已构建项目化课程62门,参与学生人数1428人;社团课程117门,参与学生人数2698人,学校将近50%的项目化课程通过线上平台进行选课和实施,在师生中营造了线上线下融合的学习社区氛围。

2. 学生信息素养和综合素质评价

学生信息素养的提升为"自适应"学习社区建设提供素养保障,学生数字画像的构建为精准评价提供模型,为"自适应"学习提供智能依据。

(1)信息化培训提升学生信息素养

智慧课堂中需要学生使用学习机参与课堂教学,并在教师的引导下通过智能设备完成学习任务,这就要求学生必须熟练使用学习机,德育学分平台学生获奖等资料的上传需要培训指导,点阵笔和个性化作业等使用。为此学校组织学生多次培训,据不完全统计,学生各类培训约10批次近4000人次,大大提升了学生的信息素养。

(2)信息化系统的应用提升学生信息素养

学校标杆校的创建注重常态化应用。课程地图平台的应用需要学生在平台上进行预习和复习,学生选课平台的应用需要学生按时间按要求完成选课任务,学生德育学分平台的应用需要学生及时填报社会实践活动和个人荣誉等各类数据,这些应用系统使用都是伴随在学生日常学习中,潜移默化中提升了学生信息素养。

(3)学生数字画像的构建完善综合素质评价,引导学生全面发展

通过课程地图平台、智慧教学管理系统、课后测评精准系统和成绩管理平台等采集学生"修习课程与学业成绩"类数据;通过德育学分平台采集学生"品德发展与公民素养"类数据及部分"创新精神与实践能力和艺术修养"类数据;通过与区体质健康数据和学校心理测试数据对接,采集学生"身心健康"类数据。随着标杆校建设的深入实施,不断完善校本育人指标体系,勾勒出较为完整的学生数字画像,帮助学校老师从经验判断到数据评价更深入地认识学生,为个性化教育、生涯规划指导、家校互动和全员导师制工作开展提供了指导依据,同时动态显示警示信号、动态呈现发展曲线,以评价每个孩子成

长中的"增值"空间,促全面发展。

3. 教师信息素养与数字化研修

教师信息素养的提升为"自适应"学习社区建设提供素养保障,数字化研修为"智适应教"提供线上线下交融的无边界教研场域。

(1)信息化培训提升教师信息素养

智慧课堂教学系统、精准评价系统、云录播及课堂行为分析系统、交互式智能白板等各种应用系统和智能化设备的使用,德育学分平台等各大平台的开发使用均已成为教师工作的一部分,为了能够让教师顺利地参与各个信息化应用模块,学校进行了各类专题培训约20批次1000多人次,主要有面向六、七年级的大数据精准教学培训,六、七年级语数英精准教学测评制卷及扫描培训,点阵笔和个性化作业等使用培训,面向班主任的班牌应用和德育学分平台培训,面向体育老师的手环教学培训,面向全体教师的录播系统及希沃教学设备使用培训及教师专业发展平台、选课平台及课程地图平台培训等,此外,还通过组织教师开展信息化案例撰写、信息化论坛等,大大提升教师的信息化素养。

(2)信息化系统和智能设备的应用提升教师信息素养

信息化标杆校的创建需要贴近教师需求,解决教师痛点,这就需要在信息化平台开发中和教师进行充分调研和沟通,并通过原型设计与教师进行互动,既使开发的平台真正满足教师日常使用需求,同时也提升了教师信息素养;云录播系统的引进需要教师熟练使用交互式智能白板,熟练操作录播系统,提升课堂效率,满足个性化研修需求;智慧教学管理系统的引入需要教师通过课前采集数据针对性备课,课堂中通过智能平板与学生互动即时调适教学内容,课后采集分析数据进行巩固提高;课程地图平台需要老师制作丰富优质的微课程视频……这些应用系统的使用和智能设备的操作大大提升了教师信息素养。

(3)跨时空多类型的数字化研修模式提升教师专业发展水平

"标杆校"创建为学校开展跨时空多类型研修活动提供信息化支撑。跨时空方面,直播教研已成为学校研修常态,教师经常利用云录播教室和学区、区级进行直播教研,如:2020年英语组3位老师录制了三个单元共9个课程,参与全区云录播共享平台交流;物理组老师使用云录播教室开展全区线上展示课和评课活动;学区工作坊主持人(化学、心理学科)使用云录播教室开展教科研开题等远程互动研修。各教研组还通过录课（线下听课的补充）开展校内研修，教师也可以通过录课平台开展自主研修。如：可通过办公室电脑或手机随时观看其他教师的录播公开课，还可以自己录课，作为自我观察和反思的重要路径。实施以来，老师们已录课800多节用于教研组研修和个人教学研究。在多类型方面，教师专业发展平台不仅支撑研修活动的线上任务布置和听评课相互研讨，教师们还可以通过平台的小组圈自主组合研修团队，分享设计思路和资源，如微课程开发制作、命题研讨、作业设计等，使得校内研修方式线上线下得以融合，更加灵活多样，更好地帮助教师专业成长。

4. 学校管理与治理

学校智能管理与智能治理为"自适应"学习社区建设提供实施保障基础和效率提升基础。

（1）信息技术赋能，提升管理效益

信息化平台开发之前全体教师提交业务需要层级提交，需要人工统计和督促，比较费时费力，通过教师专业发展平台和教师工作坊平台，优化业务管理流程，只须在平台中新建任务，设定参与人员和提交日期，填写编写要求，教师即可收到信息，管理员可在后台提醒，保证相关业务顺利实施，并且资料也可统一打包归档，提升管理效率。此外，教师也可以随时在平台上学习同伴资源、查阅或下载个人资料，非常便捷。

教师批阅试卷很耗时耗力，本次"标杆校"建设，通过测评精准教学系统帮助老师编制试卷，通过高速扫描仪自动批阅试卷，很大程度上减轻了教师的工作量。同时系统自动采集每名学生的测试数据，进行汇总统计分析，提供老师各类数据分析以开展针对性教学，做到因材施教、减负增效。

（2）建平台汇资源，促进师生发展

每位教师都存储着优秀的教学资源，但都存在各自的电脑中；每位老师都有教学的经验和亮点，但没有途径汇集呈现，更无法让同伴共享、让学生学习。本次"标杆校"建设通过教师专业发展平台中的资源库建设和课程地图的资源汇聚，让教师的优质资源不仅可以集中分享给其他教师，也可以通过课程地图平台推送给学生，丰富了学生的学习资源，拓宽了学习方式，也提升了教师的专业发展。

每名学生的德育数据非常丰富，但数据分散，汇总时数据不规范，格式不统一，导致无法有效地统计分析。本次标杆校建设开发德育学分平台，让学校德育数据更加规范，学校和老师可以全面及时获取学生德育发展状况、班级管理情况、活动科学安排情况等，及时跟进针对举措，更好立德树人，促学生全面发展。

（3）构建数字画像，推进智能治理

在本次标杆校建设中，学校通过各个管理信息化平台的统一认证，应用集成数据生成学校画像、年级画像、班级画像、学生画像、教师画像，辅助学校决策管理，推进学校智能治理。

学校画像主要从学校荣誉、科研项目成果、教师发展维度、学生发展维度等进行大数据统计汇总，使办学更加透明，帮助学校决策管理；教师画像以一线教师、党员教师、管理团队教师等分类统计，从教研组、骨干、职称、学历、年龄等维度进行统计分析，辅助各类别教师团队的培养及队伍结构的调整优化；年级画像和班级画像主要从学生的学业等级、荣誉分布、体质健康、心理品质、选课热度、德育活动参与等维度进行大数据统计分析，辅助学校、年级、班级等分层管理；学生画像主要围绕学校育人目标及《上海市初中学生综合素质评价实施办法》四个板块（修习课程与学业成绩、创新精神与实践能力、品德发展与公民素养、身心健康和艺术修养）进行分类设计，集成数据，定期分析，激发学生自主发展的内驱力，辅助学生个性化培养，促进家校沟通的质量。

三、特色创新点及推广

（一）特色创新点

1. 探索学生"自适应学"。课前，学生通过导学案和课程地图平台微课程预习；课中，通过智慧课堂学习；课后，通过测评精准系统推送的练习及课程地图平台微课程巩固复习，逐步满足学生在"双减"背景下通过线上线下交融的无边界学习场域按需自主学习，保障了校内外的学习时空，助推学生自主学习内驱力及学习能力的培养。

2. 探索教师"智适应教"。教师备课借助智慧教学管理系统资源，授课借助智慧课堂设备软件，练习布置借助课后测评精准系统推送，测评批卷和数据分析借助智能扫描仪和智学网软件系统，通过智能化设备系统和定期培训引领教师"智适应教"。此外，通过打造融"学习、实践、研修"为一体的教师专业发展平台和云录播教室等智能化设备设施开展线上线下交融的研修模式，开展优质微课制作，丰富线上各类型课程，满足学生自主学习的课程需求，促进教师"智适应"能力提升。

3. 探索基于学生数字画像的"增值"评价。通过智慧课堂、课后测评精准系统及成绩管理平台等采集学生的学习行为和学习结果；通过选课平台和课程地图平台，呈现学生自主学习能力和个性化的学习需求；通过德育学分平台采集学生行为规范表现、德育活动表现、艺术/创新素养；通过与区校平台上的体质健康数据、积极心理品质数据、入校基本数据等对接，勾勒出每个孩子的数字画像，动态显示警示信号、动态呈现发展曲线，以评价每个孩子成长中的"增值"空间，促全面发展。

（二）推广实践

2019年学校申报为教育信息化标杆校以来，老师们积极探索信息技术在课堂教学中的应用，《云端"教与学" 线上育"心""自"》荣获2020年上海市基础教育信息化应用典型案例二等奖，《基于SenseStudy人工智能平台的青少年可视化编程》荣获上海市基础教育信息化应用展示交流活动（教师案例）二等奖，5位老师参与市级空中课堂录课，4位老师参与区级空中课堂录课。自2020年信息化建设以来，经过两年多实践，2021年10月，在学区层面开展了"信息化赋能教育"展示研讨，开设了3节数学课和两节英语课，尝试信息化在新授课、复习课和讲评课中赋能的应用探索；2021年11月，在市级层面展示了信息技术在理化实验教学中发展学生思维的深度应用；2022年1月，在信息化标杆校中期评估中，学校展示的三个教育信息化应用案例（《数据驱动下大班额因材施教的实践探索》《探索基于学生数字画像的"增值"评价》《信息技术促教师研修模式更新迭代》），获得评估组专家的一致好评；2022年8月，在市级暑期校园长培训层面介绍学校《数据驱动下因材施教的实践探索》；2023年3月，在市级层面学校先后进行了教育数字化转型语文学科、英语学科的研讨展示等，都取得了非常好的反响，起到了一定的辐射作用。

随着应用系统的深入实施，智慧课堂及部分信息化平台将逐步向区域内推广，形成学习生态圈，进而通过区级数字基座的生态应用系统群构建跨校"自适应"学习社区。

四、后续创建思考

（一）智慧课堂的试点扩大化

虽然智慧课堂能够基本实现精准教学和精准评价，但由于需要学生人手一台智能设备，无法在学校所有班级中全面实施，考虑到一期试点已取得一定的成效，为此在二期建设中学校已扩大试点班级，从原来一个年级两个班级扩大到全年级8个班级，后续还将进一步循环跟进。同时加大师生信息素养的培养力度，强化信息技术在教学"五环节"方面深入应用，尤其是持续深入探索精准教学，精准评价，努力实践大班额下因材施教的策略目标，大面积提升教学质量。

（二）学生数字画像逐步完善

本次标杆校建设针对学生数字画像主要围绕《上海市初中学生综合素质评价实施办法》育人目标四个板块，由于平台创建以来还在不断完善之中，加上疫情影响，所以相关数据不够丰富，在后续建设中，学校将会加强学生四个模块的数据采集，此外，二期中增加的课外行为分析，如课外学习空间虚拟实验室、智能体质监测管理等，将进一步深化应用，为创新精神与实践能力、身心健康和艺术修养提供有效的数据支撑；同时结合学校育人特色，进一步增加校本化评价指标，特别是增加能评价学生过程性发展的增值指标，通过指标画像促进学生主动发展、全面发展，同时检验并指导学校优质办学，从而更好地为每一名学生发展而奠基。

（三）需求优化升级业务系统

本次标杆校建设尽管对教师专业发展平台、德育学分平台和课程地图平台等进行订制化开发，完全按照学校一线需求进行，但是订制化平台的需求也需要在运行的过程中不断优化升级，这就要求学校持续不断投入以保证能够及时满足师生的应用需求。在后续建设中，学校将会随着平台的应用而产生新的需求进行持续投入，提升应用成效，特别是借助区级数字基座的生态应用系统群，进一步升级和开发部分业务系统和平台，以保证平台的实用性、教师使用的便捷性和学校管理的透明性。此外，通过微课工作坊的使用，鼓励教师录制优秀的微视频，形成丰富的校本优秀资源，为学生"自适应学"提供丰富的自主学习课程，助推"自适应"学习社区的建设。

（徐教院附中"市信息化标杆校"项目团队）

第二节 教学数字化转型：以数据驱动行因材施教

近年来，随着义务教育阶段生源高峰的到来，大班额已成为人口导入区域学校的常态。学生思想、性格、特长、学习习惯、学习能力等都存在着差异，统一的教学目标、同样的教学方法、单一的评价尺度等，既满足不了学生的成长需求，更加大了班级学生的分化，增加了教师在课堂教学中提升效率的难度。致力于解决大班额的制约、有效地开展因材施教的课堂教学研究，不仅有利于提高教学实效，也有利于推进课程教学改革，更有利于促进学生个性化发展的培养。

一、为数字化课堂的开展提供支持保障

（一）开展技术培训，优化网络学习环境

从信息化标杆校一期硬件设备配置完成后，学校围绕项目实施的需要，召开项目启动、调研等各类会议，组织开展各类信息化培训，提升师生信息化应用水平。此外，学校工作小组每月与总包公司及下属公司的研发团队召开工作推进会，及时沟通推行过程中遇到的问题及需要改进的内容，不定期邀请市区专家、区教研员来校指导，积极开展校内外研讨交流智慧课堂教育场景的应用和优化。

我校在基础设施和学习环境方面，加强实现教学场所的混合式教学环境与技术支撑，加快网络访问速度，推进虚拟现实教学场景等的应用；在学习平台方面，学校加快信息化应用平台的建设，构建开放化、个性化的在线学习平台与资源服务体系；此外，学校重视网络安全与信息化的统筹规划、统一部署、同步推进，建立统一网络安全技术体系和内容体系。

（二）尝试精准教学评价，开发学校微课资源

试点实验班级的语文、数学、英语、道法、地理、历史、音乐、信息等科

目采用"智慧课堂"平板开展常态课的教学,并针对混合式教学、基于数据的因材施教、信息化与教育教学融合等主题积累相关的教学设计、课件及互动资源,撰写案例,提炼有效措施。

试点年级教师尝试开展混合式学习和交互式学习的过程化设计,立足学生学习过程的三个阶段,开展教与学的模式探索。试点年级教师结合智学网精准评价和分析软件,开展校本作业、阶段性巩固练习和发展性教与学评价等大数据个性化学习分析研究。

此外,结合学校信息化平台的开发使用,为后续对学生进行个性化指导做基础数据的收集,特别是课程地图平台的开发,建设学校微课视频,丰富学校课程资源,辅助解决学生分层学习的需求和教学重难点的突破。

二、基于数据探索精准教学

(一)课前基于学生预习数据采集,提升教师备课的针对性

教师利用智能移动终端向学生推送学习材料,其内容是教师根据具体的学习目标要求,结合学生的学习特征,有针对性地设计教学内容,教师依据教材内容设计、选择相关的教学资源,教师通过智慧课堂下的信息技术平台将学习资源推送给学生,与此同时,学生移动终端将会收到相应提醒,学生便可根据教师所推送内容进行相应的预习。由于平台软件反馈的及时性,每名学生的预习情况及在此过程中存在的问题都会在教师终端呈现出来。基于上述数据采集分析,教师可以及时调整改进教学方案,提高备课的针对性。

老师推送给学生的课前预习的形式多样,可以是视频、音频、习题检测、趣味问答等多种形式。这不仅打破了空间限制,让学生能够随时随地接收学习资源,还改变了传统课堂中学生预习以书面形式为主的现状,有利于激发学生的学习兴趣。更为重要的是可以帮助老师及时调整改进课堂教学设计,提高备课效率。

(二)课中基于智能软件数据分析,探索教学的有效性

智慧课堂服务器后台基本上都安装了数据分析软件,教师应用数据分析软件可以及时地了解学生的学习状态和学习情况,发现学生在学习中存在的困惑与问题,在课堂教学中可以针对性地进行讲解和辅导,帮助学生及时解决重点、突破难点。在课堂教学过程中,"聚焦"和"手写讲评"功能可以提高学生的专注度,"截屏分享"和"互动练习"可以为不同的学习任务提供有效的

检测方式。在充分了解学生学习情况的前提下，教师有的放矢地选用软件实施教学，可以使课堂教学更有针对性，提高了课堂教学的效率。

智慧课堂中使用的智能设备对学生课后的学习能够进行及时跟踪与反馈。利用智能设备的这一功能，老师们能够拓展学生的学习时间和学习内容，延伸课堂教学的效率。尤其是借助设备能够给予学生及时的学习反馈，提高学生的学习兴趣，培养学生自主学习的能力。

（三）课后基于课堂练习数据分析，提升了解学生真实学情的精准性

课堂学习完成后，借助练习的精准统计与反馈，任课老师能及时了解班级学生的掌握情况。教师具体分析练习中每道题的得分率上的差异，找到突破的方向并积极行动。

每次诊断报告出来后，备课组老师都会根据"学情总览"，深度研讨数据及示例背后的"学与教"的优势与不足。详尽分析教学过程中好的做法一起分享，深度挖掘教学过程中需要解决的问题及需要调整的教学策略，组内老师集思广益，及时做好后续的改进工作。此外，班主任也能清楚地看到班级各个等第的学生人数，需要关注的学生名单，如大幅进退步、临界生、波动生等。这些数据可以对班级学生学习状况和学情变化进行全面而详细的了解并指导。

"大数据视角"下的学情分析，不仅是面向全班同学的群体分析，更重要的是个体性学情分析，系统在测评后能够自动生成每名学生的数据报告，"测验报告"中包含了学生的进退步情况，学生通过系统能查阅到试卷原卷和自己的答题情况，系统提供全面的试题分析和单科分析报告，同时还对学生的错题情况进行了收集，有助于实现学生的精准学习，系统还显示学生个人得分的历次测评变化情况及班级历次考试变化情况，方便学生自主找到差距并及时调整学习计划和学习内容。

基于数据的"学情分析"，给备课组老师提供了基于数据的教学内容和教学方法的深度研修，给班主任提供了学生学习目标、学生互助学习小组等的制定和微调，也给学生提供了自我诊断、自我改进、自主学习的帮助和引导。

（四）基于联系数据分析，开展个性化精准辅导和讲评

精准的学情分析的目的是基于学生的个性化差异，力争最大限度地做到针对不同学生的讲评和辅导，真正做到因材施教。为了让信息化设备采集的数据更能反映学情，使人工智能发挥出更大的作用，教师们投入了大量的时间和精力做好前期的准备工作。

此外,"试卷讲评"模块还会显示练习检测中得分率高和得分率低的题目,并且客观题显示各选项占比及学生姓名,主观题显示不同分数段的占比情况及学生姓名,在试卷讲评中能够看到每一小题的得分率,点击查看答错学生名单不仅能够知道是哪名同学出现了错误,更能看到他的错误解答,非常方便快捷。这既提高了老师分析的效率,更能够快速地、有针对性地开展后续面上学生的讲评和点上学生的个性化辅导。

教师可以根据班级诊断数据设计试卷讲评课内容,结合本次检测中学生出现的问题进行精准备课,根据班级整体情况进行灵活选择,准确进行共性问题全班讲评、个性问题个别辅导,真正做到"点""面"有效关注和高效指导。

三、推进与思考

在智慧课堂教学中,学生在课堂中的学习能够即时反馈,动态的数据要求教师能够随时依据数据科学分析,及时调整教学预设,做好课堂易错点的跟进和新课内容的巩固,优化和改进课堂教学进程,对老师提出了更高的要求。数据驱动下大班额因材施教的实施对教师的学科功力、应变能力和信息化技术等水平都提出了更高的要求,需要加强培训更需要教师个人的不断更新和与时俱进,提升教师"智适应"教学能力。

在大数据的支持与帮助下,教师可以更精准地了解学生的学情与掌握情况,使大班额下的因材施教产生实施的可能。这势必会打破传统的教师讲、学生听的授课模式,让学生真正成为课堂的主人,让课堂真正围绕学生的真实问题展开。在实施开展过程中,我们将进一步探索一种较为理想的课堂模式:"自学—助学—互学—评学",真正实现以学习者为中心的学与教的模式。

目前,我校各教研组正在积极推进各类微课程的系列化制作,推进课程地图平台建设,只有不断完善和丰富有质量的学习资源,加强校本资源库建设,才能真正实现课堂教学流程的再造与课堂效益的提升。

总之,在数据驱动下的大班额因材施教的实践探索中,我们既要关注教育系统变革的高度复杂性,加强信息技术赋能教育的理论学习与实践研究,洞悉信息技术赋能大规模因材施教的意义、逻辑与路径,持续优化教学流程,创新个性化教学模式,同时也要将信息技术与学科育人深度融合,以学生为中心,重视学生问题解决、综合实践、创新能力、交往协作等综合能力的培育。

(肖 珺)

第三节 利用信息技术手段提升课堂效益
—— 以《英语（牛津上海版）》7B Unit 5 练习讲评课为例

一、案例背景

教育的本质就是培育人。教师要在尊重学生的个体差异，在全面发展中关注学生的个性发展，因材施教。在当前互联网大数据的背景下，教师如何利用信息技术手段，收集数据，分析所得，如何通过对特定孩子的全方位评价，发现和解决孩子所存在的学习问题，减轻学生学业负担，为孩子度身定制不同于别人的学习策略和学习方法，从而使每名学生都能扬长避短，获得最佳发展，是每位一线教师要面对和解决的问题。

笔者将以一节英语练习讲评课为例，具体介绍如何通过采集数据，以直观的数据为依托，挖掘与分析学生共性与个性问题，了解学生学习水平和知识点掌握情况，发现学生存在的难点与易错点，在备课中更有针对性，授课时精心设计课堂活动，提升课堂效率，解决学生困难和课堂生成性问题，课后对学生进行分层及个性化评价辅导，从而达到对学生的因材施教。

二、具体实施

（一）授课内容

本节课是在《英语（牛津上海版）》7B Module 2 Unit 5单元教学中，完成了阅读新课教学后，进行相关的词汇和语言点的练习讲评课。

（二）教学目标与学生情况

1. 本节课教学目标

（1）了解词汇的差异，并正确使用核心词汇。

（2）巩固每周练习中语言点的运用。

2. 授课班级学生情况

该班级一共有学生49人,其中男生25人,女生24人。作为试点班,学生从六年级第二学期开始在校内使用学伴机。通过一个学期的使用,学生已经掌握了机器的基本操作,会使用自己的学伴机进行课前预习、课堂互动、课后作业等活动。

在英语学科上,该班大部分学生乐学,但也存在个别同学在词汇记忆上有些困难,部分学生比较内向,不太愿意在课堂上主动表达,对语言的理解和辨析能力有待提高。

(三)讲评课教学

1. 课前:采集并分析本次练习反馈数据

在完成学生练习答题卡扫描后,老师可通过进入智学网,随时查看练习的数据分析,能快速直观地了解班级的整体情况,这些数据包括班级平均分、最高分、优秀率、合格率等。通过柱状图的直观显示,老师可以清楚地看到该班在整个年级中的情况。通过"学业等级分布"板块,可以看到该班级中各类学生的分布情况,包括学生在班级的水平(横向跟踪)和学生与之前练习情况的对比(纵向对比)。通过横向和纵向的对比数据,教师可以精确掌握每名学生的学习水平变动情况。

在"试卷分析"板块中,可以看到每个小题的得分情况和各个选项的学生名单,教师既能快速掌握班级的共性问题,也可以高效地进行单人单题分析,从而多维度、全面地掌握每名学生的学习情况,了解学生个性化问题,对每名学生做到精准定位。在备课时以数据为导向,在讲评课上进行针对性的讲解,提高备课效率与全面性。

相比传统的质量分析主要由教师凭借个人批改印象或手动统计学生错误率且需要花费大量的时间和精力,效率低且关注不到每名学生的情况,使用大数据进行分析和反馈更直观、更精准,提高了教师的备课效率和科学性。

采用直观、科学、可视化的形式对检测成果进行汇总与分析呈现,使教学分析常态化、实时化、数据化,形成教学质量监测与评价的规范统一,从而开展有针对性的班级教学。

2. 课中

Step 1:基于数据,对本次周巩固练习的总体情况进行简单反馈。

通过大数据采集结果,表扬进步的同学,形成正向激励评价。反馈练习中

各小题的正确率，让学生对本次练习有一个整体了解，并明确本节课需要解决的问题和学习重点。（见图1和图2）

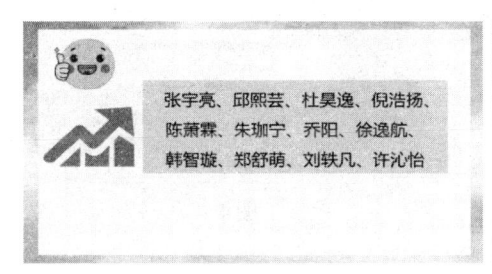

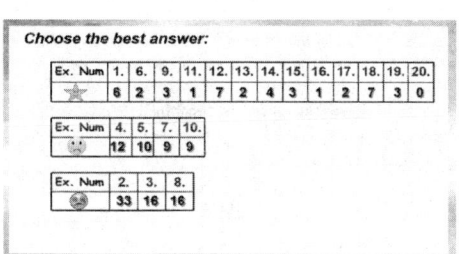

图1

图2

Step 2：针对班级共性问题，采取多样化方式进行课堂讲评。

利用信息化软件"畅言智慧课堂"聚焦、书写板、手写批注、学生讲等功能对练习进行分析讲解，通过师生互动与生生互动，让学生掌握词汇及语言点的正确用法，解决班级共性问题。

Step 3：针对课堂讲解的知识点或词汇，设计不同的跟进互动练习，进行当堂反馈，教师根据学生结果和课堂新生成问题进行调整和解答。

在练习时，班级学生对4个名词词组的意思理解有所混淆。在课堂讲评后，老师针对词汇理解，以图文连线的形式发布课堂互动。在即时的数据反馈中，该班所有同学都能正确地理解和辨析词汇的含义。

除了预设外，在课堂中也会有当堂的生成性问题，如，在现在完成时的练习跟进中，通过正确率的数据不同颜色反馈，老师直观迅速地发现学生通过讲评能理解 have / has been to 和 have / has gone to 的意思，但是对于 there 作为副词前不再用介词 to 这个语言点不清楚，老师在教学中及时补充相关的内容，解决学生的课堂生成性问题。

Step 4：及时跟进练习，检测当堂所学。

在全部语言点讲解互动完成后，教师发布针对之前知识点的跟进小练习，学生在学伴机完成实时练习，学生提交后教师可以实时了解班级学生的答题情况。通过小题得分率反馈，可以看到通过本堂练习讲评课的讲解，绝大部分学生掌握了这些知识点。

最后，老师和学生一起将练习中的错误点进行分类并对本课进行小结，最后布置本节课的课后作业（见图3和图4）。

图3　　　　　　　　　　　　　图4

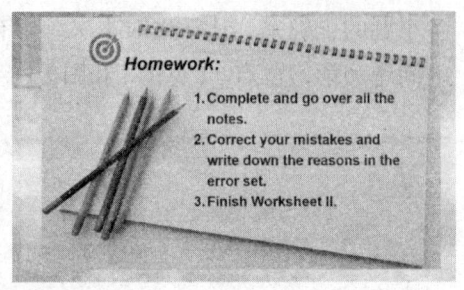

3. 课后

在本节课中，也反映出了学生的个性化问题。因此，根据本节课反馈的数据结果，老师在课后布置共性作业和个性化作业。

（1）教师在作业布置模块界面，发布作业并设置客观题答案，学生在规定时间内完成后可即可获得反馈，如果错误须进行订正。教师可在平台进行实时批改反馈。

（2）对于个别学生出现的个性化错误，在课后进行"点"对"点"练习推送，真正实现"精准"教学和"个性化"辅导，从而实现因材施教。

三、总结

使用大数据分析的方式使教学反馈更及时高效。教师通过大数据的采集，以数据为依托，分析学生的需求、偏好、进度，从而调整教学方案，打造精准教学，实现全面评估，实施科学决策，实现因材施教。同时，教师本人的信息素养和信息技术水平也在实践中得到锻炼和提高。

学生则通过丰富的课堂活动和多样化的学习数据的反馈，了解自己的学习状况，发现问题，预警提示，制订自己的学习计划，订制学习资源，选择适合自己的学习路径，提高学科素养，实现全面发展。

（孙佳菁）

参考文献：

[1] 丁英姿，肖珺.数据驱动下大班额因材施教的实践探索[J].上海教育，2022（3）：70-72.

[2] 吴蓉瑾."云课堂"增强教育模式：数据驱动下的精准教学[J].人民教

育，2022（07）：28-29.
[3] 张枝实.教育信息化2.0：大数据驱动教育现代化的实践研究[J].成人教育，2020（06）：20-23.
[4] 张海潮.数据驱动下的个性化学习实现路径[J].信息与电脑（理论版），2020（10）：255-257.
[5] 沈志斌，王玉家.大数据助力因材施教——数据驱动的精准教学[J].创新时代，2017（9）：2.
[6] 范鑫鑫，吴祐昕.数据驱动的精准教育设计策略研究[J].设计，2019，32（5）：3.

第四节 虚拟学习空间的可视化编程教学实践

一、案例背景

近年来,人工智能技术的发展,带来青少年程序设计教学的需求提升,而程序设计课程由于专业性比较强,对学生的抽象思维能力要求比较高,所以对六年级学生来说存在一定的难度。如何提高学生的实践积极性、参与活动的兴趣度,是我们在进行程序设计教学过程中一直关注的重点和难点。

以往我们主要是积木式编程类的Scratch课程,由于缺少教材,仅仅是根据一些实例进行模仿式学习,难以培养学生解决实际问题的能力,这对于编程知识点的学习缺少了相对的系统性,而且对于与人工智能技术相连的代码式编程类的Python课程的学习也就存在更大的难度。

当然网上也有不少在线学习Python的网站,但对刚接触到编程课程的六年级学生来说仅仅是复制网站上提供的代码样例,然后运行完成即可,对于其中涉及的知识点和Python语法等还是很难理解,因此对于解决遇到的新问题就会发生不知从哪儿入手的情况。而作为课程管理的老师,对于这些网上提供的在线学习平台也存在着难以掌握学生学习的整体情况,不便于教学过程中的及时反馈和整理管理等问题。因此,拥有一个既能让老师随时掌握学生学习情况,又能让学生根据自己的学习情况开展自主学习的虚拟学习空间就变得非常重要。

二、事件描述

(一)教学平台的选择

基于上述问题,学校加入徐汇区人工智能学习平台开发的项目之后,笔者作为区人工智能学生读本初中编写组的组长，参与了学生读本和教师教学手册的编写、人工智能平台的开发等工作。经过一轮的试运行之后，作为实验校，我们在徐汇区全面推广使用商汤公司的SenseStudy人工智能平台时，就选择了这一平台作为六年级程序设计的教学平台，而且在试运行的基础上将平台中提供的已经设计好的课程结构和在线教学资源进行了重新整合，重点在"Python编程初步"单元的学习，加上部分"人工智能入门"单元中关于图像处理的内容，将线下教学与线上的资源融合，从积木式的编程有序过渡到代码式的编程，让学生可以在课堂上的有限教学时间里了解人工智能背后的技术支撑与程序实现，并引导学生进行在线的自主学习，完成平台上的自主探究活动，不断地提高自己动手编程的能力。

由于考虑到六年级学生的年龄特点，SenseStudy人工智能平台大都是采用游戏的方式，以大多数学生喜爱的事物为载体，搭建模拟环境，让学生以闯关的形式在玩中学、学中玩，这样就能将学生的被动学习变为主动学习，使单调枯燥的学习变得生动有趣起来。学生在闯关的过程中逐渐掌握教学中的知识点，获得学习成就感，还能帮助学生从实际问题入手寻找解决问题的方案。

在SenseStudy人工智能平台的实验操作界面，左侧是供学生自主学习使用的实验知识点内容、实验操作的任务及具体步骤，中间是使用的积木选择区和编程搭建区，右侧是运行积木或代码之后展示的虚拟人物"噜噜"闯关的过程及最终的效果展示（"Python编程初步"单元采用的虚拟人物）。如果失败，学生还可以参照左侧的提示寻找失败的原因，重新搭建积木块，再次尝试闯关，直到成功为止。

在平台中除了使用积木搭建的方法完成程序设计之外，还提供了代码编程的方式，供学生根据自己的学习水平选择性使用，即学生可以使用积木的方式搭建好程序之后切换到"代码"进行对应的查看，以便了解Python语句的使用及其语法结构，为后续进入"人工智能"单元的纯代码方式做好过渡；如果是初步了解并熟悉Python的学生，可以直接切换到"Python编程"界面，用Python代码进行编写并测试效果。

（二）教学内容的重构

SenseStudy人工智能平台上"Python编程初步""人工智能入门（上）""人工智能入门（下）"三个单元的教学内容中共有近百个实验。由于六年级课时紧张，分配给"人工智能"程序设计单元的课时只有16节，因此我们对教学内容进行了重构,选取不同知识点中比较典型的实验,配上教师自己编写的教学课件和学生学习单在课堂上使用。

"人工智能"程序设计这一项目共分为三单元,即人工智能概述、Python编程基础、人工智能入门,分别介绍人工智能的含义和应用领域,Python编程的基本语句,智能小车运动和图像处理技术等,具体的教学内容安排和任务设置的设计请参见下表内容。

表1 "人工智能"项目的教学内容与任务设置

单 元	课时名称	教 学 内 容
人工智能概述	人工智能概述	1. 人工智能的概述 2. 人工智能的研究目标 3. 目前人工智能的应用领域 4. 人工智能与第四次工业革命
	人工智能平台介绍	1. 账号密码登录 2. 平台使用介绍
Python编程基础	基本指令	1. 前进后退 2. 转弯
	重复指令	1. 程序流程图 2. for循环与运算符
	使用函数	1. 认识函数 2. 定义和使用函数
	绘制图形	1. 认识Scratch界面 2. 使用画笔绘制图形
	条件判断	1. 单分支 2. 双分支 3. 多分支
	While循环复杂问题	While循环
		运用所学内容解决复杂问题循环、分支嵌套
人工智能入门	智能小车1	小车的基本运动
	智能小车2	传感器及其应用

续 表

单　元	课时名称	教　学　内　容
人工智能入门	图像处理基础	1. 像素和二维数组 2. 分辨率
	图像的访问	1. 计算机访问图片 2. 计算机修改图片
	彩色图像的表示	1. RGB 2. 三维数组表示彩色图片
	人脸识别	1. 人脸关键点提取 2. 动态表情包制作

每一节课的教学过程中，老师都设置必做的基础题和自主学习的挑战题。学生在完成与本课相关的指定必选实验之外，还可以根据自己的学习情况进行自主选择，有的可以回顾已学习的教学内容进行巩固性练习，有的可以根据老师提供的拓展挑战题列表进行自主学习，完成相应的实验。

（三）教学评价的反馈

所有学生的实验完成情况都会在教师的教学管理界面上一一显示，学生编程运行次数、编译报错率、完成步骤书、实验完成度等，还可以生成班级实验统计图，支持导出学生完成实验的数据。

除了由平台自动判定学生的完成情况之外，为了更快收集学生的编写方案，同时快速反馈学生对于课堂知识的掌握情况，老师还设计了相应的学习单，让学生在完成实验后将重要数据或关键代码截图到学习单中提交上来。老师从学生上交的学习单中可以快速查看优秀的编程思路在课堂上进行分享，也可以找到共性的问题进行集体答疑。

三、分析与反思

（一）以学生为中心，开展"互联网+"的学习模式

教师在对平台资源重构之后，根据教学任务引导学生在平台上进行自主学习，学习过程中可以参考左侧的教学重点及任务具体操作步骤等教学资源，编程之后可以通过运行在右侧效果区内查看运行效果，再根据具体情况进行自我

调试、修改及完善。与传统的课堂教学中以教师为中心、学生被动地学习相比，极大程度地满足学生个性化的学习需求，提高学生的学习积极性与主观能动性。

学生通过每一章节中各个实验列表上的完成标志来快速了解各自实验的完成情况，橙色的"已完成"，蓝色的"进行中"，灰色的"未开始"。这些颜色比较鲜亮，可以让学生一目了然，明确自己实验的完成度，增强挑战闯关的兴趣。

（二）激发学生兴趣，探索线上线下融合的教学模式

线上线下教学的融合是对传统课堂中知识传授与内化的改变，也是促进师生互动、激发学生学习兴趣的一种有力手段。我们在"人工智能"程序设计项目的教学过程中，结合在线的SenseStudy人工智能平台，采用线上线下融合的教学模式，课上先由教师利用课件和视频引导学生学习新知，理解概念，然后根据发布的学习单利用在线平台进行自主练习，完成必选任务，再根据自己的学习情况完成挑战任务或巩固练习，对自己所学的知识技能进行进一步的升华。

教师通过在线平台收集学生数据，再根据学生实验的完成情况进行针对性的指导和评价，提高课堂教学的有效性。统计报告既有班级整体情况的图示，也有具体每一名学生的实验完成情况（包括运行次数、编译报错率、完成步骤数、实验完成度等），教师还可以针对学生个别情况进行个性化评价与留言。

（三）教学平台使用效果及改进意见

在管理员的界面上可以看到年级、班级的平台使用情况，包括师生访问数、累计进行实验数、累计访问人次、累计使用时长、累计代码运行次数等，从以上数据中可以看到，对我们学校六年级8个班350名学生的人数来说，大家对平台的使用还是比较满意的。

具体每名学生的实验完成情况不太完整，只能看到学生对于一个个实验的完成情况，这样不利于老师掌握学生的整体情况，如果能提供一张所有学生对于所有实验完成情况的进度条就能清晰地比较出学生的掌握情况（优秀的学生、需要关注的临界生等）。

另外，由于SenseStudy平台不支持教师自己上传课件、视频和学习单，无法支持学生进行更多的课前预习与课后复习，因此，我们借助学校信息化标杆校的优势，利用学校开发的"课程地图"平台，根据项目化活动的需要，设计

录制相应的微课学习视频、学生学习单，发布到学校的"课程地图"平台中，让学有余力、对编程感兴趣的学生可以根据自己的实际情况和需求，获得更有针对性的自主学习指导，更好地发挥学生的主观能动性。

经过基于虚拟学习空间重构教学的实践，我们发现：对于程序设计方面的教学，采用在线的教学平台，提供学生不断实践探索的机会，在调试的过程中，可以发挥学生自己的潜力，增强他们的学习积极性和学习兴趣，有利于提高学生动手实践能力和知识技能的掌握。在今后的教育教学过程中，我们将继续探索这种教育教学模式，更充分地发挥学生的学习主动性，让他们真正成为信息时代的"学习者"。

（何艳婷）

后记

上海市徐汇区教育学院附属实验中学坚持在传承中求创新,在探索中求发展,坚持以国家课程方案的校本化建构与实施统领学校每一阶段的课程教学改革,坚持以教育信息化促进学校治理现代化,推进育人模式和管理机制改革。

本书的内容是在前14年办学经验基础上的最新实践成果,既包含德育、课程、教学、队伍建设等领域的顶层设计,也展现了一线教师的创新实践和研究成果,凝聚着学校团队的共同智慧。

在本书的撰写过程中,上海市徐汇区教育学院原院长、上海市徐汇区教育学院附属实验中学首任校长李文萱给予了热情关注和支持,并在百忙之中作序。在此,向参与本书撰写的老师,特别是李文萱校长,以及在写作和出版过程中提供指导、给予帮助的领导、专家和文汇出版社编辑,表示最诚挚的谢意!

本书的不周之处,敬请读者提出宝贵意见。

本书编委会
2023年10月

图书在版编目(CIP)数据

素养本位的学校内涵发展路径/燕黎,丁英姿主编;
浦纳副主编.—上海:文汇出版社,2024.3
ISBN 978-7-5496-4234-2

Ⅰ.①素… Ⅱ.①燕…②丁…③浦… Ⅲ.①中学生
-素质教育-教学研究 Ⅳ.①G631.6

中国国家版本馆CIP数据核字(2024)第051450号

素养本位的学校内涵发展路径

主　　编 / 燕　黎　丁英姿
副 主 编 / 浦　纳
责任编辑 / 张　涛
封面装帧 / 梁业礼

出 版 人 / 周伯军
出版发行 / 文汇出版社
　　　　　上海市威海路755号　(邮政编码:200041)
经　　销 / 全国新华书店
排　　版 / 南京展望文化发展有限公司
印刷装订 / 上海新文印刷厂有限公司

版　　次 / 2024年3月第1版
印　　次 / 2024年3月第1次印刷
开　　本 / 720×1000　1/16
字　　数 / 255千字
印　　张 / 15.25

ISBN 978-7-5496-4234-2
定　　价 / 65.00元

·版权所有　侵权必究·